Vers une civilisation
du loisir ?

Ouvrages de
Joffre Dumazedier

Aux éditions du Seuil

Vers une civilisation du loisir ?, 1962

Le loisir et la ville
I. *Loisirs et culture* (avec A. Ripert), 1966
II. *Politique urbaine et pouvoir culturel* (avec N. Samuel),
à paraître

Sociologie empirique du loisir
Critique et contre-critique de la civilisation du loisir, 1974.

Les femmes innovatrices
Problèmes post-industriels d'une Amérique francophone :
le Québec (avec Colette Carisse), 1975

Chez d'autres éditeurs

« Les loisirs dans la vie quotidienne », in *Civilisation
de la vie quotidienne*, Encyclopédie française, tome XIV, 1954.

Télévision et éducation populaire
(avec B. Sylwan et A. Kedros), UNESCO Bourrelier, 1956.

*De la sociologia de la communicacion collectiva a la sociologia
del desarrollo cultural*, CIESPAL Quito, 1966.

Espace et loisir dans la société française
(avec M. Imbert), 2 volumes,
Centre de recherche sur l'urbanisme, 1967.

Education permanente et système scolaire
(ouvrage collectif), UNESCO, 1972.

Joffre Dumazedier

Vers
une civilisation
du loisir?

Éditions du Seuil

En couverture :
photo Jean-Pierre Ducatez.

ISBN 2-02-000604-9

© Éditions du Seuil 1962.

A Georges FRIEDMANN,
qui a stimulé notre recherche.

A l'association PEUPLE ET CULTURE,
dont l'expérience nous a révélé d'importants problèmes

Au Groupe de Sociologie du Loisir
et de la Culture populaire
sans le travail duquel ce livre
eût été impossible.

Note liminaire

Il peut paraître surprenant qu'une réflexion sociologique sur le loisir parue en 1962, née d'études empiriques sur la société française entre 1954 et 1960, continue à susciter un intérêt dix ans après. C'est vraisemblablement qu'elle a mis en valeur un faisceau de tendances économiques, sociales et culturelles qui se sont renforcées depuis ces années — tournant, malgré toutes les vicissitudes politiques qui ont suivi. Ces tendances posent un nouveau problème général dont les dimensions et implications échappent encore à une conscience sociale, marquée par un moralisme désuet. Elles appellent une solution globale qui reste encore lointaine, malgré quelques efforts d'invention ou de coordination tentés par certaines commissions culturelles du Plan, surtout depuis 1961, et par certains mouvements de contestation, surtout depuis 1968.

Depuis dix ans la société française a incontestablement avancé dans cette même direction déjà perceptible dans les années 50-60. A partir de 1954 les transformations technologiques se sont accélérées ainsi que la réduction du secteur primaire : alors qu'ils constituaient en 1946 34 % de la totalité de la population active, les travailleurs de ce secteur n'en constituaient plus que 17 % en 1968. Le secteur secondaire a bénéficié de cet exode rural en passant de 31 % (1946) à 39 % en 1968. Mais le principal bénéficiaire est le secteur tertiaire ou post-industriel. En effet sa croissance a été la plus forte : alors qu'il représentait en 1946 35 % de la population active il en représente 44 % en 1968. Il est désormais nettement en tête. En dix ans la société française s'est rapprochée d'une économie de service qui conditionne le développement de la consommation et du loisir de masse.

Depuis la date de la première édition de ce livre (1962) le nombre des ouvriers urbains a augmenté de 9 % et, dans le même temps, la croissance du nombre des employés a été de 26,4 %, celle des cadres moyens de 34,2 % et celle des cadres supérieurs et carrières libérales de 29,6 % (environ 20 % au total). Or c'est précisément dans ces catégories sociales que se développent en premier de nouveaux problèmes de loisir : nouveaux jeux interdits ou nouvelles formes de culture — contestant à la fois les anciens modes de vie et d'apprentissage scolaire.

C'est dans cette période que la majorité de la population est entrée dans l'ère de la société de consommation : période où aspirateurs, machines à laver et postes de télévision sont apparus dans la majorité des foyers. Mais parmi ces biens de consommation, ce sont les biens de loisir plus encore que ceux de confort qui ont eu la croissance la plus spectaculaire : entre 1958 et 1968 parmi les douze produits qui ont eu le taux de croissance le plus fort, dix concernent d'abord des activités de loisir.

La durée hebdomadaire du travail industriel ou administratif, après une diminution continue depuis le milieu du XIXe siècle, avait connu depuis 1945 une légère tendance à l'augmentation. Depuis 1968, le mouvement général de diminution a repris pour la majorité des travailleurs (46 heures en moyenne par semaine en 1962, 45,1 en 1969). De plus, c'est dans cette période que la durée légale des vacances s'est allongée, d'abord de quinze jours à trois semaines (1956), puis de trois semaines à quatre semaines (1968-1970), cependant que les taux de départ en vacances après la spectaculaire progression de ces trente dernières années, tend depuis quatre ans à se stabiliser, dans toutes les couches de la société, autour de 45 %, avec des inégalités persistantes entre les catégories socio-professionnelles (70 % chez les cadres, 20 % chez les ouvriers des villes). C'est encore dans cette même période que la tendance à allonger le week-end d'une journée et demie à deux journées pleines s'est développée. La semaine dite « anglaise » se transforme en une semaine dite « américaine ». Cette tendance s'affirme avec des fortunes diverses selon les branches industrielles et administratives mais pour la première fois en France certaines entreprises, à l'instar de certaines entreprises américaines, viennent de lancer la semaine de quatre jours de travail de 10 heures avec trois jours de congés de fin de semaine (1971). Enfin, cette même année, les deux grands syndicats de salariés : la C.G.T. et

C.F.D.T. ont dans leur convention d'action placé explicitement au premier rang l'avancement de l'âge de la retraite à 60 ans, posant ainsi non plus seulement le problème de l'aide aux économiquement faibles mais le droit au loisir pour le 3ᵉ âge.

En dix ans, de nouvelles questions culturelles ont surgi avec l'extension du temps de loisir et la promotion de ses valeurs : d'un côté croissance du Pari mutuel urbain, développement de l'usage de drogues de plaisance associées surtout aux soirées, aux week-ends et aux vacances, nouveaux jeux de ce qu'on a appelé la révolution sexuelle, nouvelles formes de délinquance ludiques de groupe dans une certaine jeunesse; et en même temps croissance de la pratique de tous les sports, et surtout ceux de pleine nature, croissance des études volontaires des jeunes et des adultes souvent pendant leurs loisirs, au détriment des études imposées, extension des expériences vécues, des voyages de toutes sortes à la découverte du monde et de soi-même.

Enfin les questions sociales soulevées par le loisir n'ont fait que croître en ampleur : inégalités entre les races, les classes sociales, les milieux, les générations, pouvant se muer en nouvelles haines collectives; problèmes soulevés par les minorités des travailleurs déshérités et certains ménages qui s'épuisent dans un horaire de travail qui peut dépasser 50 à 60 heures par la longueur des transports dans les villes tentaculaires; manque d'espace et d'équipement de loisir dans des zones urbaines dévorées par l'utilitarisme mercantile, et la spéculation foncière, etc. malgré les efforts tardifs de quelques municipalités pour une politique culturelle globale [1].

Depuis les années 60 ces problèmes ont suscité un intérêt accru dans le secteur commercial (apparition du premier « village de loisir » à la foire de Paris en 1964, ou de la « promotion loisir » comme thème culturel d'une foire : foire de Marseille 1969, première Biennale européenne du loisir 1969 à Genève etc.). Cet intérêt s'est étendu en même temps dans le secteur extra-commercial : foisonnement pluriannuel de journées d'études, séminaires, congrès suscités par des associations, des groupes politiques ou religieux, séances publiques d'assistance sociale ou d'éducation. Jamais les problèmes du loisir dans le devenir social et culturel de la société française n'ont été d'une plus grande actualité,

---

1. M. Imbert, *Enquête sur la politique culturelle de sept villes françaises*, 1967, 247 p.

dans le monde de l'action commerciale, politique ou culturelle, malgré une baisse de mode dans certains milieux intellectuels sous l'effet de certaines idéologies radicales de 1968 qui ont peut-être créé autant d'aveuglement que d'enthousiasme.

Nous serions heureux si ce livre pouvait inciter le lecteur à accorder le plus grand intérêt aux relations du loisir avec le travail, la famille, la politique, la morale ou la conception du bonheur de notre temps. Nous souhaiterions que les informateurs, les éducateurs, les travailleurs sociaux et les hommes politiques remettent en question certaines idées pédagogiques, sociales ou politiques nées en un temps où les problèmes du loisir n'étaient pas encore apparus dans la vie des masses.

Cette remise en question se pose en termes si complexes que « l'expérience personnelle » et la réflexion qu'elle suscite, pour irremplaçables qu'elles soient, n'en sont pas moins devenues insuffisantes. Une large application des sciences de l'homme à l'analyse de ce domaine est indispensable. Les ébauches d'analyses que nous présentons dans les chapitres de ce livre nous conduisent presque toujours à une même conclusion : que le lecteur veuille bien croire qu'il ne s'agit pas d'une déformation de « spécialiste ». C'est par l'action que l'auteur de ce livre en est venu à cette découverte de la recherche. Depuis vingt ans, bien avant d'entreprendre des travaux sociologiques, il a pris une part active au développement de l'action culturelle à l'échelle nationale et internationale : ex-inspecteur principal de la jeunesse et des sports, président-fondateur de plusieurs organisations d'éducation des adultes, dont la principale est Peuple et Culture, membre de la commission culturelle du Commissariat au Plan et ex-membre du Conseil supérieur de l'Éducation populaire, il s'est heurté, à la fois, à la complexité des problèmes du développement culturel des masses et au caractère hasardeux des solutions actuelles. Certes, de grandes réalisations sont à l'actif des institutions culturelles, des associations de jeunesse ou d'éducation populaire, à l'actif aussi des grands moyens de diffusion : presse, radio, cinéma, télévision. Mais la découverte des besoins manifestes ou latents des masses dans le domaine culturel, l'exploration, des véritables frontières de ce qui est possible, l'invention des solutions coordonnées à l'ensemble des moyens dont dispose l'ère de la technique, la connaissance des effets de ces solutions à court terme et à long terme, tout cela échappe à la connaissance intuitive et exige une vigoureuse promotion de la recherche scienti-

fique. On connaît la disproportion entre l'état de développement de la recherche dans les sciences de la matière et dans les sciences de l'homme. Encore l'action économique a-t-elle fait l'objet d'études empiriques, expérimentales, prévisionnelles qui font défaut à l'action culturelle. L'expansion d'une action culturelle à la mesure du loisir des masses devrait être traitée dans une perspective évidemment différente, mais avec le même esprit de recherche qui a contribué à cette remarquable expansion de l'action économique concertée ou planifiée de ces dernières années.

Certes, les premiers résultats de ce mouvement de recherche déclenché aux U.S.A. depuis 1920 et en Europe depuis 1945 n'ont pas toujours apporté au progrès de la pensée et de l'action sociale et culturelle ce que l'on pouvait en attendre. Trop de millions ont été dépensés à découvrir des évidences. La faiblesse théorique de nombreuses études a été dénoncée à juste titre. C'était peut-être une étape nécessaire pour que les sciences sociales ne restent pas prisonnières des spéculations héritées d'un certain XIXe siècle. Quoi qu'il en soit, aujourd'hui, nous avons besoin de traiter par la recherche empirique les vrais problèmes que pose l'approche d'une civilisation du loisir. Les sciences de l'Homme ne doivent pas s'enfermer dans les querelles théoriques du siècle passé, nous devons affronter les problèmes d'aujourd'hui et ceux de demain. Dans le domaine du loisir, phénomène en expansion, plus encore que dans les autres domaines, la recherche doit s'orienter prudemment mais hardiment vers la prévision, en vue de fonder une « prospective ». Elle ne doit pas être seulement critique, mais aussi et surtout constructive. Ce sont non seulement les questions qui doivent être étudiées, mais également les solutions, à l'échelle locale, régionale, nationale ou internationale. Il ne suffit pas d'organiser des rencontres entre responsables de l'action locale, nationale ou internationale. De telles rencontres devraient être précédées ou suivies de recherches comparatives avec des méthodes rigoureuses qui donneraient à ces assemblées, surtout internationales, ce qui leur manque le plus : une base d'informations et d'interprétations relativement incontestables, imposées à tous par l'autorité de la science.

Enfin, chaque fois que la situation de l'action et de la recherche le permet, les sciences de l'Homme devraient passer de l'observation à l'expérimentation. Dans le domaine du loisir des masses tout dispositif d'action culturelle (une émission de télévision ou un pro-

gramme d'association) pourrait se transformer sous certaines
conditions en dispositif d'observation expérimentale, dont les résultats éviteraient aux producteurs, aux réalisateurs ou aux dirigeants
beaucoup d'erreurs, de tâtonnements ou d'insuffisances, du point
de vue des besoins culturels de la société, des milieux et des individus.
Une telle recherche ne porte pas seulement sur un fait social ou
culturel, mais sur une action sociale ou culturelle. Cette recherche
sur l'action est également une recherche pour l'action et si possible
par l'action : recherche active qui implique, dans l'indépendance,
des rapports nouveaux entre les responsables de l'action et ceux
de la recherche. Tout le champ de la recherche appliquée ou fondamentale, à court terme et à long terme, est ainsi structuré du point
de vue même des responsables, réels ou possibles, de sa transformation. Il ne s'agit pas d'imaginer des utopies géniales, certes, mais
caricaturales, à la manière de Wells ou de Huxley, mais de construire des modèles possibles de développement d'une culture populaire. Cette recherche implique une coopération étroite entre les
créateurs, les informateurs, les animateurs de l'action culturelle
et les sociologues, anthropologues, économistes et psychologues du
développement culturel. Cette coopération déjà esquissée en Europe
ou aux U.S.A. s'est révélée difficile. Elle demande que les responsables de l'action soient ouverts à l'attitude expérimentale, sans
perdre leur dynamisme créateur, et que les responsables de la recherche acquièrent une connaissance vécue de l'action sans perdre leur
indépendance scientifique. Dans une civilisation aux changements
rapides et surprenants, où les progrès de l'action sont toujours en
retard sur les progrès de la connaissance, où les idéologies continuent à briller même quand leur support réel a disparu, où l'intégration de la pensée à l'action et de l'action à la pensée est devenue
si difficile, réussirons-nous à temps la conversion mentale nécessaire
aux responsables de l'une et de l'autre ?

Il faut essayer. Dans notre domaine, nous ne voyons pas de voie
meilleure pour éviter de résoudre les problèmes de 1962 ou de 1975
avec les solutions de 1945 ou 1936[1].

---

1. Cf. annexe 2 : évolution des loisirs 1946-1969.

1
Loisir et société

1

*Les jeux
ne sont pas faits...*

Aujourd'hui, dans nos sociétés évoluées, le loisir est une réalité familière. Mais l'idée de loisir est loin d'être intégrée dans les systèmes de pensée qui guident la réflexion des intellectuels ou l'action des militants, qu'ils soient de gauche ou de droite, partisans ou adversaires des systèmes capitalistes ou socialistes. De bons esprits raisonnent sur la société comme si la notion de loisir n'existait pas. D'audacieux intellectuels l'écartent même délibérément dans leur quête de systèmes nouveaux qu'ils voudraient plus fidèles à la réalité d'aujourd'hui.

Nous nous proposons de montrer que cette sous-estimation théorique du loisir risque d'enfanter des systèmes privés d'une part de vie dès la naissance. Il ne suffit pas de rechercher les problèmes de l'homme à travers le cinéma, le sport, le théâtre ou la télévision, pour découvrir le problème *général* que pose le loisir dans la culture contemporaine. Découvert dans son ampleur, dans sa structure complexe, dans ses relations avec les autres aspects de notre civilisation machiniste et démocratique, le loisir n'est plus un problème mineur, sorte de « poste divers » sans importance placé à la fin de l'inventaire des grands problèmes, si l'on a encore de la place, du temps ou de l'argent pour s'occuper de lui... Il apparaît comme élément central de la culture *vécue* par des millions de travailleurs, il a des relations subtiles et profondes avec tous les grands problèmes du travail, de la famille, de la politique qui, sous son influence, se posent en termes nouveaux. Nous voudrions prouver qu'au milieu du XXe siècle, il n'est plus possible d'élaborer des théories sur ces problèmes fondamentaux sans avoir réfléchi aux incidences du

loisir sur eux. L'heure est venue de traiter sérieusement de cette
futilité qui alarmait Valéry.

Inversement, lorsque le loisir nous apparaît à sa vraie place,
avec ses influences multiples dans les divers secteurs de la civilisation, il peut nous éblouir. La tentation peut être forte pour
des essayistes ou des poètes de l'imaginer plus indépendant et
plus prépondérant qu'il n'est dans la vie de tous les jours. Denis
de Rougemont décrit « l'ère des loisirs » (1) [1] comme un nouvel
âge d'or, où tous les problèmes sociaux disparaissent comme par
enchantement. Roger Caillois au terme d'un brillant essai sur
les Jeux et les Hommes (2), propose non seulement une sociologie
des jeux, mais une sociologie fondamentale des sociétés à partir
de leurs jeux. Enfin, le « loisir de masse » mis à la mode par
certains penseurs américains, devient une perspective rose ou
noire sur l'avenir de l'homme. Tous ces auteurs, dont les analyses
sont souvent pénétrantes, ont le mérite de révéler l'importance
nouvelle de cette réalité contemporaine, mais ils la simplifient,
la déforment, la dénaturent même. Ils oublient souvent le façon-
nement du loisir par le travail et les différents contextes sociaux,
l'hétérogénéité de sa structure, les disparités et inégalités de sa
répartition dans la vie des campagnes et des villes, et tombent
du mythe « travailliste » dans le mythe « ludique ».

Le loisir est une réalité fondamentalement ambiguë. Il a des
visages multiples et contradictoires. Si nous ne parlons pas la
langue d'Esope, c'est qu'elle est peut-être trop usée pour pouvoir
encore dire quelque chose. Mais méfions-nous des définitions
a priori, des généralisations hâtives, des synthèses prématurées.
Regardons, situons avant de philosopher. Si depuis trente ans
les sciences sociales des loisirs se sont peu à peu constituées,
la sociologie générale du loisir, elle, est encore dans l'enfance.
Aux U.S.A., en Europe, en France, des enquêtes historiques
globales et dialectiques sont en cours ou en projet. En attendant
leurs résultats, soyons prudents. Nous resterons en deçà de nos
propres connaissances. La rigueur sera notre règle; il importe
avant tout (c'est-à-dire avant toute recherche, toute réflexion,
toute action), de poser le problème en termes incontestables
dans l'évolution sociale et culturelle de notre temps. Nous nous

1. Les chiffres entre parenthèses renvoient aux références bibliographiques données par chapitre à la page 291.

contenterons de mettre en lumière des changements fondamentaux survenus dans le loisir depuis l'époque où ont été élaborées les principales idéologies que notre société, malgré quelques tentatives isolées ne se soucie guère de reconsidérer et de remettre en question. Les jeux ne sont pas faits...

Au temps où Karl Marx englobait le repos simplement dans « la reproduction de la force du travail », la loi limitant à douze heures la durée du travail industriel n'existait pas encore. Selon un membre de l'Académie des sciences morales et politiques de cette époque-là, Villermé, la durée quotidienne du travail industriel pendant les six jours de la semaine, était en moyenne de treize heures (3). Le nombre des jours fériés était à peu près identique, l'accroissement du nombre des fêtes civiles étant venu compenser la diminution du nombre des fêtes religieuses. Ainsi la durée hebdomadaire du travail se situait autour de soixante-quinze heures; on sait qu'aujourd'hui elle est à peu près de quarante-cinq heures, soit un gain de trente heures. Si l'on tient compte de la suppression annuelle de trois semaines de travail grâce à l'établissement des congés payés, on peut estimer qu'en un peu plus de cent ans, le gain du temps libre du travailleur industriel s'est élevé à environ quinze cents heures par an. Il ne travaille plus aujourd'hui qu'environ deux mille deux cents heures par an.

Quelle part de ces heures récupérées sur le travail a été occupée par des activités de loisir? C'est là une question controversée : Sur la base des sondages effectués entre 1945 et 1948, par l'Institut français d'opinion publique, Jean Stoetzel évalue à environ deux heures la durée moyenne du loisir du soir dans la famille urbaine (4). A ces heures-là, il conviendrait d'ajouter une partie du temps qui suit le repas de midi ou précède le repas du soir. Nous l'estimons, au moins pour l'homme, à une heure environ [1].

Jean Fourastié évalue à trois heures la durée moyenne du loisir quotidien du « travailleur adulte de 1950 » (6). L'enquête de Chombart de Lauwe sur un échantillon raisonné de cent vingt familles ouvrières de la région parisienne semble contre-

---

1. Documents dactylographiés : enquête sur 400 emplois du temps hebdomadaire dans la ville d'Annecy. — Enquête sur 78 familles ouvrières de Malakoff (avec Marie Doreau). — Enquête sur une centaine de foyers ouvriers de la petite ville d'Aumale et du village Saint-Jean-de-Neuville (avec Jean Ader). (5).

dire ces données; la durée moyenne du loisir quotidien se situerait entre une heure trente et deux heures. Mais l'auteur exclut le bricolage, tout en ajoutant que, pour cette seule activité, la moyenne quotidienne se situe entre une heure trente et deux heures et « qu'une part du bricolage peut constituer un vrai loisir » (7). Une analyse empirique plus détaillée des types et des significations de ces activités nous permet d'affirmer que pour le plus grand nombre des ouvriers industriels, plus de la moitié de ces semi-loisirs constitue de véritables activités de loisir qui ne sont imposées ni par des nécessités économiques, ni par des obligations domestiques. Dans l'agglomération d'Annecy (40 000 habitants), les résultats de notre enquête montrent que 60 % des ouvriers considèrent le bricolage comme un vrai loisir, 25 % comme un travail et 15 % comme une activité mixte. Nous pouvons donc évaluer la durée moyenne du loisir quotidien de l'ouvrier industriel à *deux heures trente*, soit pour cinq journées de travail, à douze heures trente. D'après ces mêmes travaux, on peut ajouter qu'en général les deux tiers des journées de repos sont consacrés aux loisirs. Pour plus du tiers des ouvriers d'Annecy, c'est le samedi tout entier; pour la quasi-totalité, c'est le samedi après-midi et le dimanche. En attendant que certains travaux statistiques en cours soient terminés, nous évaluerons largement entre vingt heures et trente heures la durée des activités de loisir hebdomadaire de la majorité des ouvriers urbains. Il ne faut pas oublier d'ajouter environ deux cent vingt-cinq heures correspondant aux trois semaines de congé légal annuel. Certes, le surmenage des cadres professionnels, sociaux ou culturels, rend difficile une véritable détente. La durée actuelle du loisir ne correspond pas aux besoins croissants d'évasion. Le travail industriel d'exécution, plus fragmentaire et plus organisé, plus rapide qu'au XIXe siècle, est plus fatigant pour les nerfs et le besoin de repos et d'évasion n'en est que plus pressant dans la conscience de la majorité des travailleurs. Par ailleurs, nous examinerons plus loin les situations où le loisir est dénaturé, réduit, voire supprimé par les heures supplémentaires, par le manque de moyens, l'éloignement du lieu du travail, etc. Mais l'étude des situations différentielles ne doit pas détourner la sociologie de l'étude du phénomène général qui conditionne les attitudes collectives des classes, des groupes d'aujourd'hui.

Le fait important est que désormais le travail ne s'identifie plus à l'activité; la journée n'est plus remplie par le seul travail, elle comporte deux ou trois heures de loisirs. La semaine de travail a tendance à se réduire à cinq jours, avec « deux dimanches », les années de travail ne se succèdent plus sans interruption, elles sont séparées par trois semaines de vacances. La vie de travail ne se termine plus exclusivement par la maladie ou la mort, elle a une fin légale, qui assure un droit au repos. Ainsi pour le travailleur, l'élévation du niveau de vie s'est accompagnée d'une élévation croissante du nombre des heures libres. Même si sa situation de salarié dans le processus de la production est la même qu'il y a cent ans, ses ressources ont changé et aussi ses perspectives journalières, hebdomadaires et annuelles; un temps nouveau est né pour ses actes et ses rêves.

Ce temps est occupé par des activités réelles ou possibles de plus en plus *attrayantes*. C'est un lieu commun d'affirmer que les distractions sont plus nombreuses, plus fréquentes, plus compliquées, qu'il y a cent ans, qu'il y a cinquante ans même. L'industrie des loisirs déborde d'imagination et le public est toujours à l'affût du prochain twist ou du futur « Ange blanc ». Mais ce qu'il importe de souligner, c'est que le machinisme a accru le déséquilibre entre le travail et le loisir. En effet, s'il a allégé les tâches professionnelles, c'est bien souvent au détriment de l'intérêt qu'elles présentaient et de la liberté avec laquelle on pouvait les accomplir. Par contre, l'expansion du nombre des automobiles, la multiplication des techniques de diffusion de masse (presse, film, radio, télévision) le développement des associations et groupements appropriés aux goûts, marottes ou passions de chacun, ont accru l'agrément des activités de loisir dans des proportions incomparablement plus grandes que la machine n'a réussi jusqu'à ce jour à diminuer la peine des hommes.

En moins de cinquante ans, le loisir s'est affirmé, non seulement comme une possibilité attrayante, mais comme une *valeur*. On connaît les études du protestant Max Weber sur les types idéaux qui guidaient les fondateurs du capitalisme : « Le travail justifie le gain et toute activité inutile à la société est une activité mineure. » Cette sociologie idéaliste reflétait en partie les thèses de Ricardo sur l'accumulation nécessaire du capital. Dans une perspective opposée, Marx avait la même idée de l'importance fondamentale du travail. (« Le travail est l'essence de l'homme. ») Le développement du loisir menace aussi bien les valeurs de Marx que celles de Ricardo... Lorsqu'en 1883, le militant Paul Lafargue écrivit son fameux pamphlet : « Le droit à la paresse » (8), le loisir était encore plus ou moins assimilé à l'oisiveté. Aujourd'hui, le loisir fonde une nouvelle morale du bonheur. Celui qui ne profite pas ou ne sait pas profiter de son temps libre est un homme incomplet, ou retardataire, un peu aliéné. On pourrait presque dire avec l'Américaine Martha Wolfenstein, qu'on assiste à la naissance d'une nouvelle moralité de l'amusement *(fun morality)* (9).

Même quand la pratique du loisir est limitée faute de temps, d'argent, de moyens, *le besoin* en est présent, toujours plus pressant. En 1955, 15 % des salariés urbains se préparaient à acheter en priorité un équipement de loisir : billets de voyage, location de maisons de vacances, poste de télévision, auto pour se promener; ce pourcentage est aussi élevé [1] que celui de ceux qui se préparaient à aménager, à équiper ou à acheter un appartement ou une maison (10). Ce besoin croît avec l'urbanisation et l'industrialisation; les enquêtes de Moscovici et de son équipe dans trois villages industrialisés de la haute vallée du Nourrain sur les transformations de l'univers économique et familial des travailleurs ont montré qu'il est renforcé par la participation à l'entreprise la plus modernisée et par l'élévation du niveau socio-économique des ouvriers (11). Il n'est pas étonnant que ce trait de la civilisation moderne s'affirme surtout dans les jeunes générations. Selon une enquête nationale, dans la génération des dix-huit à trente ans, mariés ou célibataires, il arrive en tête (12). Il est à la source des privations qui sont le plus souvent citées : 42 % souhaitent davantage de vacances, 39 % désirent en priorité un moyen de transport individuel dont ils envisagent l'emploi surtout le dimanche, les jours de fête et les jours de vacances. Enfin, 35 % voudraient davantage de distractions. Lorsque le budget ne permet pas de satisfaire ces besoins, il arrive que le goût des voyages, de la télévision ou de l'auto aboutisse à des restrictions volontaires de nourriture, de vêtements, de logement. Depuis 1956, environ, ces attitudes posent des problèmes nouveaux aux travailleurs sociaux spécialisés

---

1. Cette remarque qui porte sur les dépenses possibles, ne signifie pas évidemment que le besoin de logement n'est pas prioritaire. Si nous faisons ce rapprochement c'est pour montrer l'importance du besoin d'équipement de loisir.

dans l'aide familiale (13). Quand les besoins croissent plus vite que les moyens de les satisfaire, nous avons un sentiment de paupérisation, même si nous nous sommes réellement enrichis (14). Il en est de même pour le besoin de loisir.

Mais l'accroissement du loisir est loin d'être égal dans toutes les couches de la société. Il subsiste en France des milieux sociaux dont les loisirs sont « sous-développés ». L'insuffisance ou l'inexistence d'un équipement récréatif ou culturel collectif, le manque de ressources familiales, les difficultés attachées à l'exercice du métier empêchent ou retardent le développement quantitatif ou qualitatif du loisir. Dans ces milieux, le besoin de loisir peut créer des états d'insatisfaction particulièrement aigus. Nous citerons deux exemples :

a) Les ouvriers qui habitent les cités isolées ou des banlieues dans lesquelles persistent une ségrégation sociale et un sous-équipement des installations collectives (15). Ensuite, ceux qui traversent chaque jour des agglomérations gigantesques, lorsque le lieu de travail est séparé du lieu d'habitation par un trajet de deux à trois heures (16). Enfin, les manœuvres non spécialisés, auxquels peut s'appliquer cette réflexion de Chombart de Lauwe : « Les préoccupations imposées par les dépenses de première nécessité empêchent d'avoir des intérêts libres. » (7).

Lorsque les cadres supérieurs et les carrières libérales dépensent en moyenne 155 600 F par an pour les « vacances, transports, culture et loisirs », les manœuvres dépensent 17 400 F (17).

b) Dans le milieu rural, des remarques comparables s'imposent pour la majorité des travailleurs. Si chaque année, leur nombre diminue environ de 80 000, ils constituent cependant 25 % de la population active française (contre 11 % aux U.S.A.). Petits exploitants et ouvriers agricoles sont encore 5 millions : que signifie pour eux la notion même du loisir? Henri Mendras, dans un cours annuel de sociologie rurale, ne traite même pas le problème du loisir à la campagne. Dans le *Guide d'ethnographie rurale*, de Marcel Maget, le loisir n'occupe qu'une page sur 260. Peut-on même distinguer dans l'activité rurale le travail et le loisir? Certains le nient. Dans certaines contrées, « le travail ne finit jamais ». La nécessité de donner des soins quotidiens aux bêtes rend difficiles les voyages familiaux. Alors que dans les grandes villes, 65 % des ouvriers prennent des vacances, à la campagne, 19 % seulement des travailleurs ruraux en font autant, comme l'a établi l'enquête du commissariat au Tourisme en 1957 (18). Cependant, des tendances nouvelles apparaissent. Les jeunes agriculteurs valorisent de plus en plus les loisirs. Une récente loi de 1948 limite à deux mille quatre cents heures la durée légale du travail des ouvriers agricoles. Il serait intéressant que la sociologie rurale entreprît des enquêtes sur la manière dont cette loi est réellement appliquée. D'autre part, l'équipement socioculturel des 36 000 communes rurales est loin de satisfaire les besoins des 9 millions d'isolés, de tous les métiers et professions qui les habitent.

Un mouvement d'organisation des loisirs s'est amorcé, dans les campagnes, depuis 1937; il s'est développé en 1945, mais il n'y a encore aujourd'hui qu'un millier de Foyers ruraux, environ deux cents Maisons de jeunesses rurales, peut-être cinq à six mille amicales ou groupes de jeunes réellement actifs. Moins d'une commune sur quatre dispose d'un organisme actif en matière de sports, de jeunesse, d'instruction ou de culture. C'est un aspect du « désert français ». Enfin, comme nous le verrons plus loin [1], dans tous les milieux sociaux, les heures de loisir sont encore moins nombreuses pour la femme que pour l'homme et le surmenage menace la détente de nombreux dirigeants et animateurs professionnels sociaux ou culturels [2].

Qu'est-ce que le loisir?

Ce phénomène a déjà de telles conséquences sur le travail, la famille, la culture, que nous devons à présent en examiner les composantes majeures. Ni Marx, ni Ricardo ne pouvaient évidemment observer le loisir dans la vie ouvrière de leur temps. Le développement des manufactures de la grande industrie avait banni le vieux rythme saisonnier du travail rural coupé de jeux et de fêtes. Après les longues heures de travail journalier,

1. Voir p. 106.
2. Voir p. 27.

dont nous avons parlé plus haut, il ne restait guère que le repos, défini par Marx comme la reproduction de la force de travail. En ce temps-là, l'idéologie reflétait la réalité. Aujourd'hui, le repos est remplacé par un faisceau d'activités les plus diverses. Elles n'appartiennent pas à l'ordre de la nécessité, ni à celui des obligations comme les devoirs familiaux ou sociaux. *Tierces activités*, distinctes des activités productrices et obligations sociales, elles posent des problèmes nouveaux aux unes et aux autres. Elles apparaissent comme un élément bouleversant pour la culture de notre société.

Les sociologues du travail, en particulier G. Friedmann, ont été les premiers à souligner l'importance de ce qu'ils appellent les « hobbies », dadas, violons d'Ingres, etc. (19). Mais « hobby » dit tout et ne dit rien. Il recouvre des activités futiles et des activités importantes, positives ou négatives pour la société, la culture ou la personnalité. Collectionner des bagues de cigares, c'est un hobby; faire des recherches sur la mécanique aussi; jouer au football ou suivre des cours d'éducation physique, être fanatique des « comics » ou des pièces de Shakespeare, tout cela constitue des hobbies. L'Américain Larrabée (20) qui réagissait récemment contre la confusion de ce concept, notait que certains bons auteurs classent aussi dans les hobbies le goût de ne rien faire du tout... Ce n'est pas ce concept qui peut nous ouvrir le secret de ces tierces activités. Il est plus amusant qu'utile.

Si nous allons plus loin, nous sommes alors guettés par deux écueils, deux tentations qui risquent d'emprisonner notre jeune et complexe réalité dans des représentations trop schématiques. Les grands doctrinaires sociaux du XIXᵉ siècle ont tous, plus ou moins, pressenti l'avènement du loisir. Mais aucun n'a prévu l'ambiguïté de ce problème. Tous ont versé dans l'illusion intellectualiste. Pour Marx, le loisir est « l'espace du développement humain », pour Proudhon, c'est le temps des « compositions libres »; pour Auguste Comte, c'est la possibilité de développer « l'astronomie populaire », etc. Engels enfin réclamait la diminution des heures de travail, « afin qu'il reste à tous suffisamment de temps libre pour participer aux affaires générales de la société ». Cette identification du loisir et de l'instruction populaire semble encore familière à la sociologie soviétique d'aujourd'hui. En France, une certaine tendance de l' « éducation permanente » reflète aussi cette idée du loisir.

A l'inverse, la majorité des sociologues américains ont surtout analysé les différentes formes de la récréation. Beaucoup ont tendance à réduire le loisir à « une activité libre non payée qui apporte une satisfaction immédiate ». A. Ripert a esquissé une critique des différentes définitions qu'offrait la sociologie américaine jusqu'en 1958 (21). C'est tout récemment, après les essais de D. Riesmann (22) que des chercheurs comme Havighurst (23), Kaplan et Wilensky analysent le loisir dans toute la complexité de sa structure et de ses relations avec l'ensemble des déterminants de la vie quotidienne. En France, nous n'avons rencontré que des concepts partiels, confus ou arbitraires dont le fameux poste « divers » des budgets de ménage offre l'exemple le plus indigent. Ceux qui consultent le Littré (1869) liront que le loisir est « un temps qui reste disponible après les occupations ». Hatzfel et Darmsteter se contentent, cinquante-sept ans plus tard, de recopier le Littré. Il faut attendre 1930 pour qu'Augé, dans son dictionnaire, ajoute une signification nouvelle : « Distractions, occupations auxquelles on se livre de son plein gré, pendant le temps qui n'est pas pris par le travail ordinaire. » Le « temps » de Littré est devenu « distractions, occupations », chez Augé. Augé ne dit plus que « le loisir vient après les occupations », mais après « le travail ordinaire ».

Ces changements de mots, malgré leur insuffisance, sont les modestes signes d'une évolution des mœurs. Une transformation profonde des significations du loisir dans la vie populaire s'est effectuée sous nos yeux. Une enquête systématique menée en 1953, sur la représentation du loisir chez les ouvriers et les employés, nous a permis de préciser les données du dictionnaire. La majorité définit encore le loisir comme « un temps », mais déjà plus d'un quart comme « une activité » et aucun ne le définit passivement comme un « état » (première définition du Littré). La quasi-totalité des 819 individus interrogés au hasard dans les villes du Nord, du Midi et de l'Est, de l'Ouest et de Paris, définit le loisir *par opposition* à certaines préoccupations de la vie quotidienne qui débordent ce qu'Augé appelle « le travail ordinaire ». Celles-ci peuvent être regroupées autour de trois catégories d'expression : soit « les tâches habituelles, monotones ou répétées », soit les « soucis », soit les « nécessités et obligations ». La troisième catégorie est à peu près aussi importante que les deux autres réunies.

Dans cette troisième catégorie, les obligations professionnelles sont signalées dans 60 % des cas. Elles sont primordiales, mais ne sont pas seules. Le cadre de ce chapitre ne nous permet pas de faire une analyse des autres obligations familiales et sociales, signalées selon une fréquence variable. Contentons-nous de présenter un tableau de ces activités dont l'opposition au loisir ne fait aucun doute :

1. Le travail professionnel.
2. Le travail supplémentaire, ou travail d'appoint.
3. Les travaux domestiques (le ménage et la partie étroitement utilitaire du petit élevage, du bricolage et du jardinage).
4. Les activités d'entretien (les repas, la toilette, le sommeil).
5. Les activités rituelles ou cérémonielles qui relèvent d'une obligation familiale, sociale ou spirituelle (visites officielles, anniversaires, réunions politiques, offices religieux).
6. Les activités d'études intéressées (cercles et cours préparatoires à un examen scolaire ou professionnel).

Il serait donc inexact et dangereux de définir le loisir seulement par opposition au travail professionnel, comme c'est l'usage chez la plupart des économistes et sociologues qui ont traité de cette question. Presque tous semblent victimes d'une formule trop théorique : « les trois huit », huit heures de travail, huit heures de sommeil, huit heures de loisir. Bref, c'est surtout par opposition à l'ensemble des nécessités et obligations de la vie quotidienne que se définit aujourd'hui le loisir. Et il faut bien souligner qu'il n'est pratiqué et conçu par les usagers que dans une dialectique de la vie quotidienne, où tous les éléments se tiennent et réagissent les uns sur les autres. Il n'a aucune signification en lui-même. On pourrait écrire du loisir à peu près ce que Henri Wallon a écrit du jeu qui, dans une certaine mesure, fait partie du loisir : « Le jeu est sans doute une infraction aux disciplines et aux tâches qu'imposent à tout homme les nécessités pratiques de son existence, le souci de sa situation, de son personnage, mais loin d'en être la négation, il les suppose. »

Les trois fonctions du loisir.

Si l'on se réfère à l'enquête citée plus haut, presque toutes les réponses établissent que le loisir, quelle que soit sa fonction, est d'abord libération et plaisir. Puis elles se différencient en trois catégories qui, selon nous, correspondent aux trois fonctions majeures du loisir : fonctions de *délassement,* de *divertissement,* de *développement.*

Le *délassement* délivre de la fatigue. En ce sens, le loisir est réparateur des détériorations physiques ou nerveuses provoquées par les tensions qui résultent des obligations quotidiennes et particulièrement du travail. Malgré l'allègement des tâches physiques, il est sûr que le rythme de la productivité, la complexité des relations industrielles, la longueur des trajets du lieu de travail au lieu de résidence, dans les grandes villes, accroissent le besoin de repos, de silence, de farniente, de petites occupations sans but. Comme l'a montré le docteur Bize, cette exigence est encore plus forte pour les dirigeants : 85 % des cadres supérieurs de l'industrie se déclarent surmenés (24). Quelles que soient les catégories de travailleurs, l'étude de la fonction de récupération par le loisir devrait élargir les recherches sur la fatigue et sur la fatigabilité, trop souvent limitées en France aux observations sur le lieu de travail. Une tendance nouvelle se dessine en ce sens sous l'impulsion du docteur Metz. Des travaux médico-sociaux sont entrepris sur les rapports du rythme de travail et du rythme de loisir. Ils exigent et exigeront de plus en plus la collaboration de la psychologie du travail et de la psychologie du loisir.

La seconde fonction est celle du *divertissement.* Si la fonction précédente délivre surtout de la fatigue, celle-ci délivre surtout de l'ennui. Georges Friedmann a beaucoup insisté sur l'effet néfaste de la monotonie des tâches parcellaires sur la personnalité du travailleur (19). Henri Lefebvre a esquissé l'analyse des aliénations de l'homme d'aujourd'hui, provoquant un sentiment de privation, et entraînant un besoin de rupture avec l'univers quotidien (25). Cette rupture peut se traduire par des infractions aux règles juridiques et morales dans tous les domaines, et relève alors d'une pathologie sociale. Elle peut au contraire être un facteur d'équilibre, un moyen de supporter les disciplines et les contraintes nécessaires à la vie sociale. De là cette recherche d'une vie de complément, de compensation ou de fuite par la diversion, l'évasion vers un monde différent, voire contraire, au monde de tous les jours. Elle s'oriente soit vers des activités réelles, à base de changement de lieu, de rythme, de style (voyages, jeux, sports), soit vers des activités fictives à base d'identification et de projection (cinéma, théâtre, roman...) : c'est le recours à la vie imaginaire, à la satisfaction de ce qu'on appelle, depuis Hoffmann et Dostoïewski, notre double (26). Cette fonction de divertissement, au sens fort, est celle qui est évoquée dans le plus grand nombre de réponses de notre enquête.

Vient enfin la fonction de *développement* de la personnalité. Elle délivre des automatismes de la pensée et de l'action quotidienne. Elle permet une participation sociale plus large, plus libre et une culture désintéressée du corps, de la sensibilité, de la raison, au-delà de la formation pratique et technique. Elle offre de nouvelles possibilités d'intégration volontaire à la vie des groupements récréatifs, culturels, sociaux. Elle permet de développer librement les aptitudes acquises à l'école, mais sans cesse dépassées par l'évolution continue et complexe de la société. Elle incite à adopter des attitudes actives dans l'emploi des différentes sources d'information traditionnelles ou modernes (presse, film, radio, télévision).

Elle peut créer des formes nouvelles d'apprentissage (learning) volontaire tout au long de la vie. Elle peut produire des conduites novatrices, créatrices. Ainsi, elle peut susciter chez l'individu libéré des obligations professionnelles, des disciplines librement choisies en vue de l'épanouissement complet de la personnalité dans un style de vie personnel et social. Cette fonction est moins fréquente que la précédente, mais son importance pour la culture populaire est capitale.

Ces trois fonctions sont solidaires. Elles sont étroitement unies l'une à l'autre, même lorsqu'elles s'opposent entre elles. En effet, ces fonctions existent à des degrés variables dans toutes les situations, pour tous les êtres. Elles peuvent se succéder ou coexister. Elles se manifestent tour à tour ou simultanément dans une même situation de loisir; elles sont souvent imbriquées l'une dans l'autre au point qu'il est difficile de les distinguer. En réalité, chacune n'est le plus souvent qu'une *dominante*.

Le loisir est un ensemble d'occupations auxquelles l'individu peut s'adonner de plein gré, soit pour se reposer, soit pour se divertir, soit pour développer son information ou sa formation désintéressée, sa participation sociale volontaire ou sa libre capacité créatrice après s'être dégagé de ses obligations professionnelles, familiales et sociales.

Culture vécue.

Le rapport entre le loisir et les obligations de la vie quotidienne et entre les fonctions du loisir entre elles déterminent pour une part croissante la participation passive ou active à la vie sociale et à la vie culturelle. Ils sont prépondérants dans la culture vécue de notre société. Méfions-nous de toutes les théories actuelles qui expliquent de façon abstraite les relations de la société et de la culture. Toutes ont été héritées d'un temps où les phénomènes que nous étudions ici n'étaient pas apparus avec cette ampleur. Aussi devraient-elles être repensées en fonction d'une sociologie concrète du loisir réel et possible de la civilisation industrielle et démocratique. Nous disons *toutes* les théories, quels que soient leurs postulats, démocratiques ou aristocratiques, individualistes ou collectivistes, qu'il s'agisse de K. Mannheim ou d'Ortega y Gasset, de Toynbee ou de Plekanov. Pour qu'une théorie culturelle soit vivante, elle doit correspondre non seulement à un ensemble de valeurs, mais encore à la manière dont elles sont vécues par les différentes classes ou catégories sociales. Aujourd'hui, cette culture dépend de plus en plus des idéaux et des pratiques du loisir.

Les créateurs, les éducateurs, les militants qui se proposent d'orienter les idées et les actes connaissent bien les difficultés nouvelles qu'ils rencontrent pour qu'une idée s'empare des masses afin de devenir une force... Les soirées, les week-ends, les vacances ont eux aussi un contenu d'idées-forces. Ce n'est pas seulement le manque d'enthousiasme ou de compétence des animateurs sociaux ou culturels qui explique les phénomènes très graves d'indifférence civique ou politique, comme on pourrait le croire à travers les innombrables confessions et autocritiques stéréotypées qui jalonnent la route de leurs échecs. Il n'est pas sûr qu'un nouveau régime puisse résoudre tous ces problèmes. On peut au moins émettre l'hypothèse que des transformations profondes et ambiguës s'élaborent dans le cœur des hommes de toutes classes à partir de ces futilités nommées loisirs.

Un nouvel homo faber.

Nous avons vu que le temps pris en un siècle sur le travail professionnel ne s'est pas entièrement transformé en loisir. G. Friedmann a raison de parler provisoirement et prudemment du « non-travail ». 25 % des ouvriers d'Annecy, par exemple, exercent un second métier ou des travaux complémentaires au-delà de leurs heures supplémentaires, sinon légales, du moins obligatoires. Besoins économiques? sans doute, mais ces besoins nouveaux dépendent souvent moins d'une nécessité que d'un nouveau genre de vie. Dans les pays de niveau de vie supérieur au nôtre, le temps libéré par le travail professionnel est occupé surtout par d'autres formes de travail. Ainsi, dans le village d'Akron (U.S.A.), où les entreprises de caoutchouc ont réduit leurs horaires à trente-deux heures par semaine, près de la moitié des salariés (40 %) font des travaux complémentaires, et 17 % exercent volontairement un second métier. « Moins de travail, moins de loisir (27) » [1]...

Il est probable que des motivations psychologiques se mêlent étroitement aux besoins économiques. Partout, en dehors du travail professionnel de complément, on constate l'extension croissante d'activités manuelles mi-désintéressées, mi-utilitaires dans l'atelier ou le jardin de la famille. Est-ce du loisir? N'est-ce pas du loisir? Nous avons vu qu'à Annecy, 60 % des ouvriers

---

1. Ces chiffres ne proviennent pas d'une enquête systématique mais d'une estimation faite au cours d'une réunion que l'auteur, essayiste social, a tenue avec des leaders syndicalistes d'Akron.

estiment que ces nouvelles activités font partie du loisir, contre 25 % qui estiment que ce sont des travaux nécessaires, et 15 % qui choisissent les deux réponses. On sait par ailleurs, d'après un sondage national de l'Institut français d'opinion publique (I.F.O.P.), dans certaines régions, que des cadres sont encore plus nombreux à cultiver leur jardin que des ouvriers (44 % contre 36 %) (28). Il s'agit en quelque sorte d'une activité mi-désintéressée et mi-utilitaire selon des proportions variables. Les deux parties s'imbriquent. L'une appartient aux obligations et l'autre aux loisirs. Nous appellerons ces activités des *semi-loisirs*[1]. Dans notre ville française la partie désintéressée l'emporte sur l'autre. La proportion est probablement inverse dans des pays économiquement moins développés comme la Yougoslavie et la Pologne. Chez nous, ces activités occupent environ la moitié du temps total de loisir et l'on connaît la vogue du « faites-le-vous-même » *(do it yourself)* dans les pays encore plus industrialisés que le nôtre. Ainsi en pleine civilisation dominée par la division du travail et les rapports sociaux qui en découlent, le loisir développe chez les travailleurs et particulièrement les ouvriers une situation et des attitudes d'artisan et de paysan qui les centrent de plus en plus sur un travail qui n'est pas le travail professionnel. Il suscite un *homo faber* de type nouveau, beaucoup plus indépendant que l'autre à l'égard du processus collectif de production; le travail se trouve de plus en plus réduit à un moyen de gagner sa vie, à un gagne-pain et déjà pour certains à un *gagne-loisir*. Ainsi un nouveau travail manuel individuel et désintéressé se valorise dans la culture vécue. Il peut équilibrer par sa valeur créatrice les tâches parcellaires et monotones de la vie industrielle ou administrative. Il peut être la base d'une réflexion qui met le travail manuel à sa juste place dans la « civilisation du travail ». Les salons du bricolage ou ceux des petits inventeurs témoignent de la fonction possible du travail manuel dans la culture populaire. Là se trouve le germe d'une rénovation pour toute culture.

Mais le plus souvent, ces nouveaux artisans du dimanche s'enferment dans le jardinage ou le bricolage. Certains ouvriers

1. « Cet ensemble composite où deux éléments hétérogènes s'interpénètrent sans se confondre, se doublent sans s'identifier, correspond à ce type de relations mis en lumière par la science moderne sous le nom d'implication dialectique mutuelle. » (G.G.)

parisiens étudiés par Chombart de Lauwe, déclarent consacrer à cette activité jusqu'à cinq heures par jour...! Ils sont indifférents aux questions qui dépassent leur vie privée. Ils peuvent être de bons pères et de bons époux (quoique, selon la chanson de Patachou, ce ne soit pas toujours « un bonheur d'avoir un mari bricoleur »...). Ce sont des citoyens diminués pour qui les questions politiques, sociales, culturelles ne se posent pas. Les moyens d'information de masse abondent autour d'eux, ils ne les utilisent pas. Ils sont isolés, ils prennent des attitudes d'artisans repliés sur eux-mêmes, presque comme au temps où il n'y avait ni presse, ni cinéma, ni division du travail, ni lutte de classes. Les sociologues de la récréation ou de l'éducation du temps de loisir sous-estiment ces faits majeurs.

Un nouvel homo ludens.

Vers 1850, la culture des ouvriers était encore profondément marquée par les fêtes et jeux traditionnels, corporatifs ou religieux. Agricol Perdiguier a fait sur ces mœurs tour à tour enrubannées et brutales de pittoresques reportages. Aujourd'hui, dans notre contexte social, les jeux sont sortis de leurs cadres rituels, ils se sont multipliés, diversifiés, compliqués dans des proportions qui n'ont été prévues par aucun des philosophes sociaux du XIXe siècle. Aujourd'hui, l'incitation aux jeux et aux concours est permanente. Elle n'est plus liée à des événements rituels, à des cérémonies collectives. Elle est quotidiennement encouragée par la radio, le journal, les magazines et même par la publicité des magasins. Même la radio et le journal soviétiques, malgré la réticence doctrinale de certains dirigeants, s'orientent de plus en plus en ce sens. Il serait imprudent de relier le goût des jeux de hasard aux seuls impératifs de la pauvreté. Bien que le goût du jeu ait toujours été très développé aussi bien dans les classes aisées que dans les classes populaires, on peut émettre l'hypothèse qu'aujourd'hui certains jeux sont plutôt un luxe conquis par les masses comme l'ont été le tourisme ou le sport. Les paris sur les courses ne sont plus réservés aux riches oisifs de l'hippodrome de Longchamp, depuis la création du Pari mutuel urbain. Celui-ci a enregistré, en 1949, plus de

28 milliards d'enjeux, soit quatre fois la somme dont disposait, cette année-là, la direction générale de la Jeunesse et des Sports pour l'ensemble de son action. D'autres jeux d'abord réservés, vers 1880, à la jeunesse bourgeoise, se sont démocratisés. Ainsi ces jeux d'action aux « vertus éducatives » que sont les sports. Huxley va même jusqu'à voir dans le sport le trait dominant de notre temps. Mais à côté des amateurs actifs combien de supporters avec cris, mascottes et drapeaux qui n'ont jamais été des pratiquants. Des enquêtes ont révélé que, recrutés parmi les ouvriers, les employés ou les cadres, ces supporters constituent souvent le tiers ou la moitié d'une ville comme Vienne. En 1947, l'I.F.O.P. nous informait que 40 % des Français s'intéressaient régulièrement au sport et 35 % « vaguement » au Tour de France.

Mais il faut aller plus loin : ce goût moderne et populaire de la vie jouée doit être pris dans le sens large où R. Caillois l'entend (2). Cette vie jouée constitue par rapport à la vie sérieuse une sorte de « réalité secondaire » aux puissants effets sur les attitudes de chaque jour. Elle est dégagée de toute obligation. Elle est enserrée dans des limites d'espace et de temps circonscrites à l'avance, elle est réglée et fictive, « accompagnée d'une conscience spécifique de réalité seconde ou de franche irréalité par rapport à la vie courante ». Ne faut-il pas placer dans cette catégorie la vie des vacances, où l'on cherche à jouer pour un temps une vie de riche ou de sauvage, qui tend à être profondément distincte de la vie quotidienne. On pourrait aussi bien donner d'autres exemples du même genre à partir d'activités apparues progressivement depuis cent ans.

Qu'en résulte-t-il pour la culture vécue ? Dans son essai classique sur l'*homo ludens*, Huizinga (29) note que le jeu tient une faible place dans notre culture sérieuse, issue d'une tradition hébraïco-gréco-latine, plus ou moins affadie par l'Université et l'école. Les jeux sportifs par exemple sont loin d'occuper dans notre formation la place qu'ils occupaient au temps de Pindare. Pourtant, dans la culture vécue par des millions de travailleurs, des jeux de toutes sortes, sérieux ou futiles, ont une place prépondérante. Le jeu n'est plus seulement, comme le pensait Freud, le signe de l'univers enfantin, il est devenu une exigence de la culture populaire, née du loisir. Il peut entraîner un changement profond dans la culture des académies ou des avant-gardes. Il peut apporter une poésie parallèle à la vie courante et un humour dans l'engagement social.

Il peut aussi entraîner ce mépris de l'humble vie quotidienne, comme le redoute H. Lefebvre, ou pousser à s'en évader par le seul divertissement (au sens fort), par un refus de l'effort culturel et une indifférence à toute responsabilité sociale. La vie jouée se développe alors au détriment de toute vie engagée.

Un nouvel homme imaginaire.

Peu de temps après la publication du *Manifeste communiste* de Karl Marx, une grande enquête était menée pendant deux ans sur les « livres populaires et la littérature de colportage ». Le directeur de l'enquête était le jeune Nisard (30); son témoignage est probablement sujet à caution, mais sa documentation est unique; dans deux gros tomes, il présente une analyse objective du contenu des petits livres les plus lus dans le milieu populaire des villes et des campagnes. Nous apprenons ainsi que le nombre des ouvrages qui « moralisent et qui édifient » était restreint et sans commune mesure avec celui des livres de sciences occultes, des facéties (« deux cents anecdotes sur les ivrognes à vous donner le hoquet »), des parodies, des discours, des biographies romancées, des almanachs de songes « destinés spécialement à nos lectrices », et surtout des romans de Mme Cottin Amélie de Mansfield, roman de « l'amour en délire où l'exaltation des sens vient se joindre à celle du sentiment », ainsi que « les aventures d'une grande dame » (1849), plein d'une « ignorance du cœur humain que j'appellerai primitive et d'un oubli de tout sens moral qui laisse loin derrière lui tous les romanciers grivois ». Il faut ajouter *le Secrétaire des amants* et *Choix de lettres d'amour*. « Ces conseils sont ignobles, dit Nisard, je ne crains pas de les appeler infâmes... Cet audacieux et sale petit livre a eu certainement plus d'éditions que le meilleur qu'on ait fait depuis qu'on fait des livres. » Et encore Nisard se refuse-t-il à faire l'analyse des romans à quatre sous, partie essentielle du fond primitif du colportage. Qui lisait ces livres? « Ces feuilletons, ces livraisons, ces drames mis à la portée des bourses les plus modestes sont entre les mains

de chaque jeune ouvrier. Tout ce que la dépravation du dernier
siècle a introduit de bêtement ordurier et de corrupteur, nos
romanciers modernes l'ont dépassé », dit la rédaction ouvrière
du journal *l'Atelier*. Si nous nous sommes étendus sur cette
enquête de Nisard, c'est parce qu'elle montre à quel point la
moitié des Français de milieu populaire qui savaient lire adoraient
les œuvres de fiction faciles... Le goût populaire des œuvres de
fiction n'est donc pas né avec le cinéma. Il serait plus juste de
dire que l'orientation du cinéma vers la fiction correspond à ce
besoin profondément populaire. On n'insistera jamais assez sur
ce fait que la culture ouvrière des années 1848, tant admirée de
Dolléans et de Duveau, n'a probablement été que la culture d'une
très faible minorité de militants, d'autodidactes.

Avec le développement du loisir, une demande accrue d'œuvres
de fiction a pu être satisfaite avec une ampleur sans précédent
depuis la découverte de l'imprimerie, des sons et surtout des
images mouvantes. Devant cette demande, l'influence de Méliès
n'a pas tardé à l'emporter sur celle de Lumière. Le cinéma
apporte un moyen sans précédent de « visualiser les rêves ».
Même à la télévision, pourtant, adaptée au reportage en direct
sur les grands événements, les œuvres de fiction se sont imposées.
Elles constituent l'essentiel des 15 millions d'exemplaires de
magazines hebdomadaires féminins[1]. Les romans représentent
presque la moitié du chiffre d'affaires de la production des livres
et environ 80 % des prêts de bibliothèques populaires[2]. Mais
ce ne sont plus les mêmes romans qu'au temps de Marx et de
Nisard. Contrairement à l'opinion courante, on peut affirmer
que malgré la médiocrité de la masse des productions artistiques
(90 % des productions de notre système actuel sont des « navets »
littéraires ou cinématographiques, d'après le jugement du public
averti), le goût du public populaire est en progrès. Mais, là encore,
on constate une ambiguïté dans la qualité des œuvres de fiction
qui alimentent le loisir des masses.

Dans cette culture vécue, les satisfactions de l'imagination
occupent une place beaucoup plus grande que dans la culture
scolaire et universitaire. Il est évident que celle-ci devra se réformer
si elle veut répondre davantage aux besoins de notre temps.

1. *Echo de la presse et de la publicité*, tirages 1958.
2. Voir plus loin : « Le loisir et le livre », p. 179.

De même, comme le dit E. Morin, la plupart des idéologies dominantes sont trop rationalistes. Elles ne donnent pas une place suffisante à l'homme imaginaire... « Il faut réintégrer l'imaginaire dans la réalité de l'homme. » (26). Mais les mécanismes de projection et d'identification suscités par la fiction peuvent endormir tout esprit sélectif et critique. L'imagination peut se dérégler, et une confusion s'établir entre le monde réel et le monde fictif. Alors la personnalité s'aliène dans le destin des stars. La vie par procuration remplace la vie réelle. Au lieu d'apporter un rêve agréable, le plaisir de la fiction détourne de toute action personnelle ou favorise des actions inadaptées. Les jeux fictifs comme les jeux réels risquent de conduire l'individu hors du monde vécu, dans un monde mythique où il n'est plus qu'un réfugié ou un exilé, indifférent à toute participation active à la vie de son temps.

Un nouvel homo sapiens.

Le loisir n'est pas seulement le temps de la distraction, c'est également celui de l'information désintéressée. Il y a un siècle le journal n'entrait pas dans les foyers ouvriers. Vers 1846, *l'Atelier*, le fameux journal fait par des ouvriers pour les ouvriers, avait au maximum mille abonnés! Et il était mensuel. Les ouvriers achetaient peu de journaux, ils étaient trop chers. Aujourd'hui, le quotidien est acheté et lu par la très grande majorité des foyers; sa lecture est une activité de détente dont la durée varie d'une demi-heure à une heure par jour (32). La quasi-totalité du public des villes lit un hebdomadaire, et plus de la moitié en lit au moins deux (Annecy). Il faut ajouter qu'en fin de semaine, une bonne moitié du public populaire des villes voit le journal cinématographique et 93 % des auditeurs de la radio déclarent qu'ils sont à l'écoute à l'heure des informations. Ajoutons encore que, d'après un sondage de l'I.N.S.E.E., en 1953, 77 % de l'ensemble de la population radiophonique veut « davantage ou autant de reportages et d'informations ». Jadis, la population ouvrière était isolée dans ses quartiers et sa culture était dominée par le travail. Elle vivait repliée sur elle-même. Aujourd'hui, le loisir a suscité un besoin élargi d'information sans lien avec le milieu du travail. Ce besoin a été à la fois satisfait et développé grâce aux découvertes de la rotative, à l'abaissement du prix de vente des journaux et au bouleversement des techniques visuelles de présentation. Les « digests » de toutes valeurs ont connu un succès croissant. Enfin, dans tous les milieux, la diffusion des livres documentaires est en progression, principalement les biographies, les récits d'histoire et les comptes rendus de voyages. Sur ces points, les statistiques annuelles de la production concordent avec celles des bibliothèques départementales de prêt (32).

Les journaux quotidiens, surtout en province, sont pour la majorité des gens de véritables « livres » avec leurs éditoriaux, leurs reportages, leurs chroniques, leurs pages spécialisées, leurs jeux. Selon l'I.F.O.P., 50 % des lecteurs de quotidiens lisent régulièrement la rubrique de politique extérieure ou intérieure, et environ 37 % celle des reportages et des enquêtes (31). Une fraction du public consacre même une partie de ses loisirs, non seulement à s'informer, mais encore à se documenter régulièrement, spontanément, sur des questions de son choix. Elle constitue environ la moitié des chefs de famille d'Annecy et 40 % accepteraient volontiers un congé d'étude de douze jours payés pour approfondir un certain nombre de connaissances ou d'aptitudes. Les centres d'intérêt choisis sont par ordre de préférence : les problèmes du travail, la culture générale, les problèmes scientifiques et techniques, les questions économico-sociales et politiques, la préparation à l'exercice d'une responsabilité dans des organisations. On peut estimer à environ 10 % de la population du milieu populaire urbain (ouvriers ou employés) les autodidactes qui utilisent une grande partie de leur loisir à développer leurs connaissances. A Paris seulement, plus de 25 écoles de formation générale accélérée s'offrent à eux, sans compter les stages d'éducation populaire, de formation industrielle ou d'éducation syndicale. Le loisir studieux est la condition de cette « culture continuée » (33) qui est de plus en plus nécessaire pour suivre l'évolution rapide et complexe de notre société. Enfin, cette recherche d'informations à la fois sérieuses par le contenu et agréables par la présentation, peut apporter un jour des changements profonds dans la diffusion par la radio, la télévision, le journal ou les associations des connaissances nécessaires après l'école. Le loisir studieux offre des possibilités nouvelles pour les reconversions mentales à chaque période nouvelle de la vie, à chaque période nouvelle de la civilisation.

A l'inverse la pratique de l'information peut se limiter à des sujets agréables certes, mais faciles. La princesse Margaret, « à la une », peut faire doubler toute seule le tirage d'un magazine comme *Point de vue - Images du monde*. Dans le sondage de l'I.F.O.P., sur la lecture du journal, ce sont les nouvelles locales qui sont les plus lues, avec 86 % de lecture régulière : des nouvelles relatives aux naissances, décès, récits de fêtes, banquets... Toute cette riche matière de la vie locale pourrait être la base d'une culture économique, sociale, politique ou artistique. Mais cette possibilité est négligée dans la plupart des salles de rédaction des quotidiens. Après les nouvelles locales, le choix du public se porte sur les bandes dessinées (65 % des cas) et sur les faits divers (57 %). Ce genre de lecture peut apporter une saine détente à condition qu'elle soit complétée. Réduite à elle seule, cette lecture ne favorise guère l'élargissement et l'approfondissement des connaissances nécessaires à un citoyen moderne désireux de se tenir au courant de la vie de son temps. D'autre part, devant le flot croissant des informations nationales ou internationales, économiques et politiques, sociales ou littéraires, le lecteur se sent submergé, il est incapable de comprendre et d'assimiler tout ce qu'il lit. Il s'en remet alors à ceux que Lazarsfeld appelle « les guides d'opinion », ceux qui lisent et écoutent pour lui et lui résument l'essentiel des messages. Lorsque le lecteur s'efforce de lire lui-même les rubriques sérieuses, l'abondance d'idées générales et de chiffres ne laisse que des traces superficielles dans son esprit : il se replie sur les faits divers, plus accessibles. Malgré les progrès de présentation des questions difficiles dans les journaux, la capacité de compréhension et d'assimilation du public n'a pas été développée en fonction des besoins d'une réelle démocratie. Comme Varagnac le souligne, le public a du temps pour « se tenir au courant », mais il manque de moyens pour se former, et acquérir une connaissance vécue à la manière de la culture traditionnelle (34). Enfin, on peut se demander si la pléthore d'informations suivies de discussions, ne crée pas un ersatz d'action dans tous les domaines. Le développement du plaisir de la conversation dans le temps libre risque non pas de préparer ou de compléter, mais de remplacer toute participation active à la vie sociale. L'inflation des

informations reçues, données, échangées, peut créer l'illusion
que l'on a beaucoup agi pour la société alors que l'on a beaucoup
bavardé à son sujet.

Un nouvel homo socius.

Le loisir a également suscité des formes nouvelles de sociabilité et de groupement inconnues au siècle dernier. Au cours
de ses enquêtes à Reims, à Lille ou à Mulhouse, Villermé ne
rencontre aucune association récréative ou culturelle, mais
seulement des sociétés mutualistes, à caractère plus ou moins
politique. Mais, par contre, ce qui le frappe partout, c'est la
toute-puissance du cabaret dans la vie ouvrière. A lire les rapports
précis et émouvants de Villermé, on comprend l'âpreté des
campagnes de l'équipe de *l'Atelier* ou de A. Perdiguier contre
l'ivrognerie ouvrière à cette époque. « Il n'est pas rare, dit Villermé, de voir les ouvriers de la Manufacture de Lille ne travailler
que trois jours par semaine, et passer les quatre autres à boire,
et, ajoute-t-il, cette situation existait déjà avant le développement
des manufactures. » A Reims, « dans un quartier ouvrier qui
comprend le tiers de la ville, la plupart des mieux rétribués ne
travaillent que pendant la dernière moitié de la semaine et passent
la première dans les orgies. Les deux tiers des hommes et le
quart des femmes qui habitent certaines rues s'enivrent fréquemment. » Et Villermé de conclure : « Pour l'ouvrier tout devient
pour ainsi dire occasion d'aller au cabaret... il y va quand il est
heureux pour se réjouir, enfin quand il a des soucis domestiques
pour les oublier. En un mot, c'est au cabaret qu'il fait ses dettes,
qu'il les paie quand il peut, qu'il conclut ses marchés, qu'il
contracte ses amitiés et qu'il accorde même sa fille en mariage (3). »

Aujourd'hui, les cafés restent un lieu important pour le loisir
de tous, et particulièrement des ouvriers. Mais, contrairement à
ce que s'imaginent la plupart des Français, l'alcoolisme aigu est
probablement en régression par rapport à l'ivrognerie généralisée du siècle dernier[1]. Certes, ce fléau existe toujours, et

1. Villermé, *op. cit.* G. Duveau, *Villes et Campagnes*, A. Colin 1954.

il est devenu plus insupportable. Ce qui a augmenté, c'est surtout la honte qu'il provoque et jamais le pays ne se mobilisera
assez fortement pour l'exterminer. Il est absurde que l'excès
d'alcool soit encore responsable de 40 % des accidents de la
route (statistique officielle 1958), que les décès par délirium ou
cirrhose du foie dépassent encore 10 000 par an et que les dépenses
nationales en boissons alcoolisées soient plus fortes en France
que celles de l'enseignement et du logement réunies (35). Mais
l'ivrognerie n'a plus le même prestige chez les jeunes d'aujourd'hui
que chez ceux d'hier (36). Selon G. Duveau, en un siècle, le nombre, relatif à la population, des débits de boissons à consommer
sur place a diminué, leur taux de fréquentation probablement
aussi [1]. D'après une enquête de l'I.N.E.D. en 1960, 16 % des
Français fréquentent le café une fois par semaine ou davantage.
Mais les changements sont surtout qualitatifs, l'ambiance du
café a tendance à se moderniser, les jeux de toutes sortes se sont
multipliés et les cabarets mal famés sont en nombre restreint.
La police sait bien que les malfaiteurs ou de jeunes inadaptés y
préparent leurs coups. Mais tous les cafés ne sont pas des repaires
de bandits, la plupart sont des lieux d'échanges aux fonctions
multiples qui ont évolué avec les fonctions du loisir. D'après
notre sondage au vingtième à Annecy, les motifs de fréquentation
invoqués sont par ordre de préférence : la rencontre d'amis,
les relations sociales avec des collègues ou des clients, la sortie
familiale, le besoin de discuter après la sortie du travail, le besoin
de discuter après une réunion, un spectacle ou un match. Le
tout couvre 80 % des réponses [2].

Mais la forme la plus originale de sociabilité développée par
le loisir est celle des organisations récréatives ou éducatives.
Ces organisations, en général régies par la loi de 1901, (qui
n'avait nullement été faite pour elles) ont proliféré en relation
étroite avec la croissance de l'industrialisation et de l'urbani-

1. G. Duveau, *la Vie ouvrière sous le second Empire*, Paris 1946.
S. Ledermann, *Alcool, alcoolisme, alcoolisation*, I.N.E.D., cahier 29,
1956 : dans sa statistique de débits de boissons, Ledermann inclut les
débits de vins à emporter : épiceries, etc. Ses chiffres sont donc différents de ceux de G. Duveau. De 1954 à 1960, les débits de boissons ont
diminué de 20 % (206 000 à 160 000) I.N.S.E.E. 1960.

2. Cf. J. Dumazedier et A. Suffert : *les Fonctions sociales et culturelles des cafés dans la vie urbaine*, rapport du Haut-Comité d'études sur
l'alcoolisme, 68 p., 1961.

sation. Elles ne sont liées ni aux nécessités du travail, comme les syndicats ou les associations professionnelles, ni aux impératifs d'une pratique politique ou religieuse, comme les partis ou les organisations confessionnelles. Elles correspondent surtout à des fins et à des activités de loisir. La plupart sont dans leurs principes ouvertes à tous, quels que soient le milieu, la classe ou le niveau d'instruction. Vers 1930, à Yankee City, ville américaine de 15 000 habitants, Warner comptait environ quatre cents sociétés vivantes et aujourd'hui un peu plus de 35 % des Américains sont membres d'une association (37). En France, nous ne disposons pas de chiffres sur le plan national, mais en 1957, dans la ville d'Annecy, nous avons enregistré deux cents sociétés vivantes et la participation de plus d'un chef de famille sur deux à l'une ou plusieurs d'entre elles. Alors que l'adhésion aux syndicats, aux partis et aux organismes d'action confessionnelle concerne à peine 25 % de l'ensemble des membres des associations d'Annecy, 75 % de ses membres adhèrent à des organisations de loisirs, en particulier (par ordre de fréquence), celles qui pratiquent la pêche, les sports, le plein air, les boules, la musique et diverses activités culturelles. Le milieu ouvrier est moins organisé que les autres milieux, mais il a ses propres groupements de pêche, de boules, de musique; environ le tiers des ouvriers adhèrent à des sociétés fréquentées par des membres d'autres classes et catégories sociales (Annecy).

Mais là encore, cette culture vécue dans l'expérience des groupes de loisir est ambiguë : ces associations constituent souvent ces « ferments socio-culturels » du milieu local, étudiés et préconisés par K. Lewin (38). Dans ce cadre, les leaders sociaux s'efforcent d'informer et d'éduquer les moins avertis, sans propagande, par une libre discussion. Ces associations sont les intermédiaires efficaces entre les sources lointaines d'information et le public local. Elles contribuent à l'élévation des niveaux culturels par une information égalitaire et une éducation mutuelle. Mais il n'en est pas toujours ainsi. Souvent, ces associations distractives constituent des milieux repliés sur eux-mêmes, fermés aux courants extérieurs, indifférents au développement de la participation active de leurs membres à la vie culturelle de leur temps. On pense au mot de G. Magnane sur ce genre de société sportive fabriquant « des enfants attardés qui jouent sous bonne garde ».

L'ensemble de ces associations en tout genre constitue en principe un cadre d'échanges fructueux entre des personnes de statut social et de niveau d'instruction différents. La tendance générale des organisations de loisir va incontestablement vers une unification des genres de vie. Mais, dans la réalité, les organisations les plus culturelles sont dominées par les intellectuels, les cadres, les enseignants et les représentants des classes moyennes. Les ouvriers y sont en minorité et ne s'y sentent pas tout à fait chez eux. La stratification sociale résiste fortement à la pression des organisations; cependant, il ne s'agit pas d'une opposition active, mais plutôt d'une résistance passive. Enfin, il est permis de se demander quelle est l'influence de ces associations de loisirs (qu'ils soient sportifs, touristiques, musicaux ou intellectuels) sur la participation à la vie de l'entreprise, à celle des syndicats et des organisations civiques et politiques. Elles fournissent des cadres de références, des modèles d'activité qui ont tendance à changer le genre de vie de ces institutions (accroissement des fêtes, des sorties de plein air, des jeux, réunions...). Mais, dans le contexte actuel de nos sociétés libérales, on peut craindre que ce nouvel *homo socius* ne considère sa participation aux groupements de loisir comme sa participation essentielle, voire exclusive, à la vie de la société. Tout se passe comme si ces associations tendaient à créer des sociétés marginales, closes sur elles-mêmes, sortes de nouvelles sociétés utopiques, fondées non plus comme au XIXe siècle sur le travail, mais sur le loisir. Elles ne se réalisent pas à cause de la division des classes, mais malgré elles. Elles ne concernent pas l'avenir, mais le présent. Elles tendent à détourner une partie du potentiel social du champ de la production et des tensions suscitées par les rapports sociaux, et elles l'orientent vers un univers semi-réel, semi-imaginaire, « où l'homme peut fuir son humanité et se délivrer doucement de lui-même [1] ».

Le loisir serait-il le nouvel opium du peuple? Le mouvement qui pourrait conduire le travailleur « de l'aliénation à la jouissance » serait alors contrarié par le courant inverse qui irait de la jouissance du loisir à un renforcement de l'aliénation par

---

1. Cf. dans le même sens une remarque de J.-P. Sartre sur l'ambiguïté du rôle médiateur des associations d'après les premiers résultats de notre enquête d'Annecy, in *Critique de la raison dialectique*, N.R.F., 1960, p. 50.

le travail. L'ouvrier se contenterait de vendre sa force-travail comme une marchandise, pour jouir du produit de cette vente dans le temps hors travail; il n'en demanderait pas davantage, laissant à d'autres, à ses avocats, le soin d'obtenir pour son labeur le maximum d'argent? Quoique produit de l'Histoire, le loisir est vécu, en effet, comme une valeur extérieure à l'Histoire. L'homme de loisir tend à être ingrat à l'égard du passé, et indifférent à l'égard de l'avenir. Ce n'est pas là une attitude active de citoyen, mais cette attitude se développe. Cette situation de la culture vécue par les masses invite à situer le loisir dans sa perspective historique et dans son contexte technique, économique et social, afin de mieux connaître les forces qui agissent ou peuvent agir sur lui ou par lui.

2

D'où vient
et où va le loisir?

Progrès technique.

Certains pensent que la situation complexe et ambiguë du loisir d'aujourd'hui est à la veille de transformations profondes, grâce à la découverte de nouvelles sources d'énergie et à l'extension de l'automation. Ainsi, la durée du travail diminuerait rapidement pour tout le monde, entraînant la disparition des anciens problèmes sociaux. Les poètes renchérissent sur les sociologues. Nous quitterions l'ère du travail pour entrer dans « l'ère des loisirs ».

Cette prophétie pose la question des rapports réels entre l'accroissement du loisir et le progrès technique. Tout d'abord, il est de fait que le loisir fait partie intégrante de la civilisation technicienne. Non seulement toute modification de celle-ci influe sur celui-là, mais le loisir en lui-même est une création de la civilisation industrielle. En effet, les « jours chômés » de la période traditionnelle ne peuvent être assimilés à des jours de loisir. Ce que Vauban, ancêtre des sociologues du travail, nomme ainsi vers 1700 dans la vie de l'artisan, n'avait pas le caractère libératoire que le loisir a pris par rapport au travail moderne (1). Ces jours chômés apportaient certes un repos, mais la signification de ce dernier ne correspondait pas aux besoins ressentis par le travailleur moderne. A une époque où le revenu moyen des travailleurs était *inférieur au minimum physiologique* (2), qu'aurait signifié l'aspiration à la réduction du travail, sinon un peu plus de misère? Il n'y avait que deux catégories de jours chômés, selon Vauban :

a) Les jours fériés réglés, souvent imposés par l'Église, contre la volonté des paysans et des artisans, pour favoriser l'exercice des devoirs spirituels (le pauvre hère des Fables de La Fontaine se plaint que « Monsieur le Curé de quelque nouveau saint charge toujours son prône »). Ces jours étaient au nombre de quatre-vingt-quatre par an.

b) Les jours de travail impossible, imposés par « la maladie, la gelée et les affaires », qui étaient à peu près aussi nombreux que les précédents. Ainsi le nombre des jours sans travail dépassait cent soixante par an.

Quant au repos quotidien, il faisait partie du rythme continu mais variable de la journée de travail. C'était un aspect de ce « temps flottant » du labeur traditionnel, qui commençait et finissait avec la lumière du jour. Certes les paysans avaient des fêtes locales, mais les temps de repos étaient plus comparables à des temps de « pause » qu'à des temps de loisir.

C'est la mécanisation, la division et l'organisation croissante des tâches de production qui ont créé un temps chronométrique de travail, de plus en plus distinct, puis opposé au temps de non-travail, devenu peu à peu le cadre d'activités nouvelles de délassement, de divertissement, de développement. En augmentant sa capacité productrice, la civilisation technicienne a d'abord diminué, puis peu à peu accru la durée du temps libre, tout en augmentant *en même temps* la productivité du temps de travail. Il est donc vraisemblable que la découverte de nouvelles sources d'énergie, le progrès de l'organisation industrielle et l'extension de l'automation, provoqueront un accroissement du temps de loisir (3). En ce sens, il est juste d'affirmer que le loisir est une production continue du progrès technique.

Mais cette production n'est pas automatique. L'accroissement du temps libre, la diminution du temps de travail, font partie des avantages sociaux qui sont l'enjeu d'une lutte sans cesse renaissante entre des intérêts opposés. Pierre Naville remarque que si le progrès technique en lui-même suffisait pour accroître le loisir du travailleur, le développement des machines au début du XIXe siècle aurait dû entraîner une certaine diminution des heures de travail, malgré le retard de la technique et de la production françaises sur la production anglaise. Mais, étant donné les besoins de la société et le rapport des forces sociales de l'époque, le contraire s'est produit (4). Par contre, en 1936, un nouveau rapport de ces forces a imposé brusquement, à la faveur d'une crainte de chômage, douze jours de congés payés, et la semaine de quarante heures. Mais le pays a été contraint de renoncer plus tard à cette dernière, surtout à cause des circonstances de la guerre, mais peut-être aussi parce que, selon Sauvy, la capacité productrice des entreprises de cette époque était telle qu'une diminution des forces productives ne pouvait qu'entraîner une stagnation du niveau de vie du pays. L'accroissement du loisir dépend donc aussi du rapport des forces sociales du moment.

Progrès social.

Il fut un temps où l'oisiveté était la mère de toutes les vertus de l'honnête homme. Puis, avec la montée de la bourgeoisie laborieuse qui édifiait le commerce et l'industrie modernes, l'oisiveté tomba en disgrâce. Au XIXᵉ siècle, la montée du prolétariat accentue ce discrédit et L. Febvre écrit : « Un homme de mon âge a vu, de ses yeux vu, entre 1880 et 1940, s'accomplir la grande déchéance de l'homme qui ne fait rien, de l'homme qui ne travaille pas, de l'oisif rentier. » Il faudrait ajouter qu'à peu près à la même époque deux mouvements apparemment contraires coexistent : en même temps que l'oisiveté décline, la jeune notion du loisir commence son ascension dans la vie du travailleur. Faute de travaux historiques sérieux sur ce sujet précis, nous bornerons notre ambition à fixer approximativement les principales étapes de ce changement.

On connaît la formule qui résume les revendications et espérances syndicales : « Bien-être et liberté. » Le loisir est une partie de ce bien-être et de cette liberté. Il n'est donc pas étonnant que son histoire se confonde avec celle du bien-être et de la liberté des travailleurs. Toutefois, le loisir n'apparaît que fort tard dans les revendications ouvrières du XIXᵉ siècle. D'autres besoins plus vitaux sont à satisfaire. En 1833, par exemple, les typos de Nantes, las de supporter une misère solitaire, fondent une association de secours mutuel et déclarent modestement : « Disons à Messieurs les maîtres imprimeurs : Nous n'envions ni vos fortunes, ni vos *plaisirs* [1], mais un salaire capable de nous procurer

1. Souligné par nous.

un lit modeste, un gîte à l'abri des vicissitudes du temps, du pain pour nos vieux jours. »

Le loisir ne pouvait pas se développer tant que la longueur de la journée de travail était accablante. La première revendication devait porter sur la réduction des heures de travail. La journée de treize heures était, nous l'avons vu, courante pendant la Monarchie de juillet. La révolution de 1848 impose la journée de dix heures, mais après l'échec de juin, la loi de septembre ramène à douze heures la durée légale du travail quotidien. Ce qui fait écrire, sans ironie, à M. Barrau, dans un ouvrage brillamment couronné en 1851 par l'Académie française : « Combien d'hommes accablés du fardeau de leur oisiveté ou blasés par une succession continuelle de plaisirs factices ne s'amusent de rien, se fatiguent de tout et disputent péniblement à l'ennui des heures dont la durée leur semble éternelle. Il n'en est pas ainsi de l'ouvrier, jamais il n'est embarrassé de ses rares et courts loisirs (5). »

Pourtant, G. Duveau écrit : « Du fait de la concentration industrielle se pose en France, au milieu du XIXe siècle, un problème nouveau : la direction des loisirs, mais les hommes n'en prennent conscience que de façon très vague. Lorsque A. Cochin ou A. Audiganne demandent que soit réglé l'emploi du dimanche, leur voix reste sans écho (6). » Le rétablissement du repos hebdomadaire n'intervint en fait qu'en 1850, après dix ans de luttes.

Il faut attendre 1864 pour trouver dans un texte revendicatif de la classe ouvrière l'idée de la diminution des heures de travail, liée à celle d'un emploi culturel de ces heures récupérées. Au retour d'un voyage en Grande-Bretagne et après avoir étudié les trade-unions britanniques, cent quatre-vingt-trois délégués parisiens déclarent : « Par la longueur de nos journées de travail, nous ne pouvons pas profiter de l'école du soir. » Cinq ans avant la Commune de Paris, l'ouvrier Varlin affirme à son tour : « Une réduction du travail est nécessaire au repos du corps, mais l'esprit et le cœur en ont surtout besoin. L'instruction nous est rendue impossible par l'emploi de notre journée. La famille aurait aussi ses charmes et sa puissance moralisatrice. Les loisirs du père de famille, les joies de l'intérieur nous sont impossibles et inconnus. L'atelier absorbe nos forces et toutes nos heures. »

L'idée d'une école pour tous, déjà fortement implantée par la loi Guizot de 1833 sur l'éducation, se développe en même temps que le droit au loisir est revendiqué d'une manière de plus en plus pressante. C'est en 1866, sous l'impulsion de J. Macé que se forme la Ligue française de l'enseignement, intense foyer d'éducation populaire, « pour préparer et assurer l'éducation républicaine du pays ». La IIIe République apporte un esprit nouveau. Après la proclamation des lois du 16 juin 1881 et du 28 mars 1882, qui créent l'école gratuite, laïque et obligatoire pour tous les enfants, la Ligue reprend avec vigueur, au congrès de Nantes (mars 1894) sa campagne pour l'éducation des adultes : « La Ligue n'oubliera pas ses devoirs envers les adultes, elle provoquera en ce qui les concerne une organisation nouvelle : cours complémentaires, cours professionnels, conférences populaires. Elle a le dessein, là où des sociétés n'existent pas de fonder des associations d'éducation populaire (7). » C'est à partir de ce moment-là que se développent avec intensité les associations post-scolaires, les cours d'adultes et les bibliothèques municipales.

Pendant la même période, l'aristocratie et la grande bourgeoisie, ébranlées par la crise de 1870, cherchent la voie d'un redressement. « J'avais le sentiment que là seulement se trouvait un remède efficace dans une éducation modifiée, transformée, capable de produire du calme collectif, de la sagesse et de la force réfléchie », écrit Pierre de Coubertin (8). Sous l'influence anglaise, les premiers clubs de sport athlétique sont créés à Paris avec des étudiants : le Stade français et le Racing-Club de France, puis les sociétés de gymnastique se développent. En 1894, Pierre de Coubertin organise dans le grand amphithéâtre de la Sorbonne le premier congrès pour le développement des sports et fonde la pédagogie sportive. Il fait accepter la rénovation moderne des jeux olympiques. C'est à peu près à la même époque que naissent dans la bourgeoisie les mouvements de Jeunesse; en France, c'est l'Association catholique et de la Jeunesse avec l'officier Albert de Mun, et en Angleterre le scoutisme avec le général Baden-Powell. A partir de 1911, le mouvement des Éclaireurs s'implante en France.

Revenons en 1898; une grave crise sociale allait être à l'origine d'une forme nouvelle d'éducation populaire par les loisirs. Dreyfus est condamné par le Conseil de guerre. A l'occasion de « l'Affaire », la gauche intensifie son action. Le mouvement

socialiste sous l'impulsion de Jaurès entre dans l'arène politique. Les intellectuels « vont au peuple ». Après avoir lutté à
côté de lui, ils cherchent à élever son niveau de culture. En
1898, les premières universités populaires sont fondées. Le
futur professeur André Siegfried fraternise avec l'ex-cuisinier
Pierre Hamp. On organise pour les ouvriers des cercles d'études, des troupes de théâtre amateur, des concerts, des conférences, beaucoup de conférences... Quatre ans après, les U.P.
sont désertées par les ouvriers. Une seule survivra jusqu'à la
guerre de 1914 : celle de Saint-Denis. Plus tard, le mouvement
sera faiblement poursuivi, mais le souvenir de ces universités
laissera un exemple longtemps vivace dans la future organisation des loisirs culturels populaires.

La diminution de la durée du travail allait progressivement
développer dans la classe ouvrière une aspiration au loisir plus
étendue, plus variée et aussi plus profonde. En 1891, les revendications ouvrières aboutissent au vote d'une loi qui limite à
onze heures la durée quotidienne du travail des femmes et des
enfants. La Confédération générale du travail est fondée en
1895, et le premier mai de la même année, le jeune Pelloutier,
fondateur des bourses du travail, insiste sur « l'œuvre d'éducation morale, administrative et technique nécessaire pour rendre
viable une société d'hommes fiers et libres ». En 1906, pour la
première fois dans un cortège du 1er mai, le mot d'ordre est
« la journée de huit heures ».

Dès 1907, sont fondés les deux premiers clubs de sport travaillistes : la *Prolétarienne de Romilly* et le *Club du Pré-Saint-
Gervais*. Jaurès dégage la signification du mouvement : « Vous
savez bien que dans tous les pays civilisés les ouvriers ont lutté
pour que la durée de la journée de travail fût réduite. Ils ont
obtenu satisfaction partielle. Et toujours ils disent que non
seulement ils veulent par là ménager leurs forces vitales, mais
qu'ils entendent ainsi pouvoir vivre davantage de la vie de la
famille, lire, s'instruire, devenir vraiment des hommes. »

En 1919, la loi de huit heures est votée. La loi Astier institue
les cours professionnels pour tous les travailleurs de moins de
18 ans. Un an après, pour la première fois dans un texte reven-
diquant le minimum vital, des syndicats ouvriers font figurer
un poste budgétaire désigné : « Vacances et spectacles (9). »
Les équipes sociales naissent sous l'impulsion de R. Garric qui

veut réunir pendant les loisirs des intellectuels et des ouvriers dans les mêmes cercles, comme naguère dans les mêmes tranchées. A la même date, en Belgique, le mouvement ouvrier suscite la naissance d'une nouvelle branche de l'Action catholique : la Jeunesse ouvrière chrétienne. L'influence des idées de Pelloutier s'affirme longtemps après sa mort : à partir de 1933 naissent et se développent une centaine de collèges du travail.

Et c'est 1936 (10) : les grands mouvements populaires imposent la loi de quarante heures et les contrats collectifs, les congés payés et les billets collectifs de voyage. Avec le développement de la pratique du week-end naît « la semaine des deux dimanches ». Une grande espérance soulève le peuple. Un ministère des Loisirs est créé. Il est dirigé par Léo Lagrange (11), qui va beaucoup contribuer à l'organisation des loisirs sportifs, touristiques, culturels. Les Auberges de la Jeunesse, nées en France en 1930, prennent une soudaine extension et suscitent déjà plusieurs mouvements. Les colonies de vacances se développent et les Centres d'entraînement aux méthodes d'éducation active se créent. Universités ouvrières et Maisons de la culture sont fondées sous l'impulsion d'écrivains en liaison avec l'avant-garde des syndicats ouvriers. Des essais de foyers paysans tentent de rénover la vie à la campagne. La première bibliothèque circulante est lancée par M. Vendel, à Soissons. Le théâtre du Peuple rassemble écrivains et artistes autour de R. Rolland, de A. Honneger, et participe à l'organisation des loisirs populaires.

Ce n'est pas seulement une organisation nouvelle, c'est un style nouveau de loisir qui naît. « Nous voulons, dit Léo Lagrange, que l'ouvrier, le paysan et le chômeur trouvent dans le loisir, la joie de vivre et le sens de leur *dignité* [1]. » Le mot même de loisir, jusqu'alors utilisé par la bourgeoisie, prend une résonance populaire et tend à remplacer le modeste « repos ». Beaucoup d'activités pratiquées jusque-là par les seules classes aisées sont conquises et transformées par les ouvriers des villes et parfois des campagnes. C'est une date capitale dans l'histoire des loisirs populaires.

La « rénovation nationale » de 1940, bien que soucieuse de s'opposer sur tous les plans à l'esprit de 1936, continue cepen-

---

1. Souligné par nous.

dant à organiser les loisirs. L'éducation physique et les sports font un nouveau progrès. Les mouvements de jeunesse scouts et catholiques se fortifient. D'autres se créent. Les Maisons des Jeunes sont fondées, mais la confiance s'en est allée avec l'arrivée des chorales et des tanks nazis. C'est la lutte clandestine et la Libération.

En 1944, J. Guéhenno est appelé à créer la direction générale de l'Éducation populaire et des Sports. Sous l'impulsion d'A. Parodi, ministre du Travail, les comités d'entreprise sont constitués dans les usines de plus de cinquante ouvriers. Le décret du 2 novembre 1945 stipule qu'ils prennent en charge : (article 3) : « les œuvres sociales ayant pour objet l'utilisation des loisirs et l'organisation sportive »; (article 4) : « les institutions d'ordre professionnel et éducatif, attachées à l'entreprise ou dépendant d'elle, telles que les centres d'apprentissage et de formation professionnelle, les bibliothèques, les cercles d'études, les cours de culture générale et d'enseignement ménager ».

Les associations de loisirs dans les entreprises se multiplient et c'est une éclosion sans précédent de sociétés nationales de loisirs et de culture populaire : Fédération nationale des foyers ruraux, Fédération française des ciné-clubs, Tourisme et Travail, Travail et Culture, Peuple et Culture, les Jeunesses musicales de France, etc.

Puis la situation générale freine l'extension de ces associations. Mais l'idée poursuit son chemin. En 1950, la Commission supérieure des conventions collectives fait apparaître dans son calcul du budget minimum un poste pour la première fois libellé ainsi : « Loisirs, culture », et le compte rendu officiel commente : « Les organisations ouvrières ont voulu signaler que ce poste loisirs présentait dans son principe même le caractère d'un *besoin absolu de la personne humaine* et que son introduction dans un budget incompressible était fondé. » Ainsi, en moins de cent ans, le loisir s'est profondément transformé. D'une part, il a pris un caractère plus actif au sein de la bourgeoisie, il a fait une part plus grande aux activités corporelles et aux activités sociales. D'autre part, le loisir, jadis réservé aux privilégiés, est devenu une possibilité, puis une revendication, enfin, « un besoin absolu » pour l'ensemble des travailleurs. Mais l'histoire ne s'arrête pas au seuil du présent. Aujourd'hui encore, les organisations syndicales et culturelles agissent pour que ce besoin de loisir soit toujours mieux satisfait.

L'avenir.

Que prévoir? Une science sociale prévisionnelle ne fait pas de prophéties, elle analyse les alternatives probables de l'évolution sociale. Quelles sont celles d'aujourd'hui, du point de vue de la sociologie du loisir?

a) Depuis 1950, la France est entrée dans une phase d'expansion économique que le début de la récession de 1959 ne semble pas avoir stoppée. Selon G. Rottier, la consommation moyenne par individu s'est accrue de 36 % en six ans, compte tenu des variations du pouvoir d'achat du franc de 1950 à 1956 (12). Cependant, en 1956, en pleine période d'expansion, à la question : « Votre niveau de vie a-t-il augmenté depuis l'an dernier? » dans l'ensemble, 8 % ont répondu : « Oui, il a augmenté », 29 % : « Non, il a diminué », 63 % : « Non, il n'a ni augmenté, ni diminué. » C'est que dans la France d'aujourd'hui, l'écart entre le salaire reçu et le salaire souhaité, entre la croissance des besoins et la croissance des revenus est tel que le sentiment de paupérisation est très vif. Le désir de gagner davantage est probablement plus fort dans la plupart des catégories sociales que celui d'avoir davantage de temps libre. En 1956, une enquête a demandé à l'ensemble des travailleurs suédois s'ils souhaitaient avoir moins d'heures de travail obligatoire, même si cette diminution devait entraîner une diminution correspondante de salaire. La majorité des ouvriers a opté pour la réduction de la durée légale du travail qui était de quarante-huit heures [1]. A partir de quel niveau de vie les Français feraient-ils cette réponse? Ce sont les besoins de la nation qui règlent avant tout la somme de travail nécessaire à un pays : élévation du niveau de vie des différentes catégories sociales, aide aux pays sous-développés, politique de défense, de prestige, etc. Mais les désirs des travailleurs ne peuvent être ignorés. Une sociologie du loisir devrait contribuer à établir

---

1. S.O.U. 1956 n° 21 — enquêtes officielles de l'État.

à chaque étape du développement économique le rapport optimum entre le besoin de loisir et le besoin d'argent. Tels sont les
termes de la première alternative.

b) En cas de réduction du temps de travail, trois phénomènes sont directement solidaires, et le développement de l'un se
fait toujours, en fait, au détriment des autres. En effet, la diminution du nombre total des heures de travail dans une nation
peut entraîner un accroissement du temps de loisir des travailleurs
en exercice, un avancement du temps de retraite des vieux travailleurs, ou une prolongation de la scolarité des futurs travailleurs, des enfants. Quels sont les besoins actuels?

D'après les résultats d'une enquête menée par J.-R. Tréanton sur les retraités de soixante à soixante-dix ans de la région
parisienne ayant pris leur retraite depuis un an, la moitié d'entre
eux continue à assurer un emploi normal, mais près de la moitié
réclame sa retraite avant soixante-cinq ans; sur cent motifs de
cessation des activités, près de 50 % indiquent la fatigue (14).
Ne faudrait-il pas assouplir l'âge de la retraite, comme le propose
J. Daric, en permettant aux uns de continuer le travail et aux
autres d'entrer, avant soixante-cinq ans, dans la période de loisir
que constitue la retraite?

Enfin, l'enseignement a pu être considéré comme un loisir
social au profit des jeunes. On sait qu'il y a une tendance générale vers la prolongation de la scolarité. Aux U.S.A., la majorité
des jeunes fréquente l'école jusqu'à dix-huit ans. Dans ce domaine,
la France connaît un retard, mais le projet de réforme de l'enseignement prévoit la prolongation de la scolarité obligatoire
jusqu'à seize ans. Or, Jean Fourastié souligne que la prolongation
d'une année du temps d'école pour tous les jeunes Français
correspond à une perte pour l'économie égale à deux heures
de loisir par semaine pour 20 millions de travailleurs... La nation
pourra-t-elle à la fois retarder l'âge d'entrée des jeunes au travail
et accroître les heures de loisir des travailleurs? Il reste que la
semaine de quarante heures est toujours « la semaine de travail
idéale » pour plus de la moitié des ouvriers, des employés et des
cadres (54 % chez les ouvriers, 50 % chez les employés et 54 %
chez les cadres) (1955) (13). Il est certain que les progrès de l'organisation scientifique du travail ont souvent accentué la fatigue,
et que la semaine de quarante heures est redevenue un sujet
d'actualité dans les revendications syndicales. A la fin de 1959,

Pierre Naville estimait que la conjoncture était assez favorable et que les syndicats pourraient lancer une offensive pour « la journée de sept heures et la semaine de cinq jours » (15). Si la journée continue rencontre toujours en France des résistances, malgré l'avantage du loisir de fin d'après-midi, le congé de fin de semaine, par contre, gagne des adeptes d'année en année. « La semaine des deux dimanches » semble être préférée, chaque fois que l'entreprise le permet, même si en compensation la journée de travail doit durer neuf ou dix heures. Enfin, les Français ont une affection de plus en plus prononcée pour le loisir annuel. Depuis août 1956, la durée légale du congé payé est de trois semaines. Mais des enquêtes récentes ont révélé que le désir d'avoir un mois de vacances est déjà partagé par 49 % des ouvriers, 62 % des employés et 56 % des cadres (13). Une loi sur les congés culturels, votée en 1957, introduit un nouveau type de congés de douze jours non payés pour tous les travailleurs qui veulent suivre un stage de formation syndicale. Tout un faisceau de forces syndicales et culturelles, en liaison avec le projet ministériel de l'Éducation populaire fait pression sur le gouvernement, le Parlement, l'opinion, pour étendre cette loi aux centres de formation ou de perfectionnement d'animateurs des organisations culturelles. Que résultera-t-il de ces différentes aspirations [1]?

L'accroissement du loisir dépend ainsi de facteurs à la fois techniques et sociaux. Dans le proche avenir, le loisir est soumis à ces alternatives, l'intérêt économique de la nation pouvant entrer en conflit avec les aspirations sociales et culturelles des différentes classes et catégories de la population active. Là encore, les jeux ne sont pas faits : le commissariat au Plan, dans son quatrième Plan de modernisation (16), se plaçant du point de vue économique, ne prévoit d'ici 1965 aucune diminution de la durée effective du travail.

1. Au moment où nous corrigeons les épreuves de ce livre, cette loi vient d'être étendue à la formation des animateurs des organisations d'éducation populaire et des mouvements de jeunesse.

3

Déterminismes sociaux
et loisir

Il est encore plus difficile de prévoir le contenu du loisir que sa durée dans la civilisation de demain. Trop de philosophes et de poètes à la suite d'Huxley, dans *le Meilleur des mondes* ou de Maiakowsky dans *la Punaise* imaginent dans des « mégapolis » un loisir mécanisé, rationalisé qui tuera toute fantaisie naturelle... Ce genre de prévision rappelle celle de Renan, selon lequel « un jour viendra où l'artiste sera chose vieillie. Le savant au contraire vaudra de plus en plus. Les progrès de la science tueront la poésie. » Ce jour semble bien lointain... Pour le sociologue, la réalité est évidemment beaucoup moins simple. Parmi les déterminants sociaux qui façonnent le loisir, trois nous paraissent fondamentaux : l'évolution technique, les persistances traditionnelles et l'organisation économico-sociale. Isolons ces facteurs pour la commodité de l'analyse, sans ignorer leur interaction.

Les déterminants techniques, apparus brusquement à la fin du XIXᵉ siècle, n'ont pas tardé à prendre un caractère explosif; tous les comportements de loisirs devaient en être bouleversés.

En 1883, Dedion construit la première voiture automobile; trois ans après, la découverte de la chaîne transforme le vélocipède en « petite reine »; quatre ans encore, et Ader réussit le premier vol. On prophétise un monde nouveau dont se discernent les premiers traits : « Bientôt, tout le monde vivra à la campagne, assez loin des villes », assure Jules Bois, à la fois archéologue et sociologue du progrès, « et les distances seront parcourues en tramways à pneumatiques ou en omnibus aériens. L'automobile sera passée de mode; la bicyclette sera toujours en faveur, mais sous l'aspect d'une machine volante qui permettra au cycliste de se balader en l'air sans risquer d'être écrasé... »

En même temps que la mécanisation des moyens de transport, naît celle des moyens de diffusion. E. Branly réalise la télégraphie sans fil (1888) et L. Lumière le cinématographe (1894). L'installation massive des postes de radio commence vers 1921. Dès 1919, les techniques du cinéma sont mises au point, le film de long métrage et le mythe de la vedette sont inventés. A partir de 1927, l'avènement du parlant resserre sur les régions modernes de « la petite planète » le réseau des salles de cinéma.

En 1946, la télévision ouvre, semble-t-il, une période nouvelle. Son importance échappe encore à un grand nombre d'intellectuels français; pourtant, ce phénomène bouleversera peut-être plus les loisirs de l'homme moderne que ceux de la période précédente.

Ces grands moyens mécaniques de transport ou de diffusion disposent d'un pouvoir de séduction très vif. Certains ont même parlé, à l'aide d'une analogie au moins formelle, d'un pouvoir « magique ». Alors que la mécanisation du travail provoque souvent la méfiance ou l'hostilité des travailleurs, la mécanisation du loisir suscite chez eux et leurs enfants l'adhésion et souvent l'enthousiasme. Il y a un merveilleux du monde mécanique qui provoque chez l'individu dès le plus jeune âge une passion érudite de l'auto ou un usage immodéré de la télévision. Leur influence doit cependant être nuancée.

La mécanisation des moyens de transport et les loisirs.

Dès 1924, H. et R. Lynd, dans leur étude consacrée à une ville moyenne des U.S.A. écrivaient : « L'automobile révolutionne les loisirs peut-être plus que le cinéma (1). » Dans la France d'aujourd'hui, on connaît la fascination exercée par l'automobile sur le public de tous les milieux. En 1938, la France avait 2 250 000 automobiles; en 1950, elle en a 6 700 000. Le nombre des véhicules mécaniques à deux places est encore beaucoup plus impressionnant, et le rythme de croissance annuel des véhicules à moteur en tous genres est dans certaines couches sociales supérieur à 10 % par rapport au chiffre de l'année précédente.

Ces progrès rapides de la motorisation tendent à rendre le corps humain passif. Le moteur mécanique remplace le moteur humain, et l'homme ne sait plus marcher, courir, sauter. Le danger est incontestable. Mais on se borne trop souvent au bilan négatif. Il conviendrait d'étudier aussi le bilan positif. La mécanisation s'est accompagnée du développement d'activités inconnues de l'époque prémachiniste : d'abord les sports. Il semble que Lynd, dans son étude sur Middletown, ait confondu le nombre des licenciés sportifs et celui des pratiquants. En France, où il n'y a que 2 500 000 licenciés[1], un sondage sur

1. Statistique sportives : nombre de licenciés par Fédération :

	1944	1953	1958
Football	177 000	439 479	380 352
Boules	150 700	180 462	177 506
Basket-ball	53 333	117 137	84 371
Ski	9 579	78 330	113 960
Tennis	20 445	57 858	76 662
Cyclisme	10 971	51 940	37 645
Rugby	46 627	34 500	34 328
Athlétisme	60 597	33 138	39 187
Natation	43 679	30 874	27 732
Sports équestres	1 576	28 400	20 418
Volley-ball	1 860	23 513	22 710
Tennis de table	2 271	21 599	24 156
Judo		20 100	30 070
Tir		16 256	16 211
Rugby à 13		34 500	
Boxe	3 598	13 800	4 541
Culture physique et haltères		9 912	6 200
Golf	1 943	7 118	9 538
Aviron	7 434	7 932	8 955
Escrime	4 162	6 134	7 278
Gymnastique		44 218	49 736

La commercialisation directe ou indirecte de certaines fédérations spécialisées, a souvent relégué au deuxième plan les buts originels du sport. D'où la naissance de fédérations omnisports, dites « affinitaires », à caractère purement social et éducatif. Elles font pénétrer le sport dans les milieux ouvriers (Fédération sportive et gymnique du travail et Union sportive du travail), scolaires et post-scolaires (Union sportive de l'enseignement primaire, et Union française des œuvres laïques d'éducation physique), confessionnels (Fédération sportive française), universitaires (Office du sport scolaire et universitaire). Elles comptent environ sept cent mille licenciés. Dans l'ensemble des Fédérations, il y a en 1959, 2 589 492 licences de sport pour un nombre de pratiquants réguliers d'à peu près 3 millions. Enfin, ajoutons qu'en 1959 plus de 860 000 enfants ont obtenu leur brevet sportif populaire.

échantillon représentatif a établi que 49 % des Français se livraient
au moins à une activité qu'ils qualifiaient de « sportive » (2).
Il faut souligner le développement continu de la culture physique
du matin avec la radio et de celle du soir dans une salle. Depuis
ces vingt dernières années, nos plages sont devenues des terrains
de jeux sportifs (volley-ball surtout) et d'innombrables leçons
d'exercices physiques (correctifs ou distractifs). Professeurs et
moniteurs d'éducation physique, (6 000 en 1959) sont surchargés
de travaux de ce genre. C'est aussi grâce à la motorisation que
l'habitude des loisirs de plein air s'est répandue le soir et surtout
le dimanche. Dans les alentours de Paris, les maigres frondaisons
de Nogent et la poussière des Portes sont de plus en plus aban-
données au profit des forêts de l'Ile-de-France. Enfin, les soirées
en plein air et les travaux de jardinage se multiplient avec le développement de l'habitat dans la banlieue lointaine. Grâce à l'automobile, les banlieues de villes comme Los Angeles s'étendent
sur des kilomètres couverts de bois et de prairies. La question
est donc plus complexe que ne le laissent entendre les premières
observations pessimistes.

La mécanisation des moyens d'information et les loisirs.

En France, les grands quotidiens ou hebdomadaires ont des
tirages qui parfois dépassent ou voisinent le million. En 1951,
88 % des Français lisaient chaque jour un journal. Cette lecture
occupe les gens une demi-heure ou une heure. Comme l'a établi
Mme Letellier, même dans un budget de chômeur, l'achat du
journal est maintenu, comme celui du paquet de tabac.
   Cependant, le rôle de la radio dans l'occupation du temps
libre semble être encore plus grand. En 1941, Lazarsfeld deman-
dait aux Américains : « S'il vous fallait renoncer aux journaux
ou aux écoutes radiophoniques, auxquels choisiriez-vous de
renoncer [1]? » Le très grand nombre de réponses en faveur de la

1. 62 % d'entre eux montrèrent qu'ils étaient plus attachés à la radio,
contre 30 % aux journaux et 8 % d'indécis (3). Une autre enquête menée
auprès des clients de près de 3 000 commerçants américains sur la force
suggestive des formes diverses de publicité, a montré qu'environ 65 %
étaient surtout déterminées par la radio, contre 25 % par la presse.

radio confirmait le pouvoir de ce moyen de communication. Ne mobilisant pas la vue, comme la presse, le cinéma ou la télévision, il tend à être le décor sonore de la vie quotidienne. La radio est utilisée non seulement dans la maison, mais encore dans l'automobile, au café, au magasin, dans le bureau, dans l'entreprise. Elle permet d'écouter de la musique et des chansons partout. Un récent sondage de l'I.N.S.E.E. révèle que 60 % du public veut encore plus de chansons (4). La radio, comme le cinéma, lance des vedettes : Bourvil, Édith Piaf, Robert Lamoureux. En France, remarque R. Veille, il y a dix fois plus d'auditeurs devant leur poste que de spectateurs dans les cinémas; un artiste peut se faire entendre au cours d'une seule émission par autant de personnes qu'en dix ans de carrière de music-hall; le succès théâtral, au soir de la centième représentation avec quelque cent mille spectateurs, peut être la mesure du plus noir des fours radiophoniques (5). En 1960, plus de 75 % des foyers français ont un poste de radio.

Le cinéma n'est pas aussi répandu que la radio. Les gens âgés le délaissent, les ruraux sont encore fort peu touchés par lui. Mais il y a un public assidu dans toutes les couches sociales de la population des villes [1].

Le cinéma a imposé des héros, des thèmes, des modes qui ont apporté des changements profonds dans les comportements et les attitudes à l'égard des loisirs quotidiens, la vie quotidienne de la jeunesse du monde entier. Ses grandes œuvres ont fait naître un style nouveau qui, à son tour, a influencé d'autres arts.

Le développement du cinéma est entré dans une place nouvelle. « La période actuelle, écrit Edgar Morin, est caractérisée par une certaine stagnation, voir une régression du public, dans les pays dits « occidentaux » et l'essor considérable du public dans les pays « neufs » économiquement ou politiquement, d'Amérique du Sud, d'Asie ou des démocraties populaires. » Aux U.S.A., 5 038 salles de cinéma se sont fermées entre 1950 et 1953 et près de 5 347 salles, près du tiers du reste, sont en déficit. Une tendance identique, quoique moins accentuée,

---

1. Selon J. Durand (1958) la grande bourgeoisie représente 9 %, la moyenne bourgeoisie 31 %, la classe laborieuse, 48 % et les économiquement faibles 12 % du public cinématographique urbain (6).

s'observe en France. Cette diminution de la part du cinéma dans les loisirs ne correspond pas à une baisse générale du pouvoir d'achat, mais plus particulièrement à la concurrence d'autres loisirs. Est-ce que les essais d'origine américaine de cinéma en relief et sur grand écran — notamment le cinémascope — redonneront à cette forme de loisir la place qu'elle a eue jusqu'en 1945? C'est peu probable.

En effet, le cinéma rencontre la concurrence puissante de la dernière venue, qui promet d'apporter dans les loisirs un bouleversement sans précédent : *la télévision*. C'est encore des U.S.A. que nous viennent les premières observations, puisque pour la première fois l'extension du phénomène s'y est faite à l'échelle d'une nation. Des experts ont constaté que 2 % d'augmentation des récepteurs faisaient baisser la recette des salles de cinéma de 1 à 10 %. Le rythme de progression de l'équipement des familles en récepteurs a suivi une courbe comme l'économie domestique en voit peu : 1945, 10 000 récepteurs environ; 1948, 1 550 000; 1950, 10 000 000; 1954, 30 000 000; 1959, 51 050 000.

Les U.S.A. ne sont pas les seuls sur cette voie : l'Angleterre, avant la cérémonie du couronnement de la reine, comptait déjà 2 millions de récepteurs et peu de mois après dépassait les 3 millions. Aujourd'hui, elle en possède 10 millions. L'U.R.S.S. a dépassé les 4 millions (1960).

La France en était encore, en 1954, aux environs de cent cinquante mille, à la surprise des constructeurs qui avaient préparé leur campagne du demi-million. Les difficultés économiques, l'attitude de la presse, les préjugés intellectuels étaient peut-être responsables de la lenteur d'une croissance dont le rythme était environ de 5 000 postes par mois. Mais ce serait une erreur de penser que la télévision n'est qu'un loisir de riches. Dès 1953, un sondage partiel a révélé que plus de la moitié des propriétaires de postes se recrute parmi des ouvriers qualifiés, des artisans, des employés, et qu'une partie des autres étaient des collectivités urbaines et même rurales, établissements scolaires, associations, télé-clubs. Aujourd'hui, le réseau français de télévision est implanté sur la moitié du territoire; les émetteurs au nombre de cinquante-huit (dont seize de grande puissance) permettent d'assurer la réception à plus de 70 % de la population. En décembre 1959, on comptait 1 400 000 récepteurs, avec une progression mensuelle moyenne de 10 à 15 000. Depuis janvier 1962, les 3 millions sont dépassés.

Quels sont les effets des grands moyens mécaniques de communication sur la façon d'utiliser les temps de loisir [1]? Il existe certes de grandes différences entre les modes d'utilisation de ces moyens et les opinions qu'ils suscitent. Mais la séduction exercée par les uns et les autres sur les activités de loisir, quoique de force inégale, est de même nature. Lazarsfeld a montré la forte corrélation qui unit les attitudes à l'égard de la presse illustrée, du cinéma, de la radio et de la télévision. Il est désormais permis de parler d'un conditionnement technique des attitudes de loisir.

Ce conditionnement technique détermine-t-il la passivité du spectateur ou de l'auditeur? On peut en effet craindre que la puissance de suggestion propre à ces « mass média », liée à la standardisation de leurs contenus, ait des effets abêtissants. M. Cohen Seat a fait d'importantes observations concernant les effets immédiats de la « fascination filmique » sur le système nerveux (7). Mais la variété des motivations et des modèles idéaux exprimés par les spectateurs à propos de la fiction ou du document cinématographique [2] nous suggère que ces effets physiologiques très réels peuvent être nuancés, complétés transformés, voire contrariés, par des effets plus complexes affectifs et intellectuels immédiats et différés. Ces effets eux-mêmes varient avec les types d'individus et les genres de films. Il est des films qui sur le moment séduisent l'imagination sans pour autant endormir la réflexion.

Le langage cinématographique peut exprimer la plus poétique des fictions comme la plus matérielle des réalités, un théorème ou une danse, une chanson ou une leçon. Il peut tout dire; il est polyvalent. De plus, ce langage, qui semble simple, peut être l'objet d'une initiation [3]. Quoique limitée, l'expérience des ciné-clubs suggère que les attitudes devant le film peuvent varier aussi en fonction de la présentation ou de la discussion ou simplement de la renommée. Enfin, il ne faut pas juger le cinéma

1. Cf. E. Sullerot, « Télévision aux États-Unis et en Grande-Bretagne », in *Communications* nº 1, 1962.
2. Cf. plus loin, « Les fonctions du loisir et la participation au cinéma », p. 145.
3. Cf. M. Egly, etc., *Regards neufs sur le cinéma*, collection « Peuple et Culture », éditions du Seuil.

sur quelques films, ni même le considérer uniquement dans son genre dominant qui est la fiction. « C'est une question de kilomètres de pellicule, dit A. Bazin ; pour un mètre de film technique, on en impressionne cent de film de fiction. C'est comme si le langage servait neuf fois sur dix à écrire des romans ou des pièces de théâtre. » Finalement, le cinéma, comme toutes les techniques visuelles de représentation et d'expression, peut avoir des effets variables selon son contenu et selon la manière dont le spectateur aura été préparé à le recevoir.

Le bilan complet des déterminants techniques du loisir de l'homme est loin d'être établi. D'une part, le phénomène est en pleine évolution ; trop d'observations limitées inclinant à formuler trop de généralisations abusives ou trop de théories. Des affirmations passionnées négligent la recherche scientifique. Ces phénomènes sont probablement d'une telle plasticité qu'ils ne seront bien connus que si nous réussissons à faire varier expérimentalement les conditions qui les produisent.

Résistances et persistances traditionnelles.

Une erreur évidente serait d'étudier les effets de l'évolution technique sur les loisirs, comme si celle-ci était linéaire dans le temps et générale dans l'espace. En réalité, comme l'a écrit Bougle : « Chaque société possède sa structure, ses traditions, ses besoins qui posent des limites aux innovations. » D'où la nécessité d'étudier les déterminants traditionnels des loisirs dans chaque pays non seulement à la campagne, mais aussi à la ville. Même lorsque les structures ont disparu, subsiste souvent une mentalité qui survit dans les structures nouvelles. Cet anachronisme peut redresser une évolution dangereuse ou au contraire empêcher un progrès nécessaire. Il est un fait social. Nous nous proposons de le mettre en lumière.

L'œuvre d'A. Varagnac pourrait nous inviter alors à étudier la civilisation traditionnelle comme on prospecte un monde disparu. Ne parle-t-il pas d'archéo-civilisation pour désigner des modes de vie antérieurs à la révolution industrielle ? Certes, il rend la sociologie du loisir attentive au fait que le « mouve-

ment de régression des cérémonies traditionnelles, certainement
plus ancien dans les villes, semble s'être prolongé dans les campagnes à la suite de la guerre de 1870-1871. » Il est intéressant
en soi de faire une description des cérémonies traditionnelles,
de la pratique des brandons et des arbres de mai, des légendes et
des danses folkloriques. Nous pourrions montrer comment
la construction de routes, le développement d'une économie
ouverte, la circulation des idées, etc., ont provoqué la disparition
de ces mœurs caractéristiques d'une société traditionnelle. Mais
ce point de vue nous semble trop statique par rapport à l'évolution des activités de loisir et trop abstrait par rapport aux autres
courants qui les déterminent.

Notre point de vue est plus proche de celui de Herskovits,
qui considère la tradition comme un facteur de résistance au
changement (9). Il nous reste à préciser comment on peut entendre
celle-ci ; la tradition peut être une cause de refus du loisir moderne,
elle peut être la cause d'une inadaptation ou d'une adaptation
insuffisante, elle peut présenter un cadre rituel pour l'intégration
des activités modernes qui lui confèrent ainsi une signification
nouvelle, enfin elle peut être un facteur d'équilibre dans le développement des tendances nouvelles. Telles sont les hypothèses
qu'une recherche pourrait essayer de vérifier.

1. La tradition peut opposer un refus à la modernisation du
loisir. Ainsi, dans de nombreux milieux d'origine rurale la fréquentation du cinéma est presque nulle [1].

Par ailleurs, une enquête sur la radio-télévision française (19)
a montré, d'une manière générale, que de nombreuses personnes âgées ignorent la radio : « De mon temps il n'y avait pas de
radio, on peut bien continuer à s'en passer. »

Enfin, il arrive souvent que des intellectuels, formés ou défor-
més par des humanités mal comprises, opposent un refus sans
nuance au progrès technique (télévision...).

---

1. Parmi les 46 % de Français qui ne vont jamais au cinéma, 61 %
habitent des communes de moins de 2 000 habitants, ils peuvent être
gênés par l'éloignement ou la carence d'équipement cinématographique
mais 30 % habitent des villes de plus de 100 000 habitants (6) et sont
souvent d'origine rurale.

2. La tradition peut être à l'origine non pas d'un refus, mais d'une inadaptation aux nouvelles formes du loisir. Des survivances de mentalité gênent la nouvelle pratique. Elles rappellent les premières automobiles construites sur le modèle des voitures à cheval. A la campagne, il arrive souvent que l'automobile qui permettrait une participation plus grande aux loisirs des villes ou au tourisme dans les régions proches ou lointaines soit très peu employée pour les voyages d'agrément. Autre exemple : traditionnellement, la conversation n'est pas « dirigée », elle est plutôt le produit d'un échange spontané. Elle vient, naturellement, au coin du feu, au moment des repas. Il semble qu'on ait souvent gardé l'habitude d'écouter la radio comme la voix intarissable de la voisine. Naguère, on allait consulter une tireuse de cartes pour connaître l'avenir; aujourd'hui, les journaux rédigent quotidiennement cet avenir dans les colonnes réservées à l'horoscope. Autrefois, le confessionnal était pour tous, ou presque tous, un livre de réponses aux questions de la conscience; aujourd'hui, certains vont se « confesser » aux journalistes et on lit le courrier du cœur.

3. Comment la tradition peut-elle offrir un cadre et un mode d'intégration des innovations? Cette question, délaissée par la plupart des folkloristes, est capitale pour une psycho-sociologie du loisir. L'innovation culturelle provoque un nouvel équilibre de la vie quotidienne, différent selon la période, la société; le mode d'utilisation des loisirs mécanisés est guidé par des coutumes traditionnelles qui prennent souvent une signification nouvelle en même temps qu'elles remplissent de nouvelles fonctions.

A cet égard, l'exemple des fêtes traditionnelles nous paraît intéressant à étudier. Elles fixent un cadre rituel aux loisirs modernes, mais en même temps les loisirs modernes leur donnent un sens et un rôle nouveaux. Ainsi primitivement, le Carnaval était l'occasion de mettre le masque des morts, qui étaient censés revenir distribuer leurs bienfaits aux vivants (8). Aujourd'hui, toutes ces fêtes donnent toujours l'occasion de se réunir, mais elles n'ont plus cette signification magico-religieuse. Ce ne sont plus des cérémonies sacrées, mais des événements profanes, des divertissements collectifs.

Jadis, la fête cérémonielle était en rupture complète avec la vie ordinaire, monotone, misérable. « Dans un monde plus cohésif que le nôtre, ces cérémonies étaient un déchaînement collectif total, corps et âme, avec libération explosive de l'être humain », note L. Bergé. Jusqu'à la fin du XVIe siècle, les évêques eux-mêmes toléraient que les orgies annuelles de la fête des fous, entre Noël et l'Épiphanie, se déroulent dans les églises. Ce jour-là, Jacques Bonhomme mangeait « comme quatre », alors que les autres jours de la semaine il arrivait que les famines déciment, littéralement, les villages. Les jours de fête, les fidèles se livraient à toutes sortes de pratiques qui, dans la vie ordinaire, étaient des péchés capitaux. Or, aujourd'hui, même dans les classes les plus défavorisées, les activités de loisir peuvent en principe se dérouler chaque soir, sur un stade, dans une salle de cinéma ou devant la radio. La fête se dilue dans la vie quotidienne, et corrélativement, elle a perdu son caractère explosif, voire cathartique. Certaines fêtes ont disparu comme la fête des Fous, le jour des Innocents, et beaucoup se sont limitées de plus en plus à des fêtes d'enfants, comme la Saint-Jean ou la Mi-Carême.

Mais le loisir moderne n'a pas aboli toutes les fêtes traditionnelles. Il s'est réalisé dans certaines d'entre elles, modifiant souvent leur sens. Enfin, d'autres fêtes profanes se sont développées en remplacement des cérémonies traditionnelles disparues. Dans la civilisation contemporaine, la fête reste en général ce « phénomène d'autorité et de cohésion totale » dont parle Mauss à propos des cérémonies archaïques. La fête est l'occasion d'affirmer la vitalité et l'unité d'un groupe. En même temps, elle est l'occasion de distractions dont la relation avec le rite ou la cérémonie est de plus en plus lâche : elle est vécue tour à tour comme une cérémonie ou comme un loisir. C'est là que le théâtre amateur en France prend peut-être sa principale signification. De 1947 à 1951, en France, les spectacles de théâtre, ballets, concerts et conférences gagnaient cent millions de spectateurs, alors que le cinéma en perdait soixante millions. Mais le théâtre professionnel ne compte pas plus de cinquante troupes en France, alors que, d'après la Société des Auteurs, plus de dix mille troupes relativement stables de théâtre amateur donnent au moins deux représentations par an. Selon A. Villiers, le succès de ces troupes est étonnant : en 1946, elles ont donné 28 800 représentations, et en 1949, 42 400. Le mouvement continue. Mais le théâtre amateur, dont la qualité, quoique en net progrès, reste

encore contestable, est un phénomène non seulement esthétique
ou psychologique, mais essentiellement social. On trouve là une
forme privilégiée de la fête d'une collectivité : usine, école, village
ou quartier. Pendant la représentation, le groupe ne s'ouvre plus
à l'extérieur : la communication radiophonique ou cinématographique importe peu. Le groupe se reforme pour un temps en
société close. Il fait le bilan de l'action passée et prépare celle de
demain. Il est heureux de sentir sa vitalité, son unité, sa fraternité.
Il est fier de ses membres qui vont montrer leur savoir-faire, alors,
parents, amis, amis d'amis accourent pour acclamer, commu-
nier dans la même ferveur. Il faudrait pousser l'analyse de ce
phénomène qui semble se développer en réaction contre la tendance moderne à l'ouverture du groupe sur un monde sans
limites. A. Varagnac a souligné que l'organisation de la fête
nouvelle incombe toujours aux jeunes du village. « Ils étaient,
il y a peu d'années encore, les animateurs des jeux, concours,
amusements de toutes sortes qui faisaient l'attrait principal des
festivités. Un tel rôle se prolonge à présent par le théâtre rural et
l'organisation des bals et courses cyclistes. »

Mais que sont devenues les fêtes du calendrier? Celles qui
persistent sont l'objet d'un amalgame d'ancien et de moderne.
Nous nous bornerons à poser quelques jalons, nous réservant
d'analyser ailleurs les significations complexes de ces symbo-
lismes mouvants où la participation cérémonielle en déclin
noue avec la distraction des rapports nouveaux qui font souvent de la fête un semi-loisir [1].

1. Intensité de la participation aux fêtes (10) :

	Participation à la fête			Distraction sans participation à la fête (%)	Ni participation à la fête ni distraction (%)	TOTAL
	active (%)	faible (%)	total (%)			
Fête d'origine religieuse :						
— Noël	24	39	63	17	20	100
— Pâques	9	35	44	52	4	—
— 15 août	4	22	26	67	7	—
Fête d'origine civile :						
— 14 juillet	43		43	40	17	—
— 11 novembre	28	8	36	47	17	—
— 1er janvier	11	25	36	30	34	—
— 1er mai	12	0	12	67	21	—

Il semble que la fête qui apporte le plus de changement dans la vie quotidienne des sociétés modernes soit Noël. C'est elle qui suscite le plus de participation (63 %). Ce n'est plus une fête religieuse pour tous, mais c'est pour tous une fête de l'enfance. Elle reste essentiellement familiale, mais elle a tendance à devenir collective. Les arbres de Noël se généralisent dans les entreprises, les comités, les écoles, les municipalités. Leur signification est souvent liée à la politique sociale des collectivités.

En janvier, on continue, autour de la galette, à « tirer » les Rois. Cette fête, en général, célébrée en famille, entre voisins ou entre camarades d'atelier, est essentiellement amicale.

En février, la Chandeleur n'est plus la fête de la purification de la Vierge, mais la mère de famille fait encore sauter les crêpes. « Ça porte bonheur. » Toujours en février, malgré les efforts des syndicats d'initiative de Nice, de Châlons ou de Sarreguemines, le Carnaval est en déclin. Il devient une source de pittoresque pour touristes. La coutume du bal masqué se perd, seuls les enfants mettent des masques.

Le 1er avril, la tradition du poisson semble se maintenir; les plaisanteries habituellement interdites deviennent possibles et même attendues sans risque de sanctions; occasion de faire une blague à un grincheux ou à un supérieur; pour une collectivité restreinte, c'est le moment de manifester son hostilité à ceux qui la troublent par excès d'originalité ou d'autorité. N'a-t-elle pas tendance à jouer un rôle assumé jadis par Carnaval?

Le 1er mai est devenu une fête chômée, fortement dominée par les distractions de plein air. Le cycle du printemps semble commencer avec le 1er mai. C'est en général le premier jour de grande sortie, à l'occasion de la cueillette du muguet. La motorisation a augmenté encore la valeur de cette ruée vers l'air. Fête du travail, née des luttes ouvrières, sa signification se partage entre la joie de la fête du printemps (67 %) et celle des « lendemains qui chantent » (12 %). Les chansons sociales sont pleines de l'analogie entre l'avènement du printemps et celui d'un monde meilleur.

La Pentecôte semble avoir une importance grandissante pour les travailleurs, auxquels elle apporte deux ou trois jours de congé : importance encore accrue avec le développement de la motorisation et la pratique du camping. C'est une fête qui compte beaucoup pour la jeunesse, fervente de plein air. C'est souvent le moment où l'on va passer sa première nuit sous la tente. Joie seulement troublée par les caprices de la rosée blanche ou de la pluie...

Il faudrait analyser les différentes significations sociales de deux autres fêtes calendaires, qui restent encore très vivaces : le 15 août et la Toussaint.

Enfin, parmi les fêtes civiles nouvelles ou anciennes, constatons, en premier lieu, la vitalité du 14 juillet. C'est la fête civile qui suscite la plus forte participation (43 %). Le souvenir de la prise de la Bastille est vivant dans les cortèges organisés par les syndicats et les partis, mais pour tous, le 14 juillet est aussi la première fête de l'été. Elle assume, semble-t-il, dans une large mesure, un des rôles de la Saint-Jean, qui fut la grande fête traditionnelle de l'avènement des beaux jours. C'est la dernière fête de l'année de travail. Les enfants ne vont plus à l'école. Elle a déjà un petit air de vacances.

Les autres fêtes civiles ne sont pas célébrées avec une telle ampleur, une telle spontanéité : la fête de la Victoire (8 mai) souffre de la division des anciens alliés de 1944; l'Armistice (11 novembre) a été effacé par l'ampleur du cataclysme de la dernière guerre.

Il faut accorder une mention spéciale à une fête qui, créée artificiellement (1941), tend pourtant à s'enraciner, à se développer : c'est la fête des Mères (30 mai). Le développement de la fête des Mères prend son sens, si l'on considère que la fête des Pères, lancée par un louable souci d'équilibre, a tendance à tomber dans le ridicule ou l'indifférence. Ne s'agirait-il pas là de la reconnaissance et de la consécration du rôle central que la mère détient dans la famille moderne.

Cette esquisse, nécessairement incomplète, révèle néanmoins combien, dans la fête cérémonielle distractive, l'amalgame de l'ancien et du moderne recèle des significations nouvelles et comment de nombreuses fêtes évoluent vers des formes de semi-loisir, où le divertissement tend à l'emporter sur la participation civique ou spirituelle.

4. Il nous reste à examiner comment la tradition peut être facteur d'équilibre par rapport aux loisirs mécanisés de notre temps. G. Friedmann écrit : « Les Américains, peuple jeune,

manquent de traditions. Mais l'art de vivre dans un milieu technique nouveau nous fait défaut comme à eux. Si nous nous en tirons parfois mieux, c'est évidemment grâce aux plus vieilles traditions de nos sociétés occidentales prémachinistes. » En effet, certaines activités traditionnelles du paysan et de l'artisan deviennent de plus en plus des occupations de loisirs qui équilibrent le travail mécanisé et rationalisé de la civilisation moderne.

Nous prendrons trois exemples : la pratique du jardinage est une des caractéristiques du mode de vie urbain. Loin de s'atténuer, elle ne cesse de croître. Le développement de l'organisation collective des jardins ouvriers est l'une des œuvres les plus marquantes des comités d'entreprises, surtout dans les petites villes; 90 % des ouvriers de la grande entreprise métallurgique à Pont-à-Mousson (20 000 habitants) jardinent. Il ne semble pas que la seule raison de cet engouement soit l'insuffisance des ressources ou la politique de l'usine. La brusque élévation du niveau de vie par la promotion professionnelle n'abolit pas cette pratique. Nous avons vu que les « cadres » industriels sont au moins aussi jardiniers que les ouvriers [1].

Est-ce parce que le vieux fond paysan n'est pas encore émoussé et que de nombreux citadins sont encore des paysans de fraîche date?

Le cas de la chasse dans les bourgs et les villages et de la pêche dans les villes est encore plus net. En 1958, le nombre de permis de chasse régulièrement délivrés s'élevait à 1 640 000 et le nombre de pêcheurs à la ligne est estimé, par le conseil supérieur de la pêche, à 3 500 000 (11). Quand arrivent les beaux jours, il n'y a ni radio, ni cinéma susceptibles de retenir les amoureux de la chasse et de la pêche. Le jour de l'ouverture de la pêche est un événement que l'on vit de plus en plus comme un rite nouveau : « Invitez un pêcheur de n'importe quoi, et même de rien du tout, à une fête, à un mariage, le jour de l'ouverture. Le pêcheur vous répondra sans hésitation : impossible, c'est le jour de l'ouverture », écrit Montmousseau dans *la Musette du père Brécot*.

Enfin, l'extension du camping peut également illustrer notre idée. Le prix élevé des hôtels est une cause certaine de cette extension, mais un nombre de plus en plus grand de campeurs,

1. Cf. plus haut p. 30.

surtout des automobilistes, font un « retour à la nature » pour
leur plaisir. En 1959, environ 450 000 licences de camping ont
été délivrées et le nombre de campeurs est estimé à plus de
2 millions. L'humoriste Daninos tire des conclusions à sa manière :
« J'éprouve, dit-il, la plus franche admiration pour ces gens qui,
renouvelant par plaisir l'âge du mammouth au temps de la
télévision, s'exercent en pleine forêt à faire du feu, en frottant
deux pierres l'une sur l'autre. » Mais nous insisterons avec
Van Gennep sur le changement total de signification prise par
ces activités, qui passent du domaine du travail à celui du loisir.
Pour couper court à tous les discours sur le « bon vieux temps
où l'on vivait mieux », écoutons les ethnographes qui ont étudié
sérieusement l'ancienne vie rurale. « Nous sommes bien loin,
là, non seulement du folklore comme tel, écrit Van Gennep,
mais aussi des conditions réelles de la vie des bergers et des ber-
gères, vie pénible sous la pluie, la brume et le vent, au cours
d'heures monotones, et, jusqu'au milieu du XIXe siècle, gâchée
par la crainte des loups. Les citadins peuvent trouver agréable
de manger de temps en temps sur l'herbe et ont donné à cet
événement temporaire le nom de pique-nique; maintenant, de
cette vie en pleins champs et dans les bois, on a fait un sport sous
le nom de « camping », et c'est charmant, parce qu'on sait que ça
ne durera pas (12). »

Ainsi l'opposition du milieu technique et du milieu naturel
se fait dans une évolution et suivant un rythme dialectique où
l'amalgame de la tradition et du progrès dans les comportements
quotidiens est complexe. Le sujet mérite d'être étudié de façon
plus dynamique, sous l'angle d'une adaptation à la vie moderne
par les ethnographes et les folkloristes. La sociologie a besoin
de ces travaux pour progresser.

Influences économico-sociales.

Nous avons souligné l'ambiguïté du conditionnement technique du loisir dans ses relations avec le conditionnement traditionnel. Il est permis de se demander si certains écrivains n'attri-
buent pas quelquefois au milieu technique une action dont

l'origine est économique et sociale. Cette question se pose souvent quand on lit des essais inspirés par le progrès. L'équivoque créée par cette confusion se retrouve dans d'innombrables mises en accusation générales de la « machine » au nom de « l'homme », où souvent la vraie coupable, l'organisation économico-sociale de la machine, n'est pas citée. Une étude objective du conditionnement des loisirs doit essayer de mettre en lumière l'action des déterminants économico-sociaux.

Dans une analyse sur la hiérarchie des dépenses de consommation, d'après le bilan financier de la France en 1950, J. Benard fait apparaître un poste : « Biens de luxe et loisirs. » Cette association de mots n'est pas complètement satisfaisante, mais elle a le mérite de faire apparaître :

1. Que les activités de loisirs coûtent de l'argent.
2. Que l'argent attribué aux dépenses de loisirs s'inscrit dans une hiérarchie parmi les « biens de luxe », après les dépenses de première nécessité consacrées à la nourriture, aux soins médicaux, aux vêtements, au logement. Il s'ensuit que les activités de loisirs aussi sont déterminées par des possibilités et des habitudes de consommation : là est le premier déterminant économico-social. Trop d'éducateurs soucieux de loisirs culturels, trop de sociologues attentifs aux grands courants du progrès technique ou de la civilisation traditionnelle oublient l'aspect financier du loisir.

La baisse des prix consécutive à la production de masse a étendu le public des consommateurs. Par exemple, jusqu'au milieu du XIXe siècle, alors qu'un journal coûtait cinq sous, la journée de travail rapportait à l'ouvrier environ trente sous. Aussi, vers 1882, parmi les 12 000 abonnés du *Constitutionnel*, il ne pouvait pas se trouver de nombreux ouvriers. Aujourd'hui, lire le journal, comme aller au cinéma, est à la portée de toutes les bourses. Le poste de radio est accessible aux budgets populaires. Le progrès technique a donc détruit une part des inégalités liées à la différence des revenus. Nos chapitres précédents illustrent ce pouvoir d'unification des habitudes de loisir par le développement de la mécanisation. Mais nous n'avons rencontré là qu'un aspect du problème. L'autre est tout différent, mais aussi réel et important. C'est parce qu'il est souvent négligé que nous allons insister davantage sur lui. Dans sa Critique de la vie quotidienne, H. Lefebvre observe que « la frontière des classes, sans être rigoureuse, n'en existe pas moins, et cela dans tous les domaines de la vie quotidienne, logement, alimentation, habillement, emploi des loisirs... » et surtout que «... les classes n'impliquent pas seulement une différence quantitative dans le chiffre des traitements, salaires et revenus, mais encore une différence qualitative dans la distribution et l'usage des revenus » (13).

Le faible pouvoir d'achat d'une partie de la classe ouvrière détermine des normes de consommation qui à leur tour peuvent orienter les dépenses; c'est ainsi que des activités de loisirs qui débordent ces normes de consommation seront difficilement pratiquées, quoique moins chères que d'autres qui s'y conforment. Par exemple, dans une ville de province, une séance de catch où le fauteuil qui est le moins cher est loué six cents francs sera populaire, alors qu'un billet de théâtre de deux cents francs sera jugé « trop cher ». Une activité de loisir gratuite, mais qui n'est pas dans les normes de consommation aura du mal à s'implanter. La faiblesse des revenus entraîne une façon de vivre commune entre gens de même condition, si bien que des loisirs même gratuits qui n'en tiennent pas compte, échouent, particulièrement chez les ouvriers. Ainsi, de grandes usines parisiennes ont mis gratuitement plusieurs courts de tennis à la disposition des salariés. Les employés y viennent, les quelques ouvriers qui s'y rendaient les ont désertés. Ils se sentaient mal à l'aise.

Enfin, les biens et les services collectifs ou individuels, nécessaires aux loisirs modernes, sont évidemment vendus selon les lois du système. La tentation est forte pour le vendeur de s'abandonner passivement à la recherche du profit maximum d'autant plus que souvent la concurrence l'y oblige.

Nous ne partagerons pas l'indifférence ou le mépris que certains éducateurs idéalistes expriment pour le commerce des loisirs. Dire « ceci est commercial, et par conséquent ne nous intéresse pas », c'est déclarer forfait là où tout éducateur devrait livrer une bataille au mauvais produit pour faire triompher le bon. Les éditeurs et les libraires, les exploitants de salle et les producteurs de cinéma n'ont pas tous ourdi une noire conjuration contre la culture et l'éducation... Il en est qui font des efforts tenaces pour élever le niveau culturel des loisirs populaires. Nous en donnerons plus loin des exemples. Ne pas les aider, parce qu'ils font du commerce, relèverait d'un idéalisme digne de Gribouille, car on se priverait des moyens les plus efficaces pour atteindre l'objectif souhaité.

Mais il faut reconnaître que dans notre système actuel, le premier but de la plupart des marchands de vin ou de spectacles cinématographiques, de journaux du soir ou de magazines féminins, n'est pas de satisfaire, encore moins de développer au maximum les besoins culturels des masses pendant leur temps de loisir. Lynd disait déjà en 1924 des stations commerciales de radio privées de Middletown : « Tandis que la communauté essaie de sauvegarder ses écoles des desseins commerciaux privés, ce nouveau et puissant instrument d'éducation qui a pris Middletown à l'improviste, reste entre les mains d'un groupe d'hommes, un ex-marchand de cacahuètes, un ex-coureur cycliste, un ex-organisateur de courses, et ainsi de suite, dont le principal souci est de gagner de l'argent (1). » Ce qui est en cause, ce ne sont pas les professions citées [1], mais l'incompétence culturelle de certains producteurs ou impresarii. Certes, il en est d'un autre type et même de fort cultivés : toutefois, un plus grand nombre d'entre eux ne semble rechercher que le plus grand profit. « Art et argent, écrit René Clair, intelligence créatrice et règles financières sont ici aux prises. »

La publicité peut rendre des services : celle du commerce des dentifrices et des shampooings a incontestablement développé l'hygiène. Elle peut contribuer à la diffusion de l'art. Cassandre, Colin ou Savignac ont exposé des chefs-d'œuvre sur les murs de nos villes. Une grande maison internationale de produits photographiques a organisé des expositions d'art. Depuis 1949, les « public-relations », qui se proposent de gagner la sympathie du client à une entreprise ou à une collectivité, et pas seulement de placer des produits, tendent à développer l'éducation du public à travers la publicité. Enfin, n'oublions pas que nous devons la naissance du grand film de Flaherty, *Nanouk*, à une commande du service publicitaire d'une maison de fourrures!

Mais la publicité peut également exercer des ravages. Elle joue de la façon la plus intensive là même où le produit est

---

1. Cf. par exemple les journées d'études sur le photo-journalisme et les responsabilités du reporter de magazine organisées par gens d'image. Boulouris, 1960.

le plus vide en valeur réelle, où ses vertus sont les plus illusoires :
vedettes pré-fabriquées de la radio ou de la chanson, films aux
stéréotypes monotones qui représentent 90 % de la production,
« best-sellers » préparés selon des recettes élémentaires. Le fait
est si évident que les témoins les plus différents se rencontrent
pour dénoncer les méfaits de ces entreprises. « Le grand nombre,
écrit Roger Caillois, s'accoutume facilement à sa pâtée quotidienne des récits mécaniques et des grossières images aux légendes
de confection qu'on prépare pour lui, au moindre prix de revient,
dans d'immenses cuisines où, certes, il ne saurait être question
d'encourager les recherches des gastronomes, ni d'éduquer le
palais des clients. » Un certain système de production capitaliste,
au lieu de satisfaire les besoins les plus nobles, part, au contraire,
de l'objet le plus facile à produire ou le plus lucratif et s'efforce,
par la publicité notamment, d'en créer le besoin.

En France, l'étude scientifique de ce conditionnement social
des loisirs par une publicité en tout genre qui mobilise plus
de six mille spécialistes [1] est à peine ébauchée. Mais il est possible
de formuler quelques hypothèses suggérées par l'observation :

1. La fonction de développement du loisir est quotidiennement
entravée au profit de la fonction de divertissement. Toute une
ambiance, tout un réseau de suggestions, d'incitations, de pressions valorisent les attitudes d'évasion, au détriment des attitudes
de réflexion; les plus saines réactions contre les contraintes
de la vie quotidienne sont amplifiées, déviées, dénaturées. Certes,
l'avantage du système est d'offrir un barrage puissant aux péda-
gogies ennuyeuses et aux propagandes accablantes. Mais son
plus grave inconvénient est de standardiser à un niveau élémentaire les choix du plus grand nombre.

Par le sport, Coubertin avait voulu apporter à la nation « le
calme, la philosophie, la santé et la beauté » (14). Une presse
sportive, des rubriques spécialisées de plus en plus envahissantes,
excitent les familiers des stades et des vélodromes, orientent
l'attention vers les seuls professionnels, les transforment en
demi-dieux, et les dévots deviennent d'innombrables clients
qui entretiennent les affaires. En cinquante ans, à peu près toutes
les idées de Coubertin sont trahies : le sport de masse n'est pas
l'essentiel, mais l'accessoire, les champions ne sont pas des

1. B. de Plas et H. Verdier, *la Publicité*, P.U.F. 1951.

animateurs, mais des vedettes. Personne ne les initie à un rôle social. Hors des cercles pédagogiques, on n'observe jamais une incitation sérieuse à tirer du sport un style de vie, une culture esthétique, dramatique, sociale, humaine. Comment la masse des sportifs trouverait-elle dans le sport un moyen de culture? Même les jeux Olympiques prévus comme « une manifestation pédagogique qui doit centraliser, comme jadis, autour du culte de la jeunesse, la pensée collective des peuples », ne sont plus pour la majorité des dirigeants des fédérations sportives et de la presse spécialisée, que des championnats du monde, sans grande portée éducative. Seuls quelques obstinés s'efforcent de témoigner encore, dans cette ambiance contraire, de la signification originale de cette épreuve.

Autre exemple : la télévision a en elle-même les moyens de nous faire découvrir tous les pays que nous ne pouvons visiter, de nous faire explorer les musées, de nous communiquer les chefs-d'œuvre du cinéma et du théâtre, de nous initier aux grandes découvertes de la technique ou de la science : elle peut nous transmettre en direct des fêtes, des événements lointains. Elle tend à l'universel dans l'instantané. La télévision française réussit souvent à mettre en valeur ces possibilités, mais les stations de télévision commerciale gâchent presque complètement cette chance. Les stations américaines, constatent Dallas Smythe et R. Merton, consacrent près de 75 % des heures de programme à des divertissement payés par la publicité. Et dans ces numéros, selon ces mêmes auteurs, le pire éclipse le meilleur! R. Rubicam, un des fondateurs de la grande agence de publicité « *Young and Rubicam* », écrit après s'être retiré des affaires : « Il y a une chose à laquelle je suis obstinément opposé, c'est à cette monopolisation de la radio et de la télévision par les annonceurs, qui s'est établie dans la pratique : désormais, la liberté de choisir son programme est plus théorique qu'effective et ces deux moyens d'information tiennent beaucoup moins compte de l'intérêt du public qu'ils ne pourraient le faire (15). »

En France, les magazines féminins pourraient être avec leurs photographies, leurs jeux, leurs récits, un séduisant instrument de formation autant que de divertissement. Certains progressent en ce sens. Mais dans les 15 millions d'exemplaires [1] qui se

1. Cf. p. 34.

déversent chaque semaine dans les foyers où ils sont lus en moyenne par deux ou trois personnes, il y a à peine 10 % des pages qui témoignent d'un souci de développer la culture générale du public (16).

2. Tout se passe comme si, dans ce système, l'activité de loisir n'était qu'un moyen de ramener l'homme à l'état infantile. Ni la plongée rafraîchissante dans les souvenirs d'enfance, ni l'entretien au cœur de l'adulte de cette fraîcheur de sensations et de sentiments qui est source de poésie ne sont en cause. Mais trop souvent on assiste à une entreprise consciente ou inconsciente pour endormir la réflexion et remplacer la vision des réalités par une mythologie simpliste. Aux U.S.A., 90 % des parents américains déclarent que l'abus de « comics » d'un bas niveau empêche leurs enfants de faire du sport, de s'instruire, de s'initier à la musique; pourtant, 50 % seulement s'opposent à cette lecture qui tend à devenir la nourriture exclusive de certains adultes eux-mêmes (17).

Des constatations du même ordre pourraient être faites dans les magazines de tous pays à propos du monde merveilleux des princes, des princesses, des vedettes de cinéma ou de radio, entretenu, développé tout au long des heures et des heures d'émission, de projection et de lecture, à longueur d'année, « parce qu'il faut que le journal se vende. »

3. Mais le mal est peut-être plus grave encore : pour vendre plus sûrement la marchandise, le contenu des « mass media » doit non pas convaincre, mais frapper, non pas informer, mais subjuguer. Tout se passe comme si, pour certains, l'homme devait être réduit à son instinct et à son porte-monnaie. Le système est alors simplifié : il suffit d'exciter l'un pour vider l'autre. C'est pourquoi certaines émissions commerciales de radio et de télévision et certains films-marchandises s'adressent avec prédilection au désir d'argent, au désir d'agression ou au désir érotique.

La chance, c'est non seulement la raison d'être des anciens jeux de hasard, Pari mutuel urbain, loteries de foire, auxquels sont venus s'adjoindre la Loterie nationale, les appareils à sous, les grands concours publicitaires, les élections de la « miss » d'une année ou de la « reine d'un jour », mais c'est aussi le leitmotiv d'innombrables récits, feuilletons, romans, où le prince charmant apporte la fortune, où le comte offre son château, où le bon chef d'entreprise fait pour toujours le bonheur de sa dactylo, où tout s'arrange par enchantement dans un monde où il n'y a rien à changer, où il y a tout à attendre de sa réussite, de son destin, de sa bonne étoile (16).

Quant aux tendances agressives, elles ne se manifestent pas seulement chez les insatisfaits ou les frustrés de la vie quotidienne, mais elles sont chaque jour stimulées chez un nombre croissant de gens lorsqu'ils lisent leur journal ou vont voir un film. La grande presse, c'est souvent « du sang à la une ». Un film « commercial » montre au moins une scène de bagarre. Il ne s'agit pas de condamner les films policiers et de gangsters, ils représentent la forme nouvelle d'un genre très ancien; ils font passer un moment agréable; certains ont été des chefs-d'œuvre. Enfin, selon la théorie cathartique, ils nous font vivre les drames fictifs qui nous permettent peut-être d'être bien sages dans la vie réelle. Mais quel peut être l'effet de ces programmes sur certains enfants [1] ?

Enfin, sur l'écran ou dans les feuilletons, la femme est partout. Il n'est pas question de crier au scandale, ce dont se chargent les ligues morales de toutes latitudes et de toutes tendances. Le divertissement est souvent comparable au rêve éveillé. A quoi rêvent les jeunes gens sinon aux jeunes filles et réciproquement : rêves sentimentaux ou rêves érotiques. Il est sans doute grave que la censure soit obligée d'interdire de nombreux films aux « moins de seize ans », ce qui l'est plus encore, c'est qu'à longueur de pages ou de pellicule, il soit présenté une image limitée ou dénaturée de l'éternel féminin. Pour quelques grandes œuvres qui évoquent la femme telle qu'elle est, dans son intégrité, ses instincts et ses idéaux, ses aventures et ses tâches au foyer, au bureau, à l'usine, dans le quartier, dans la cité, combien l'exaltent comme une idole en la réduisant à un rôle de femelle (18). Alors, elle n'est ni camarade, ni amie, ni épouse, ni mère, ni citoyenne, elle est exclusivement amoureuse ou faite pour l'amour. Si dans l'index cinématographique on relève le titre des films distribués aujourd'hui en France, ceux

---

1. Sept chaînes de télévision à New York ont été étudiées pendant une semaine par une équipe de sociologues. En 1952, elle a relevé 2970 actes ou menaces de violences, et en 1953, 3539 dont 742 dans les émissions spécialement conçues pour les enfants, soit environ dix mauvais coups à l'heure.

qui commencent par les mots « femme », « filles », ou « amours », battent les records de fréquence. Certes, tous ne réduisent pas les rapports des sexes à leurs aspects les plus instinctifs ou les plus idylliques. Mais les titres les plus fréquents sont : *La femme nue, La femme fatale, La femme idéale, La femme de n'importe qui, La femme au carrefour, La femme perdue, La femme rebelle, Les femmes comme ça*, etc.

Concluons : il n'est pas possible de juger des bienfaits ou des méfaits du loisir, de prévoir l'évolution de son contenu si l'on fait abstraction du jeu des déterminants techniques, traditionnels et économico-sociaux, qui pèsent sur lui. L'exploitation commerciale des grands moyens de divertissement et d'information recherche le plus souvent dans l'homme un client facile. Alors, en lui proposant la jouissance d'un monde limité, dénaturé, faux, elle risque non seulement d'être un frein pour le développement humain, mais encore une cause de stagnation ou de régression. Mais il faut se méfier des préjugés et des stéréotypes qui inspirent la majorité des responsables de la censure ou de l'éducation quand ils décident de l' « effet » d'un film, d'un livre, ou d'un jeu. Ils ne connaissent rien de cet « effet » sur l'ensemble des cas possibles, ne retenant que quelques exemples favorables à leur thèse. Une des tâches les plus pressantes pour les sciences sociales est de faire progresser la connaissance exacte de *l'ensemble* des conditionnements sociaux du loisir en relation avec les effets de ce dernier sur les différents publics dont se compose « la masse ».

4

Relations du travail et du loisir

Action du travail sur le loisir [1].

Placées dans ce contexte général, les relations du travail et du loisir ont évolué et évoluent rapidement dans une direction et selon un rythme qui sont loin d'être clairs. Pour caractériser le mode de vie de notre société, les uns parlent encore d'une civilisation du travail; les autres évoquent déjà une civilisation du loisir. Le loisir se réduit, aux yeux de certains, à un phénomène complémentaire ou compensateur du travail inhumain. Pour d'autres, il est déterminant et agit sur le travail lui-même. Qu'en est-il dans la réalité d'aujourd'hui en France?

Il faut d'abord faire des distinctions élémentaires qui sont souvent oubliées par les essayistes. Georges Friedmann a été le premier sociologue français qui ait souligné le rôle capital du loisir dans l'humanisation de la civilisation technicienne. Dans l'entreprise industrielle conçue comme un *système technique*, Friedmann souligne les effets néfastes de la division et de la mécanisation du travail. L'éclatement des métiers, l'émiettement des tâches laissent souvent chez l'exécutant un sentiment d'inachèvement, d'insatisfaction. De là naîtrait le besoin d'une compensation par la réalisation d'une œuvre achevée ou d'une œuvre de création libre; d'où l'importance des « dadas », des « violons d'Ingres », des « loisirs actifs ». Friedmann a opposé ce besoin

1. Ce chapitre utilise une partie de l'article « Travail et Loisir » paru dans *Traité de Sociologie du Travail*, sous la direction de G. Friedmann et Pierre Naville, A. Colin, 1961.

de compensation au simple besoin de « distraction » qui accompagne l'exercice d'un travail intéressant où la personnalité est engagée (1).

Cette idée est devenue familière non seulement aux chercheurs, mais aux travailleurs sociaux, aux dirigeants industriels, aux éducateurs. Mais en se vulgarisant, elle s'est quelque peu simplifiée. Cette compensation d'un travail appauvrissant par un loisir enrichissant est certes souhaitable; est-elle toujours souhaitée? Friedmann lui-même a esquissé sur ce sujet des remarques nuancées que des recherches empiriques ont peu à peu précisées [1]. Ainsi le caractère dominant des tâches parcellaires, tel qu'il est vécu par de nombreux ouvriers spécialisés surtout féminins, travaillant dans des petites entreprises, est loin d'être la monotonie. « 34 % des salariés, travaillent dans des entreprises de moins de dix salariés et là, malgré l'apparence, observe Jacqueline Gauthier (2), la diversité des tâches spécialisées est telle qu'il est difficile de leur attribuer un caractère général en dehors de cette diversité même. Et c'est également par la diversité que l'on peut caractériser les habiletés et les qualités des ouvrières qui pratiquent ces tâches. » Jacqueline Gauthier note que certaines de ces ouvrières spécialisées ont conscienec de faire un travail difficile. Il est probable que ces ouvrières n'ont pas le sentiment d'un travail appauvrissant et n'éprouvent pas le besoin de compensation. Nos observations systématiques dans les entreprises d'Annecy, Valence et Lens sur les attitudes de loisir en relation avec le degré de qualification nous inclinent à croire que le loisir est loin d'être un facteur d'équilibre par rapport aux tâches parcellaires et répétées [2]. Il serait illusoire de compter seulement sur les activités spontanées pour compenser la

1. P. Louchet et J. Gauthier, *la Colombophilie chez les mineurs du Nord*, Préface G. Friedmann, C.N.R.S., 1961.
2. D'après les observations de Nicole Leplatre sur les activités de trois cents adolescents ouvriers de grandes entreprises de la région parisienne (3) ce sont les ouvriers les plus qualifiés qui ont les loisirs les plus « actifs ». Dans l'enquête d'Annecy, alors que 20 % des ouvriers qualifiés qui participent à la vie d'une association y assument une responsabilité, seulement 10 % des ouvriers spécialisés font de même. Michel Crozier (4) a établi sur un petit échantillon d'employés que les responsables qui ont une tâche difficile et passionnante n'ont qu'une « activité moyenne » dans le temps libre, mais l'effet des tâches parcellaires et subalternes est incertain; tantôt elles correspondent à une activité supérieure et tantôt à une activité inférieure dans le loisir.

pauvreté des tâches d'exécution. Une initiation à un style de vie, une formation générale sont nécessaires, sinon, le plus souvent, au travail appauvrissant correspond un loisir de même nature.

L'entreprise n'est pas seulement un système technique, c'est aussi une *organisation sociale*. En analysant le milieu technique, Georges Friedmann a montré que le travail ouvrier ne se réduit pas à un ensemble de tâches parcellaires. Il est soumis à un mode d'organisation et de rationalisation auquel les travailleurs sont peut-être encore plus sensibles qu'à l'émiettement des tâches : la résistance à l'organisation chronométrique est une constante majeure dans les attitudes ouvrières. On peut se demander si la chasse aux temps morts et aux rythmes spontanés dans la production industrielle d'aujourd'hui n'a pas entraîné dans le loisir une valorisation des activités aux rythmes naturels où le temps flottant de type traditionnel reprend tous ses droits. L'extraordinaire essor des activités comme le jardinage et surtout la pêche à la ligne ne trouverait-il pas là une explication possible? Nous savons qu'il y a environ 3 500 000 pêcheurs en France. Leur densité est particulièrement élevée dans les milieux ouvriers. Il est possible que ces loisirs mineurs aient une valeur majeure dans l'équilibre de la vie des ouvriers. Ils sont d'autant plus répandus qu'ils sont relativement peu coûteux. Ils peuvent jouer un rôle régulateur par rapport à l'organisation du travail moderne en faisant survivre ou revivre quelques caractères du travail traditionnel, tout en leur donnant une signification nouvelle. Les thèses d'André Varagnac sur les survivances de l' « archéo-civilisation » trouveraient peut-être là un terrain privilégié. « Bien des contresens sur la notion de loisir seraient évités si l'on voulait bien y reconnaître non point le passage à des activités étrangères au travail, mais le retour à des activités antérieures à nos formes modernes de travail (5). »

L'entreprise moderne comporte une organisation non seulement du temps, mais encore des relations sociales. Malgré les tentatives de réforme, les rapports hiérarchiques pèsent souvent d'un poids très lourd sur le personnel. Au milieu d'une société en voie de démocratisation, l'entreprise a conservé un mode d'organisation autocratique qui pèse sur tous les membres du haut en bas de l'échelle sociale. De là naît sans doute ce besoin d'avoir des relations plus humaines, de participer à des sociétés plus fraternelles, où la valeur suprême n'est pas le rendement matériel mesuré, mais l'échange spontané. N'est-ce pas ce besoin qui expliquerait particulièrement l'attrait des relations de café? On sait que les motifs les plus répandus de leur fréquentation se rattachent au besoin de sociabilité. A Annecy (6) 11 % des ouvriers spécialisés ne vont jamais au café, contre 16 % pour la moyenne de la population.

Enfin, l'entreprise est un système économique. Dans notre pays ce système est fondé en général sur la division du salaire et du profit. Le salarié travaille pour un autre, le « patron », même s'il s'agit d'une société anonyme. Il a souvent le sentiment qu'il ne reçoit pas la rétribution qui lui est due. Il rêve de se mettre à son compte. Il veut devenir lui-même patron. C'est une tendance générale (même aux U.S.A.), mais la France a la plus forte proportion de petits patrons d'Europe. A la ville ou à la campagne, ils sont environ 9 millions pour une population active de 19 millions (1954). Un autre moyen pour le salarié d'échapper à sa condition est d'essayer de la changer par la participation à l'action syndicale. Mais dans la France d'aujourd'hui, selon les chiffres fournis par les centrales syndicales elles-mêmes, cette participation n'atteint probablement pas 20 % des salariés et le nombre des syndiqués se situe probablement autour de 3 millions (7). Dans ces conditions, on peut s'interroger sur la signification possible de la passion des salariés pour les travaux manuels qu'ils entreprennent chez eux, pour leur propre compte. Cet artisanat mi-utilitaire, mi-désintéressé, où ils sont maîtres de leur travail, où les quelques profits possibles leur reviennent en entier, où ils ont l'illusion d'être « patron », ne serait-il pas, au moins en partie, une réaction au statut dépendant qu'ils subissent dans la grande entreprise?

Ainsi, par rapport à ce statut économique de salarié, le bricolage ne serait pas un passe-temps mineur, mais une réaction comparable, par sa signification, au désir de fonder une entreprise ou à la volonté de participer à la défense collective des salariés par le syndicat...?

Mais répétons que, dans l'état actuel de la recherche, toutes ces idées concernant les relations du travail avec le loisir ne sont que des hypothèses. Elles restent à vérifier avec rigueur. Nous pourrions en émettre d'autres. Nous avons simplement voulu souligner que l'étude des relations du travail et du loisir ne se borne pas à l'étude du loisir en tant que phénomène compensateur d'un aspect du travail moderne : sa division et son émiettement.

Action du loisir sur le travail.

Nous préférons analyser plus longuement la réaction du loisir sur le travail. Cette réaction a été moins étudiée par la sociologie industrielle que la relation analysée ci-dessus. Cette lacune, tant sur le plan théorique que sur le plan pratique, fausse la connaissance du problème *général* que pose l'intégration du loisir dans la civilisation industrielle. Elle empêche l'étude scientifique de l'état présent et futur de la conscience sociale du travailleur façonnée par l'expansion des pratiques et des besoins de loisir. Elle peut rendre la sociologie du travail prisonnière de toutes sortes d'idéologies « travaillistes » nées en un temps où le travail était presque l'activité exclusive de l'ouvrier. Voilà pourquoi, en 1960, une problématique des effets du loisir sur le travail nous paraît d'importance pour l'avenir même de la sociologie industrielle.

Nous avons vu que le loisir, paré d'un prestige croissant, fournit des modèles de conduite et peut imprimer un style à la vie quotidienne. Son action est sensible dès le moment du choix d'un métier. Pierre Naville souligne que le problème majeur dans ce choix est la transformation de l'illusion professionnelle en conscience objective du métier et de ses conditions d'exercice (8). Certes, il est probable que l'aspiration à des conditions plus intéressantes et plus lucratives de travail est un motif primordial du choix. Mais la recherche des propriétés d'une activité de loisir dans les activités professionnelles ne commande-t-elle pas chez beaucoup de jeunes le choix du métier lui-même et n'est-elle pas, chez eux, la source de l'illusion professionnelle. On a déjà vu la place prépondérante qu'occupaient les activités de loisir chez les jeunes. Aussi des recherches en ce sens nous sembleraient utiles; elles pourraient peut-être nous aider à connaître en particulier les causes exactes du gonflement trop rapide des professions du secteur tertiaire en France par rapport à celles du secteur secondaire. A Annecy, sur 650 points de vente, environ 350 concernent directement les biens ou services de loisir, soit environ 50 % : cafés, magasins d'articles de pêche, sport et plein air, de musique, cinémas, journaux, photographes, libraires, marchands de jouets, etc. L'interview d'un grand nombre de chefs de ces établissements nous a révélé un lien direct entre les goûts nés de leurs activités de loisir pendant la jeunesse et le choix de leur métier.

Autre exemple : on sait que la France poursuit un effort systématique de décentralisation industrielle. On pourrait penser que le choix du lieu d'implantation industrielle est surtout commandé par des raisons économiques liées aux débouchés, aux sources d'énergie. Ces facteurs d'implantation étaient seuls déterminants, il y a encore une vingtaine d'années. Aujourd'hui, ils sont souvent moins importants que les facteurs psycho-sociologiques liés aux possibilités plus ou moins grandes de confort matériel, de loisirs récréatifs ou culturels, offerts par le milieu local aux cadres, aux techniciens et à leur famille. C'est un aspect qui échappe aux études purement économiques. Or, dans un nombre croissant de décisions patronales concernant la décentralisation de main-d'œuvre, cette considération est déterminante [1]. Réciproquement, selon ces mêmes sources, les causes principales d'échec de cette décentralisation viennent du refus des cadres et de leurs épouses d'accepter un milieu local où la vie hors travail est sous-développée. Le besoin de loisirs récréatifs et culturels exige un équipement minimum. Il détermine une sorte de minimum vital socio-culturel qui constitue pour tout milieu local une limite au-dessous de laquelle la main-d'œuvre habituée à la vie d'une grande ville jugera le nouveau milieu insupportable. On peut avancer que la décentralisation industrielle ne réussira pleinement que si elle est accompagnée d'une décentralisation culturelle.

L'ambiance de l'entreprise elle-même a tendance à se modifier sous la pression de ces mêmes besoins, d'où la recherche d'un nouveau décor plastique et musical dans les usines de construction ou d'aménagements récents. « La musique fonctionnelle », musique de travail, est controversée. Il serait faux de l'étudier seulement par rapport au rendement de l'entreprise, ou au renforcement de l'intérêt du travail. Elle répond aussi à des besoins nés hors travail qui s'imposent aujourd'hui dans

---

1. Rapports administratifs du commissariat au Plan.

le travail lui-même; il ressort d'une enquête sur deux cents ouvriers d'une usine communautaire (Valence) qu'elle est appréciée par la majorité des travailleurs comme un prolongement des heures d'écoute radiophonique. Aujourd'hui, le besoin de musique légère ou sérieuse, moderne ou classique, s'impose partout.

De même, le sport a, peu à peu, imposé ses modèles aux activités de la vie moderne. Ainsi l'organisation de l'entreprise est souvent fondée sur des méthodes d'émulation, de coopération, de compétition qui lui sont empruntées. On connaît le succès croissant des matches sportifs inter-ateliers ou inter-entreprises, surtout en football; dans la plus grosse entreprise métallurgique d'Annecy, sur deux mille salariés, plus de six cents participent à de telles fêtes, dans une ambiance extraordinaire. Ces genres de rencontres et leur mode de préparation fournissent souvent un style pour le travail de production ou de formation. De nombreuses méthodes de perfectionnement professionnel s'inspirent des techniques familières à la pédagogie sportive; ainsi le Training Withing Industry (T.W.I.), l'entraînement mental et une quinzaine de techniques dérivées. Ces techniques sont déjà enseignées par une centaine d'ingénieurs des bureaux d'organisation scientifique du travail de Paris et par des formateurs d'entreprises en nombre beaucoup plus important.

Allons plus loin : la recherche de l'efficacité du geste sportif a précédé celle de la productivité du geste professionnel. Elle a suscité plusieurs études et plusieurs congrès aux U.S.A., bien avant que Taylor n'ait commencé ses travaux sur les temps élémentaires dans l'industrie. En effet, l'essor du mouvement sportif aux U.S.A., selon Pierre de Coubertin, a commencé dès 1860. Taylor lui-même y prit une part active. Il remporta le championnat américain de tennis en 1881, deux ans avant d'obtenir son diplôme d'ingénieur à l'institut Stevens. Il s'intéressa beaucoup lui-même aux perfectionnements des performances sportives. Il inventa un nouveau modèle de raquette et une nouvelle composition du terrain de tennis à la suite de recherches expérimentales. H. Dubreuil, un de ses plus récents bibliographes, décrit dans *Des robots ou des hommes*, l'œuvre et l'influence de l'ingénieur Taylor (1958).

Il n'est donc pas étonnant que, dans son célèbre texte consacré en 1911 à l'organisation scientifique du travail, Taylor ait comparé avec précision l'organisation du travail à l'organisation d'un sport et qu'en 1912, devant les Chambres des représentants, il ait été conduit à développer cette même comparaison. Si nous avons insisté sur cet exemple, ce n'est pas pour attribuer de façon simpliste à l'influence du sport le développement de l'organisation scientifique du travail. Beaucoup d'autres facteurs plus importants ont joué, mais nous avons voulu suggérer l'existence possible, même chez Taylor, d'une relation qui a rarement été soulignée par les sociologues ou les psychologues du travail entre une activité de loisir et une activité de travail.

Enfin, le groupe de travail (entreprise ou comité d'entreprise) assume de plus en plus l'organisation du loisir. Désormais, la fonction sociale de l'entreprise s'est élargie en fonction socio-culturelle. Selon la loi française de 1945, l'organisation de ces activités récréatives et culturelles sur le lieu du travail devrait être indépendante de la direction de l'entreprise et de la direction des syndicats. En fait, très peu de comités d'entreprises ont ce caractère d'indépendance. Certains sont à dominante syndicale, les autres, plus nombreux, à dominante patronale. Mais quelle que soit l'orientation de ces comités, l'organisation des loisirs est une préoccupation nouvelle des entreprises modernes. Ce fait se constate aux U.S.A., en U.R.S.S., comme en France. Malgré les oppositions de principe qu'elle peut susciter ou les différences de situation qu'elle peut rencontrer, la tendance est générale. Chez nous, l'organisation des loisirs par les comités d'entreprise a déjà une certaine importance (9). Elle concerne par ordre décroissant de dépenses : 1. Les colonies de vacances; 2. Les fêtes de l'entreprise (fête de Noël, fête des Mères...); 3. Les sports et le plein air; 4. Les bibliothèques. Les ateliers éducatifs ou les spectacles se développent selon un rythme moins rapide, mais sont en progression depuis dix ans. Sur 20 000 entreprises de plus de 50 salariés, assujettis à la loi, 10 000 environ ont constitué un comité (1954). A peu près 3 000 de ces comités d'entreprise (à direction patronale, ouvrière ou réellement mixte) organisent des activités de loisir. Environ 25 % de l'ensemble de la population active non agricole bénéficie ainsi d'œuvres financées par 2 % des salaires. Ces dépenses socio-culturelles s'élevaient à 9 milliards de francs (1954). Cette somme était nettement insuffisante par rapport aux besoins de l'ensemble des salariés qui auraient dû bénéficier de la loi. Mais elle était déjà égale à l'ensemble du budget national de la direction générale de la Jeunesse et des Sports, du ministère de l'Éducation nationale, destiné à subventionner toutes les associations nationales, régionales ou locales de loisir récréatif et culturel, à financer l'équipement, la formation des cadres et une administration correspondante... Ces quelques faits donnent à réfléchir.

Ainsi l'extension des récréations sur le lieu même du travail, la pénétration des modèles d'activité de loisir dans les activités professionnelles posent des questions nouvelles. Dans un pays comme le nôtre, le loisir ne se contente plus de coexister avec le travail. Désormais, il conditionne l'exercice du travail lui-même. Si le loisir devient lui-même un des facteurs de l'adaptation du travail à l'homme, on peut se demander une nouvelle fois où va le travail humain?

Riesman (10) note chez les ouvriers américains une « offensive contre la place prépondérante donnée au travail » (1956). E. Fromm, dans *The Sane Society* prévoit « des modifications radicales du processus de travail pour qu'il soit supportable aux nouvelles générations » (11). Enfin, selon une enquête récemment menée par la *Harvard Business Review* (1959) sur 5 000 dirigeants de l'industrie, la part donnée au loisir a tendance à croître par rapport à celle qui lui était accordée par la génération précédente observée par Burnham [1].

L'ère des organisateurs n'est certes pas mourante et les hommes d'affaires américains ne sont pas sur le point de se transformer en pachas orientaux, mais les idées évoluent. Même pour les « managers », le loisir n'est plus une activité futile, inavouable, elle s'affirme au contraire comme une valeur. C'est un fait général : ne pourrions-nous pas faire des observations semblables en France, dans toutes les catégories de travailleurs? Quelle en sera la conséquence sur le travail? sur les attitudes ouvrières à l'égard des problèmes du travail?

1. La durée moyenne de leur travail hebdomadaire à l'entreprise est un peu inférieure à 43 heures, auxquelles il faut ajouter à peu près 7 heures de travail professionnel à la maison soit 50 heures. Les semi-loisirs professionnels (divertissements, activités sociales exigées par le travail) occupent 4 h 30 environ par semaine. Le temps de loisir (« dadas ou violon d'Ingres » sports, lecture, études désintéressées, activités civiques volontaires, télévision) s'élève à 30 heures par semaine, et la plupart de ces dirigeants jugent ce temps libre insuffisant (12).

Martha Wolfenstein a constaté à juste titre le progrès d'une « fun morality », d'une obligation morale de l'amusement. Mais de quel amusement s'agit-il? pour quelles catégories professionnelles? en relation avec quels contextes sociaux et culturels? Quand les contextes varient, que devient le contenu de cet amusement? Il faudrait préciser. Nous croyons nécessaire de distinguer encore une fois les différentes fonctions du loisir et de mettre en lumière les alternatives d'attitudes qu'elles entraînent ou peuvent entraîner à l'égard du travail, selon les différents contextes sociaux ou culturels.

Nous avons vu que le semi-loisir, en particulier le bricolage, occupe une place prépondérante dans les activités d'un ouvrier français.

Comme l'a remarqué Havighurst, les ouvriers américains ont de plus en plus tendance à être centrés non sur leur entreprise, mais sur leur foyer, où l'atelier familial tient une grande place (13).

Ce travail artisanal domestique peut jouer à l'égard du travail professionnel collectif un rôle d'équilibre. Au contraire, il peut entretenir ou développer une inadaptation aux gestes rationnels et à l'organisation scientifique : occasion d'équilibrer les relations professionnelles et les relations familiales, ou au contraire de détourner des relations sociales de l'entreprise et du syndicat. Il enferme le travail sur lui-même, loin de toute préoccupation économique, politique, culturelle, qui dépasse la petite histoire quotidienne de son atelier familial. Que deviennent pour lui, aussi bien les valeurs de productivité que de solidarité? Il serait intéressant de savoir si le sens de ces travaux manuels change par rapport au travail industriel lorsque de grandes entreprises, comme les Charbonnages de France, la S.N.C.F. ou les Établissements Kodak mettent des ateliers de bricolage à la disposition du personnel sur le lieu même du travail.

Comment se présente l'influence du loisir sur le travail, lorsqu'il s'agit de la *récupération* des forces musculaires et nerveuses? Nous avons souligné l'importance de la fatigue dans la civilisation industrielle et urbaine d'aujourd'hui. En France, la recherche médico-sociale a surtout mis en lumière le rôle néfaste de certains horaires de travail (travail de nuit, « trois huit »), de certains cycles de gestes professionnels et de certaines cadences sur l'organisme. L'étude du docteur Le Guillant sur la névrose des téléphonistes reste un des exemples les plus frappants de ce

genre d'étude (14). Cependant, les effets de la fatigue professionnelle sur la participation de la vie culturelle et sociale n'ont
donné lieu jusqu'à ce jour qu'à des affirmations stéréotypées et
passionnées. Il serait utile que la recherche puisse démêler ce
qui est vrai de ce qui est faux dans toute imputation systématique
de l'indifférence culturelle des masses aux effets de la fatigue
professionnelle.

Le docteur Veil affirme que l'équilibre entre les activités de
loisir et les activités de travail devrait faire l'objet non seulement
d'une étude, mais d'une « éducation contrôlée » (15) tant il est
difficile de lutter contre les sollicitations nombreuses et fatigantes
du loisir dans la civilisation industrielle et urbaine.

Quels seraient alors les effets des différents types de repos
sur le travail? Le besoin de détente physique ou nerveuse a
lui-même un rôle ambigu. Il peut d'une part aboutir à une saine
« réparation des forces du travail », comme dit Marx, ou au
contraire au développement du goût de l'oisiveté et du désœuvrement. Le repos est indispensable pour rendre toute sa force
à l'esprit d'initiative et d'invention. Il est aussi dans des situations
encore peu étudiées par les sociologues un alibi pour l'apathie,
le retrait social et culturel. Le repos peut certes faire du temps
en soi une valeur. Il peut stimuler un goût de la contemplation
qui équilibre les valeurs dominantes d'un siècle d'action. Cette
théorie du loisir est soutenue par Pieper (16). Au contraire, il
peut valoriser la négation du travail, aller à l'encontre des valeurs
qui dominent les systèmes capitalistes ou socialistes tendus vers
la production des biens de consommation. La valorisation du
farniente aboutit à la dévalorisation du travail, comme dans
certaines sociétés orientales. En France, nous n'en sommes pas
encore là, tant les besoins matériels à satisfaire sont grands, par
ailleurs, cependant, « le droit à la paresse » a été revendiqué
dès 1883. Il n'est pas sûr qu'avec l'élévation du niveau de vie, la
croissance des besoins matériels soit illimitée.

En 1958, dans *The Age of Automation*, Soule a déjà fait d'intéressantes remarques sur l'évolution des besoins dans certaines
couches sociales des U.S.A. (17). La recherche du repos peut
donc être un facteur d'équilibre dans une civilisation dominée
par l'esprit d'entreprise et de production. Dans ces conditions
complexes, « où commence et où finit la paresse et particulièrement la paresse blâmable? » (18).

On sait déjà que le besoin de divertissement est en relation étroite avec les caractères du travail industriel. « L'insatisfaction dans le travail, dit Georges Friedmann, qu'elle soit consciente ou non consciente, exerce une action permanente et multiple sur la vie hors travail, puisqu'elle se traduit par des phénomènes d'évasion vers des activités latérales. » Nous ne pouvons être que d'accord. Les résultats de l'enquête menée par Mme Benassy-Chauffard et Mme Pelnard sur les adolescents ouvriers de la région parisienne (19) ont bien montré que les activités de loisir plus ou moins conformistes sont plus nombreuses chez les jeunes les plus insatisfaits dans leur travail. Cependant, les activités de loisir exercent évidemment leur séduction sur tous les travailleurs, qu'ils soient satisfaits ou non. David Riesman a peut-être raison de souligner que l'ennui tend à devenir un phénomène général de la civilisation industrielle (20), il serait intéressant de recueillir sur cette question des observations scientifiques, non seulement des U.S.A., mais en Pologne, en U.R.S.S., en Yougoslavie, dans des contextes économiques et culturels différents. Nous savons déjà que le besoin de distraction en France est croissant, surtout chez les jeunes générations. Quelle peut en être la conséquence sur les attitudes au travail?

Les activités professionnelles peuvent être complétées par les activités de jeu et les activités de participation ou de projection liées à un mode de vie marginal partiellement imaginaire, régi par d'autres règles, d'autres valeurs, que celles de la vie réelle. Ces activités latérales peuvent inspirer des transformations positives dans les activités professionnelles et accroître l'agrément des conditions de travail. Elles peuvent apporter une poésie à la vie. Les relations de l'entreprise ou du syndicat sont renforcées par les liens nés de la participation à des activités et associations récréatives. Lipset le constate dans l'étude d'un syndicat de typographes américains (Union Democracy) (21). Enfin, ces activités distractives peuvent ajouter aux valeurs de productivité et de solidarité l'esprit du jeu ou l'esprit du sport.

Au contraire, la passion des distractions entraîne souvent un injuste discrédit de la vie quotidienne. Il s'ensuit une inadaptation à l'inévitable monotonie du travail. Les relations de jeu peuvent faire oublier les relations du travail. La pratique des activités récréatives aboutit souvent à la négation de tout engagement professionnel ou syndical. L'adulte se complaît dès lors dans un univers enfantin où le sens de ses responsabilités professionnelles et sociales se dissout. C'est ce qui guette peut-être déjà une partie des Américains : si l'on en croit Dwight Mac Donald, c'est Peter Pan qui symboliserait les U.S.A. plus que l'Oncle Sam (22). Mais le problème n'est pas spécifiquement américain. Tous les sociologues de la vie politique se le posent plus ou moins, qu'ils fassent leurs observations dans un contexte capitaliste ou socialiste (Pologne, Yougoslavie) [1]. Les difficultés de plus en plus grandes rencontrées tant par les chefs d'entreprises que par les leaders syndicalistes pour *intéresser* la masse des travailleurs aux problèmes de l'entreprise ou du syndicat et la croissance parallèle des activités d'évasion semblent poser à des degrés divers un problème général à notre société industrielle.

Enfin, nous savons que le loisir offre aux membres de la société industrielle une possibilité d'information, de formation désintéressée et de participation sociale bénévole. Qu'en résulte-t-il et que peut-il en résulter pour les activités, les relations, les valeurs du travail? Tout d'abord, cette fonction du loisir est beaucoup moins florissante que la précédente. L'expression orale, de type traditionnel, est limitée aux commentaires des menus faits du foyer, de l'atelier, du voisinage.

Plus de la moitié des ouvriers d'Annecy n'ont jamais cherché à se documenter sur quelque sujet que ce soit. Ils ne voient pas l'utilité d'un congé annuel culturel même payé pour se perfectionner. Ils ne participent à la vie d'aucune association. Une proportion encore plus grande (environ 80 %) se déclarent indifférents aux problèmes de l'entreprise ou du syndicat. Seuls comptent à leurs yeux le salaire et la vie extra-professionnelle [2].

1. Cf. les thèmes du séminaire international de sociologie politique organisé à Bergen (Norvège), juin 1961 (Rokkan, U.N.E.S.C.O.).
2. C'est un aspect de ce que A. Touraine appelle « le retrait culturel » (23). Dans le même sens Janine Larrue conclut son enquête sur les loisirs ouvriers de la ville de Toulouse, en soulignant comme un des traits constants « une sorte de passivité dans la manière de vivre le temps libre, et de l'indifférence au fond à l'égard des moyens de l'employer... ».

Si le loisir peut contribuer à un réel développement individuel et social du travailleur, son action est aussi une source d'adaptation ou d'inadaptation à la vie de l'entreprise et du syndicat [1].

Ce serait évidemment une vue simpliste d'imaginer la culture des ouvriers orientée essentiellement vers le travail. Les conceptions du réalisme socialiste, de la littérature sociale, du roman populiste ne correspondent évidemment qu'à une faible partie des aspirations ouvrières. Nous menons en ce moment une enquête typologique sur le processus d'autodidaxie spontanée en milieu ouvrier, et dans cette perspective, Solange Hervé a fait une enquête récente sur la ville de Mantes, proche des usines Renault à Flins (24). Ce qui frappe, c'est l'extrême variété de ces itinéraires culturels orientés soit vers le métier, soit vers l'action sociale, soit vers les activités récréatives ou culturelles.

Problèmes de l'amélioration des relations du travail et du loisir.

Nous sommes conduits à poser une question qui n'a pas encore été étudiée comme elle le mérite, ni par la sociologie du loisir, ni par la sociologie du travail : quel rôle jouent les nouvelles activités de loisir par rapport aux activités de production dans la création des rapports sociaux et de la conscience sociale? Vers 1870, au moment où les militants ouvriers pouvaient lire dans la première édition française du *Capital* les thèses de K. Marx sur les rapports sociaux créés par les rapports de production, que pouvaient-ils observer? La classe ouvrière était accablée par la durée du travail et les conditions de vie sordides, les relations sociales habituelles du prolétariat étaient encore déterminées presque exclusivement par le travail et le voisinage. Les ouvriers avaient à cette époque leurs sociétés, leur folklore spécifique, leurs distractions, le journal était cher, la radio, le cinéma, la télévision, les moyens mécaniques de

1. A Annecy, parmi les réponses des 141 ouvriers de l'échantillon, 37 indiquent que le métier a été la base de leur formation générale, mais 38 y indiquent la mécanique en général, 32, le calcul, 34, la géographie, 30, le bricolage, et seulement 15 réponses désignent les questions économiques et sociales.

transport n'étaient pas créés. Depuis, la durée du travail a diminué et des activités collectives et individuelles d'un type nouveau sont devenues possibles. Les relations de l'atelier, du voisinage, de la famille, au sens large, se sont complétées par d'autres types de relations. Les moyens de transports collectifs et individuels ont diminué les distances géographiques et les distances sociales. Depuis 1936 et surtout 1945, des milliers de sociétés locales se piquent d'esprit démocratique et s'ouvrent à tout le monde, sans distinction de condition sociale, comme l'école communale créée en 1881. Est-ce que ces types nouveaux d'activités et groupements n'exercent pas sur la conscience sociale, la conscience de classe, une action différente, voire opposée, à celle des activités et organismes de production?

Cependant, les récents travaux de L. Brams et de Chombart de Lauwe [1] sur les familles ouvrières françaises nous rappellent aussi dans quel état d'isolement et de sous-développement matériel et culturel se trouvent certains quartiers ou communes industriels en France. Du point de vue des loisirs, les distances sociales restent encore très grandes [2].

Est-ce que la conscience de toutes ces possibilités nouvelles de loisir coexistant avec le sentiment persistant d'une inégalité sociale et économique n'attise pas les oppositions de classe au lieu de les diminuer? Il est probable qu'une certaine conscience prolétarienne est en train de disparaître avec les conditions qui l'ont fait naître, mais alors comment se reflète dans la nouvelle conscience sociale des ouvriers à la fois cette unification et cette différenciation du genre de vie [3]?

1. Brams, introduction à la Semaine d'études sociologiques sur la famille, 1954, I.F.O.P. « Attitudes ouvrières, Sondages », 1957.
2. Nous avons exposé les résultats d'enquêtes de l'Institut français d'opinion publique, qui ont chiffré dans la pratique des loisirs des différences sociales connues de tous. Nous avons pu nous-mêmes constater depuis vingt ans dans les associations dites « d'éducation populaire », que la participation ouvrière atteint rarement 5 %, même lorsque les travailleurs manuels constituent la majorité de la population active de la localité.
3. Une recherche empirique portant particulièrement sur l'étude des effets de la pratique et du besoin de loisir sur les attitudes des ouvriers à l'égard des problèmes du travail serait à notre avis une approche importante. C'est l'approche actuelle de Wilensky et de ses collaborateurs de Detroit (U.S.A.). Il est également significatif que le

Le loisir est un fait social majeur qui est évidemment conditionné par le genre de travail, mais qui influence à son tour celui-ci. L'un et l'autre forment un tout. Le travail n'est humain que s'il laisse la possibilité ou suscite le désir d'un loisir humain. Mais si le loisir n'est qu'une évasion hors du travail, un refus fondamental de s'intéresser aux problèmes techniques et sociaux du travail, il n'est qu'une fausse solution aux problèmes de la civilisation industrielle. Aussi n'est-il pas possible de traiter séparément les problèmes du travail et ceux du loisir. En fait, l'humanisation du travail par les valeurs du loisir est inséparable de l'humanisation du loisir par les valeurs du travail.

Certaines conceptions du travail ne correspondent plus à la situation actuelle de ce rapport loisir-travail. A notre avis, il faudrait débarrasser les sciences sociales du travail des modèles empruntés au siècle dernier. I. Meyerson a réalisé peut-être l'analyse française la plus systématique de « la fonction psychologique » du travail (26). Il souligne à juste titre le caractère de contrainte qu'a le travail d'aujourd'hui. Nous pensons qu'il serait utile de vérifier si le travail est réellement vécu par la majorité des travailleurs industriels, « comme un besoin, un besoin psychologique même. » D'après nos enquêtes, c'est l'activité, mais non le travail, qui est vécue comme un besoin fondamental. Pour les uns, l'activité majeure se trouve dans le travail professionnel, pour d'autres dans l'activité syndicale, pour d'autres dans les travaux domestiques, pour d'autres encore dans la pêche à la ligne, les voyages, les vacances ou l'activité sportive. A une question concernant les activités qui procurent « le maximum de satisfaction », 25 % des ouvriers spécialisés d'Annecy ont répondu les activités de loisir, 47 % les activités familiales, et 24 % le travail. On aurait pu penser que les ouvriers qualifiés avaient une attitude différente : 25 % également choisissent le loisir, 53 % les activités familiales et seulement 15 % le travail. Il est difficile d'analyser la signification exacte de telles réponses [1]. Néanmoins, avant d'affirmer que le

second numéro de la plus récente revue de sociologie industrielle (*Relations industrielles*, créée à Berlekey en 1961) soit consacré entièrement aux rapports du travail et du loisir (février 1962).

1. « ... Nous sommes poussés vers une civilisation de la création plus encore que vers une civilisation du travail... » F. Perroux, *Arguments*, 3; 1959.

travail est un besoin psychologique, il est bon de se demander pour quelles catégories ou types de travailleurs. En tout cas, on ne peut que souscrire à la remarque générale qu'Alain Touraine présente en conclusion de ses observations sur les usines Renault : « Les aspects sociaux du travail tendent progressivement à se définir définitivement au-delà de ce fait purement négatif, proprement inhumain qu'est la réalité professionnelle. Le problème des loisirs se pose dans cette perspective d'une manière nouvelle, non plus comme la recherche d'une compensation, mais comme partie intégrante, au même titre que le travail, du système social... (27). » L'existence d'un sous-développement quantitatif ou qualitatif du loisir dans de nombreuses couches de la société entretient des inégalités et des tensions. Il importe d'en apprécier et d'en mesurer objectivement les effets. Quelles que soient les bases à partir desquelles nous avons défini les classes sociales (niveau de revenu, types de culture, attitudes générales, statut économique dans le processus de la production, etc.), il est impossible de faire une sociologie de la conscience de classe sans comparer l'effet des rapports sociaux créés hors travail, en particulier par les activités de loisir. Sans minimiser l'importance des différences de statut professionnel et de condition économique, il est permis de se demander si la conscience de classe, son contenu, les attitudes de coopération ou l'opposition qui en découlent n'ont pas été profondément bouleversés par le développement des pratiques et des besoins de loisir; c'est dans chaque situation qu'il est nécessaire d'évaluer les luttes et les tensions sociales, ainsi que le potentiel réel des forces ouvrières [1].

Les « loisirs actifs » révèlent les mêmes ambiguïtés. Ils ne contribueront à humaniser le travail que dans la mesure où ils favoriseront le développement d'une culture sociale et équilibreront la vie du travailleur. L'amélioration des relations humaines dépend de la recherche d'un équilibre des attitudes actives pendant le travail et le loisir.

---

1. Aucune sociologie « objective » ne peut sérieusement le définir *a priori*, qu'elle soit marxiste ou non marxiste. Seules des enquêtes peuvent saisir dans chaque situation les effets des rapports du travail et du loisir dans la conscience sociale et les attitudes réelles qui en résultent à l'égard du changement social.

Cet équilibre ne peut se réaliser spontanément. Chaque société doit prendre conscience de celui qu'elle a atteint et de celui qu'elle souhaite. Elle doit prendre les mesures économiques, sociales, politiques, culturelles nécessaires à sa réalisation. Une sociologie à la fois critique et constructive des relations manifestes ou latentes du travail et du loisir devrait étudier ces problèmes dans la perspective d'une dynamique sociale et culturelle de la civilisation industrielle.

A chaque étape de ce processus, la démocratisation de la connaissance et du pouvoir exige une culture commune qui, à travers le loisir, conditionne la participation active des travailleurs à la vie de l'entreprise, du syndicat, de la cité. La routine, le préjugé, la frustration ou l'aliénation créent un déséquilibre entre les besoins théoriques de la société et les aspirations vécues par les différents groupes sociaux qui la composent. Comme nous l'avons vu, Engels souhaitait la diminution des heures de travail pour favoriser la participation des citoyens aux affaires publiques. K. Marx affirmait qu' « à la réduction du travail nécessaire correspond la culture des individus, grâce aux loisirs et aux moyens accordés à tous ». En fait, les conduites de participation politique ou culturelle sont souvent combattues par des activités exclusivement récréatives ou par des formes nouvelles de travail manuel à domicile, mi-utilitaires, mi-désintéressées. Alors, la démocratie devient impossible, faute de démocrates.

On recourt alors facilement aux réponses toutes faites pour expliquer ces décalages, ces déséquilibres : c'est la faute de l'esprit public, de l'éducation nationale, de l'attitude des cadres, de l'organisation sociale, de la condition ouvrière, des structures de la société. De leur côté, les sciences sociales du loisir ne sont pas encore en état de répondre à ces questions. Il n'y a cependant pas pour elles d'objectif plus important. C'est une sociologie expérimentale des conditions de développement des attitudes actives à l'égard à la fois du loisir et du travail que nous devons essayer de constituer. L'étude dynamique des relations du travail et du loisir exige une recherche sur le développement des attitudes passives ou actives suscitées par les loisirs, en fonction des variations incidentes ou provoquées de la situation sociale.

Ainsi les sciences sociales du loisir peuvent espérer rattraper leur retard sur les sciences sociales du travail et apporter quelques réponses vérifiées aux problèmes des rapports réels et possibles du travail et du loisir. Ces réponses sont essentielles pour tenter de savoir ce que peut devenir l'homme dans les différentes structures sociales de la civilisation industrielle.

5

Famille et loisir

*Quelques influences du loisir
sur le contenu de la vie familiale.*

Depuis Veblen (1899), de nombreux sociologues ont étudié
les relations du loisir avec les obligations professionnelles [1] et le
travail en général. L'étude de ses relations avec les obligations
familiales, avec la vie familiale en général, reste pratiquement
à faire. La part des travaux domestiques et des devoirs familiaux par rapport aux loisirs dans le temps libéré par le travail
professionnel est encore mal connue. Dans le schéma des « trois
huit » (huit heures de travail, huit heures de sommeil, huit heures
de loisir) tout se passe comme si ces tâches de la maison n'exis-
taient même pas. On peut s'en étonner, car les études récentes
sur les occupations domestiques démontrent qu'elles représentent
au contraire dans le travail d'un pays un temps impressionnant.
Sur la base d'une enquête sur le budget-temps des femmes mariées,
effectuée en 1947, par l'Institut national d'études démogra-
phiques (2), Daric calculait que, sur 105 milliards d'heures de
travail fournies par l'ensemble de la population française en 1946,
le travail ménager représente la plus large part, soit 45 milliards
d'heures, dépassant ainsi la fraction de temps échue au travail
professionnel (43 milliards d'heures) (3). Ces résultats sont confirmés par une seconde enquête effectuée par le même institut à
dix ans d'intervalle.

---

1. Communication introductive à une section du cycle d'étude
européen sur la politique sociale face à l'évolution des Besoins de la
famille (office européen de l'O.N.U.), Arnheim, Pays-Bas, 16, 26 avril
1961.

En 1958, à la ville, la durée hebdomadaire des travaux ménagers s'élève à 42 heures 30, dans les foyers sans enfant, et respec-
tivement 66, 78 et 83 heures dans les foyers comprenant un, deux,
trois enfants, lorsqu'on totalise le temps qu'y consacre la maî-
tresse de maison et celui des autres personnes qui l'aident dans
ces travaux (2).

	0 enfant	1 enfant	2 enfants	3 enfants
Maîtresse de maison	34 h 7	52 h 5	64 h 6	70 h 3
Autres personnes	7 h 8	13 h 1	13 h 1	12 h 9
Total	*42 h 5*	*65 h 6*	*77 h 7*	*83 h 2*

Dans ces conditions, comment se présente le loisir familial?
C'est une réalité dont l'importance pose des problèmes nouveaux
qu'une sociologie prisonnière de conceptions traditionnelles
de la famille discerne et analyse mal. Comme le remarquait récemment Goode dans *Sociology today*, de nouvelles hypothèses sont
nécessaires pour saisir cette réalité qui se cache sous le vieux mot
de famille (4). Cependant, J. Stœzel, reprenant les analyses devenues classiques d'Ogburn (5) sur les fonctions de la famille, souligne justement que, malgré certaines apparences, « la fonction
récréative » de la famille est en expansion. Elle tend peu à peu
à modifier tout le système des activités, des rôles et des valeurs
familiales (6). Ce point de vue est déjà suggéré au niveau
des dépenses familiales par l'étude récente effectuée par le
C.R.E.D.O.C. sur les budgets de vingt mille ménages; le « poste
loisir » (vacances incluses) est le seul poste du budget qui augmente
plus vite que la dépense totale, entraînant par suite la com-
pression d'autres postes du budget (7).

*Travail, loisir et semi-loisir dans le budget-temps
d'une mère de famille.*

A côté des tâches domestiques et familiales, les différents
membres de la famille disposent d'un certain temps pour leurs
loisirs. Quel est-il? Étant donné la division du travail qui régit

actuellement l'organisation de la famille, nous devons différencier et comparer le temps libre de l'homme et de la femme mariée.

Nous avons calculé le temps que le travailleur urbain consacre à ses loisirs chaque semaine. Il lui reste de 20 à 30 heures disponibles une fois qu'il est libéré de son travail professionnel, ordinaire ou supplémentaire, des activités domestiques et sociales à caractère lucratif ou obligatoire. En 1958, l'I.N.E.D. estime que le temps moyen quotidien dont dispose une femme mariée sans enfant et sans profession pour ses loisirs, s'élève à quatre heures (2). Pour toutes les autres catégories de femmes (celles qui exercent une profession et celles qui ont des enfants, même quand elles restent au foyer) le temps de loisir quotidien ne dépasse pas en moyenne deux heures dix. Il est le plus réduit pour les femmes qui, exerçant une profession, ont en plus un, deux, trois enfants à charge. En prenant la semaine comme unité de temps et en tenant compte de ces variations, le temps libre de la femme mariée oscillerait entre *14 et 21 heures*.

Ces enquêtes appellent quelques commentaires. L'appréciation du temps libre, notamment celui des femmes au foyer, se heurte à des difficultés particulières qui tiennent à la nature même des obligations familiales. Ces difficultés, si elles n'ont pas échappé aux auteurs des enquêtes sur le budget-temps, reposent sur des critères de classification souvent confus. Le travail domestique se ramifie en une multitude d'activités dont le caractère strictement obligatoire peut être très variable. Telles sont, par exemple, certaines activités de couture, de tricot, de bricolage, de jardinage, etc.

Dans l'enquête que nous citons ci-dessus, ces activités ont été mises systématiquement au compte du travail domestique. Or elles ne correspondent pas toujours à une nécessité, elles sont souvent accomplies de plein gré et considérées par les individus eux-mêmes comme des activités de détente. Ces activités mi-obligatoires, mi-désintéressées, nous les appelons « *semi-loisirs* ». Elles sont particulièrement répandues dans la vie quotidienne des femmes mariées qui restent au foyer. Elles ne sont pas sur le même plan que les obligations strictes comme faire la cuisine, faire la vaisselle, etc. Elles appartiennent à des degrés variables à la fois aux obligations et aux loisirs qui sont imbriqués en elles. En langage mathématique on dirait qu'elles se situent

à l'intersection des deux ensembles. Il y aurait donc lieu, dans les
enquêtes de budget-temps, de distinguer les degrés de contrainte
des différentes obligations et leur degré d'imbrication avec les
loisirs. Ainsi se dessinerait une zone intermédiaire de semi-loisir.
Son étendue, d'après l'enquête que nous avons menée à Annecy,
peut être aussi importante et même plus importante que la zone de
loisir proprement dit. L'absence de cette distinction aboutit à une
surestimation du temps de « travail ».

Une deuxième difficulté à laquelle on se heurte lorsqu'on
étudie le temps libre des femmes mariées concerne la qualité
même du temps. Comme le souligne J. Fourastié, ce champ de
recherche de l'étude scientifique du travail ménager est resté pratiquement vierge (8). Une telle lacune limite notre compréhension
du problème du loisir dans la famille.

Il nous est en effet difficile, sans ce cadre de référence que constituent les obligations familiales, de savoir comment le loisir
s'insère concrètement dans la trame des activités domestiques et
familiales.

Il existe des différences incomparables entre le temps de travail professionnel et le temps de travail domestique. En aucun
cas on ne saurait les assimiler. Le premier est pratiquement
incoercible. La durée de chaque tâche a été chronométrée en dépit
du rythme propre de chaque individu. Il y a un rapport direct
entre la tâche accomplie et le temps d'exécution. On ne peut pas
en dire autant des tâches domestiques. Les délais d'exécution de
chacune des tâches n'obéissent pratiquement à aucun contrôle
autre que celui que s'impose la ménagère. Le temps des travaux
ménagers est particulièrement élastique. Il peut être dilaté ou
compressé selon l'aptitude, l'humeur ou le caprice de l'intéressé.
Il se caractérise par une grande fluidité où les temps morts vécus
dans la solitude ou le voisinage ont des significations très variables; on pense au temps flottant de l'artisan traditionnel. La journée de travail de la ménagère est le type même de ce que Naville
appelle « la journée poreuse » (9). Elle est faite de menues distractions. Elle est pratiquement incommensurable, c'est dans ce
cadre temporel informe et inconsistant que s'insinuent en fait
les activités de loisir. Peut-on encore appeler temps de loisir
une durée obtenue théoriquement par l'addition de ces temps
morts mais souvent morcelés et éparpillés dans la journée?

Enfin il faut souligner que la durée de ce temps libre peut

varier du simple au double selon la *valeur* que la ménagère
lui attribue. Pour certaines, il est une conquête permanente.
Alors le travail familial change. La femme qui désire avoir
plus de « temps à elle » normalise ses tâches, invente un ordre
rationnel de succession des tâches qui laisse moins de temps perdu.
Elle gagne ainsi du temps sur les obligations matérielles. Puis,
le niveau d'exigence personnelle augmentant, le loisir à son tour
est valorisé, certains travaux domestiques sont abandonnés ou
écourtés pour céder la place aux activités de loisir. L'emploi
du temps est alors déterminé par un choix que guident des valeurs
nouvelles, une autre conception des rapports du travail et du
loisir. Nous voyons ainsi que le loisir est conditionné par les
pratiques vécues du temps qui rendent difficile son appréciation
par des méthodes purement chronographiques.

Modernisation du mode de vie
et réduction du travail ménager.

Selon J. Fourastié, une ménagère américaine consacrerait
en moyenne une heure et demie par jour au travail ménager
(10). Une ménagère française donnerait cinq heures de sa journée aux tâches correspondantes. Pourquoi une telle différence?
Il est probable qu'elle ne vient pas seulement d'une différence
dans le degré de mécanisation de l'équipement ménager. La
réduction du travail ménager et la croissance du loisir proviennent de la modernisation d'un ensemble de facteurs qui touchent
à tous les aspects du mode de vie quotidien tant sur le plan matériel que sur le plan moral dans tous les pays industrialisés et
urbanisés. En dépit des résistances matérielles ou morales, le
mouvement de modernisation est en expansion dans tous les
pays, dans tous les milieux de ces pays.

Ainsi depuis une quinzaine d'années, la France s'est lancée
dans un effort considérable de transformation de l'habitat
urbain. La révolution technique commence, dans les zones les
plus privilégiées, à changer aussi le travail domestique. En trois
ans (de 1954 à 1957) plus d'immeubles ont été construits à Paris
et dans la France entière que dans les trente années précédentes.

Le chiffre qu'on s'était fixé déjà depuis plusieurs années (soit 300 000 nouveaux logements dans l'année) a été presque atteint cette année. Les problèmes de logement occupent une grande place dans la politique sociale actuelle du gouvernement. Les architectes et les urbanistes s'emploient avec plus ou moins de bonheur à découvrir les conditions optima de l'habitation et de l'environnement résidentiel. Pour la première fois, des sociologues français étudient les aspirations et les besoins des individus et des familles en matière de logement (11). L'action sociale met souvent au service des usagers un personnel qui les aide à s'adapter à leur nouveau genre de vie. L'aménagement fonctionnel des appartements réduit les pas et gestes fatigants. L'installation d'eau chaude, des appareils sanitaires, de vide-ordures supprime les corvées les plus pénibles. Les nouveaux revêtements du sol et des meubles n'exigent plus qu'un entretien sommaire.

L'équipement ménager s'est mécanisé. Certes les bénéficiaires du progrès ne représentent encore que le cinquième ou le dixième des foyers urbains selon les types d'appareils, alors qu'aux U.S.A. ils représentent environ 80 %. Mais depuis quelques années les dépenses d'équipement enregistrent un développement en flèche. En 1957 elles se sont accrues de 25 % par rapport à 1956 alors que les prix augmentaient de 8 % [1]. Les catégories socio-professionnelles les plus favorisées sont évidemment les cadres supérieurs, mais les ouvriers commencent à fournir eux aussi de gros efforts pour s'équiper (7).

En effet l'installation dans un logement neuf stimule l'achat d'un équipement moderne. Les candidats aux habitations à loyer modéré, quelle que soit leur catégorie sociale, placent l'achat des électro-ménagers en tête du programme des dépenses. Resté longtemps le privilège des classes aisées qui emploient un personnel domestique, le progrès technique dans la maison a, au début, été allié à l'idée d'une rénovation du cadre domestique. Aujourd'hui il correspond davantage au souci de libérer la femme des tâches ménagères dans tous les milieux sociaux.

De plus l'installation dans de grands ensembles d'habitations a développé un nouveau besoin de collectivisation des tâches

1. En 1954, 19 % seulement des maîtresses de maison possédaient un aspirateur, 11 % un réfrigérateur et 10 % une machine à laver (12). En 1960, 29 % des maîtresses de maison possédaient un aspirateur 26 % un réfrigérateur et 24 % une machine à laver (12).

domestiques. Dans la maison ancienne la ménagère faisait tout le travail seule comme un artisan. Désormais certaines corvées sont prises en charge par la collectivité. Des laveries automatiques sont parfois installées dans les cités. Des services communs d'entretien des carreaux et des parquets sont mis à la disposition des usagers. Il est souvent plus facile de trouver des plats tout préparés. Des coopératives de consommation s'organisent qui livrent à domicile. Enfin dans les villes, il est possible de manger à la cantine au moins pour le repas du midi (à Annecy, mille enfants, soit un enfant sur cinq, prennent le repas de midi à la cantine).

L'organisation collective, malgré de grandes difficultés de réalisation est néanmoins en progrès. Chombart de Lauwe dans une enquête récente montre que si une grosse majorité de gens (deux tiers) refusent l'accroissement des relations de voisinage, en revanche, plus de 60 % d'entre eux réclament des services communs et seraient prêts à en assurer la gestion collective. Ces pratiques pourraient apporter quelques transformations de la fonction domestique (11). Une meilleure répartition des tâches entre les divers membres de la famille, une organisation plus stricte du travail ménager contribuent aussi à abréger le temps passé aux tâches domestiques. Certes le partage de ces tâches est plus répandu aux U.S.A. qu'en France où la contribution du mari se borne souvent à la vaisselle et aux gros services. Les tâches les plus nombreuses (et souvent les plus lourdes) restent à la femme : entretien de la maison, lessive, marché, cuisine, etc. Mais il est incontestable que dans les jeunes ménages les tendances du mari à coopérer aux travaux ménagers sont plus fortes que dans les ménages plus anciens.

Enfin les obligations familiales ne se limitent pas aux travaux domestiques. La fonction maternelle comporte une somme de tâches matérielles absorbantes souvent pénibles. N'est-elle pas en fait l'obstacle le plus sérieux au loisir de la femme? Mais là encore, cet obstacle tend à diminuer. Tout d'abord, en cent ans, la dimension de la famille s'est réduite. Depuis 1945, malgré une remontée démographique spectaculaire, la dimension de la famille est en train de se stabiliser entre deux et trois enfants, sans que le nombre de familles nombreuses augmente d'une manière significative (13). On pressent que l'éducation des enfants ne constitue plus le but unique du groupe familial. Le couple affirme son droit au bonheur. D'un autre côté, les soins maternels sont devenus plus simples. Ils bénéficient eux aussi des avantages de la vie moderne. La layette est confectionnée en grande série. Elle s'est simplifiée. Les soins à donner aux enfants sont plus uniformisés. Ils sont enseignés aux mères de famille dans les maternités et les dispensaires. Il semble que le temps pendant lequel une mère doit nécessairement se consacrer à ses enfants aille en diminuant.

Il n'est plus exceptionnel qu'une femme ayant des enfants en bas âge exerce une profession. Elles sont 150 000 dans ce cas à Paris. Dans le groupe d'âge de trois à cinq ans, 60 % des enfants sont déjà à l'école maternelle libérant ainsi la mère de famille 6 heures par jour. Enfin nombreuses sont les femmes qui reprennent le travail une fois que les enfants ont atteint l'âge scolaire.

La courbe du taux d'activité des femmes selon l'âge accuse une remontée vers trente-cinq ans. Aujourd'hui, malgré le réseau très insuffisant de crèches et d'écoles maternelles, la fonction maternelle n'absorbe donc en général que le quart de l'existence d'une femme adulte. Il faudrait étudier les budgets-temps des femmes mariées et des ménages en fonction des cycles de l'existence, comme Rowntree l'a fait pour les budgets de ménage.

Si la présence des enfants en bas âge impose une réelle contraction du temps libre, en revanche une fois qu'ils sont élevés, le temps libre de la femme peut, dans certains cas, dépasser celui de l'homme notamment parmi les femmes au foyer.

Ainsi sous l'influence du progrès technique, de la collectivisation des tâches et des progrès de l'organisation domestique, les travaux de maison régressent en valeur absolue et les possibilités de loisirs tendent à augmenter.

Intégration des fonctions du loisir
dans la vie familiale.

Pourtant, la réduction des activités utilitaires ne peut être considérée comme le critère décisif de l'importance prise par les loisirs dans la vie familiale. Ceux-ci s'imposent dans l'emploi du temps des individus souvent en dépit des impératifs quotidiens. En réalité, le phénomène contemporain du loisir familial trouve sa force principale dans l'évolution des valeurs et des structures familiales en liaison avec la civilisation technicienne et ses conséquences sociales, régression des cérémonies traditionnelles, développement des moyens de transports et des moyens de diffusion, etc. Un besoin de loisir est né et s'est développé avec l'énorme accroissement des appareils à usage distractif, destinés à le satisfaire. Il s'est implanté dans la famille, le jour où ces appareils (radio, télévision, électrophone, etc.), ont été intégrés à l'ameublement domestique. Il s'ensuit une fonction rénovée de la famille qui doit être analysée à présent avec les catégories appropriées de la sociologie du loisir.

En France, certains architectes urbanistes ont prévu le bouleversement que le besoin de loisir tend à apporter dans la conception même de l'habitation et de l'habitat. Dans son livre de 1945, Le Corbusier met au rang des premiers besoins à satisfaire ce qu'il appelle le besoin de « récupération » et le besoin de « qualification » (14). C'est un point important, mais à notre avis, Le Corbusier a un peu rapidement écarté les besoins de distractions, de sorties, de spectacles, etc. La variété et l'intensité du désir d'évasion ont une signification qui semble lui échapper. N'a-t-il pas été guidé par ce postulat qu'une habitation bien conçue doit sinon supprimer du moins diminuer ces besoins; pourtant, ce postulat est contestable. Des enquêtes ont montré que ces besoins de la civilisation moderne ne tiennent pas essentiellement à l'insatisfaction éprouvée dans l'habitation. D. Riesman a bien souligné que l'ennui croît dans la famille moderne, même bien logée, encore plus vite que l'extraordinaire diversité des moyens pour y échapper (15).

De même, le besoin de « qualification » a été conçu par Le Corbusier avant tout en liaison avec des moyens collectifs de formation extérieure au foyer : écoles, associations, groupements; cette idée est juste, mais insuffisante. Dans quelles conditions se développent ou déclinent de telles institutions? Quel est le rôle des télé-communications (télévision)? La fonction de développement du loisir tend à s'exercer aussi à l'intérieur du foyer avec les moyens plus ou moins appropriés qui conviennent à chacun.

Les sociologues de l'habitation et de l'habitat ont eux-mêmes rencontré ce problème du loisir. Nous pouvons évoquer ici le travail du groupe d'ethnographie sociale de Paris. Dans son étude des familles ouvrières, Chombart de Lauwe a abordé le problème de la détente. Grâce à lui, « le besoin-détente » a été bien dégagé. Cependant, la signification du besoin de loisir dans la famille moderne est resté un point accessoire de ce genre d'études. D'autres problèmes ont été beaucoup mieux étudiés : par exemple, celui des limites économiques et sociales qui s'opposent à la satisfaction de tels besoins dans certaines familles de faible niveau de vie. Chombart de Lauwe a bien montré que dans ces familles les intérêts libres sont contrariés par des préoccupations quotidiennes toujours présentes dans la conscience de ces individus. Même lorsque les « préoccupations » empêchent le plein exercice des « intérêts libres », le besoin de loisir est là, sous toutes ses formes, de plus en plus pressant, surtout chez les jeunes foyers, créant des habitudes nouvelles de consommation et de comportement, menaçant ainsi de rompre l'équilibre traditionnel de l'économie domestique et de la culture familiale.

Tout d'abord, la fonction de récupération a pris dans le foyer moderne une importance accrue. Le repos est l'aspiration première de la plupart des mères de famille. L'homme, en rentrant du travail, recherche avant tout le calme. La plainte la plus fréquente dans les habitations collectives s'élève contre le bruit (11). C'est pourquoi ce besoin de repos, revendiqué par chaque membre de la famille aboutit à une recherche des conditions optima d'aération, d'ensoleillement, d'espaces verts, d'isolement. Aujourd'hui, elles tendent à faire partie du minimum vital que chacun est en droit d'exiger pour sa détente.

De même de nos jours, c'est dans le divertissement que les individus satisfont leur besoin de détente. Jusqu'à l'époque de nos grands-parents, les réjouissances familiales étaient reliées aux fêtes. Elles survenaient à des dates fixes, Noël, Pâques, 15 août, etc. Elles étaient réglementées selon un rite presque invariable. Ces réjouissances familiales reliées aux fêtes du calendrier subsistent et sont encore très vivantes, mais leur caractère familial tend à l'emporter sur le caractère social ou religieux. A Annecy, ce sont les fêtes familiales qui sont préférées[1], mais elles perdent graduellement leur caractère cérémoniel.

---

1. 23 % choisissent les fêtes familiales, 12 % les fêtes religieuses et 10 % les fêtes civiles. Ajoutons que la kermesse, sorte de fête qui a le plus souvent un caractère familial, recueille encore 19 % des suffrages (Annecy, 1957).

Par exemple, à Annecy, il y a six fois plus de gens qui estiment que depuis 1900 l'aspect cérémoniel est en régression plutôt qu'en progression ou en stagnation (16). Les jours de fête sont souvent devenus des dimanches comme les autres, les activités qui les occupent entrent dans ces demi-loisirs où la participation civique ou spirituelle a moins d'importance que les réjouissances qui sont vécues en elles-mêmes comme des loisirs. Mais pour la famille moderne, il y a plus.

Comme nous l'avons déjà dit, les possibilités de distractions sont devenues quotidiennes. Certes, le samedi soir est une soirée privilégiée pour les distractions, mais chaque soirée de la semaine peut devenir une occasion de sorties. Dans notre ville la moitié des chefs de famille sort au moins une fois par semaine. Dans 52 % des cas, le cinéma est une sortie conjugale ou familiale [1]; il en est de même pour les sorties de plein air, qui ont été multipliées par le développement des scooters, des motos, des automobiles. Enfin, les vacances sont dans la majorité des cas, des loisirs pris en famille. En 1957, sur cent personnes qui ont pris des vacances, cinquante et une les ont prises en famille, et c'est le mode de vacances qui est préféré (17). Souvent, des jeunes ménages désirent mettre leurs premières dépenses dans l'automobile plutôt que dans la maison. Une enquête sur la jeunesse (18) nous a déjà montré que le premier besoin est un accroissement de vacances, le second l'acquisition d'un moyen de transport personnel, le troisième une augmentation des distractions. Le besoin de divertissement bouleverse les aspirations des jeunes familles.

Des inventions récentes sont venues attiser encore ce besoin. Des activités qui, autrefois, étaient plustôt réservées aux cafés et aux guinguettes pénètrent dans la maison; à l'intérieur du foyer, la radio suscite et satisfait un besoin souvent permanent d'ambiance musicale. La brusque extension des transistors et des électrophones est encore venu l'accentuer. Nous avons trouvé des discothèques dans 20 % des foyers de la ville d'Annecy. La jeunesse ouvrière ou étudiante introduit de plus en plus ces machines sonores dans le foyer. Lorsque la maison le permet, il s'ensuit, selon les différents milieux, des sauteries, des bals, des « surboums ». Mais la révolution la plus importante pour les activités

---

1. Dans 35 % des réponses la sortie du cinéma se fait avec des amis (enquête Centre national du cinéma, 1954).

domestiques et les relations intrafamiliales est incontestablement apportée par la télévision. En France, on compte en moyenne deux ou trois personnes devant le poste. C'est le cinéma, les variétés, le théâtre, les expositions, les débats ou les reportages à domicile. Nous avons vu que dans tous les milieux l'équipement des foyers en postes de télévision s'accélère selon un rythme croissant. Aujourd'hui, la moyenne des téléspectateurs assiste de façon plus ou moins intermittente à la télévision pendant seize heures [1]. Il s'ensuit que le travail ménager a tendance à s'organiser en fonction des programmes. Les tâches sont écourtées, le temps de bricolage utilitaire diminue. La distraction familiale peut prendre une valeur nouvelle.

Le loisir ne se borne pas au divertissement. Autrefois, le développement de l'information dans la famille se faisait presque exclusivement par la conversation avec les parents, voisins, les amis. Ces réunions continuent. A Annecy, nous avons été frappés par l'ampleur de leur persistance, surtout chez les ouvriers d'origine rurale qui composent un quart environ de la ville. Près de la moitié des foyers d'Annecy font par plaisir ou routine des réunions ou des visites familiales plus d'une fois par mois.

Mais le foyer moderne occupe une part croissante de son temps libre à écouter des informations venues de l'extérieur, par les moyens de télécommunication. Après la musique, le poste radio fournit surtout des informations.

Le journal quotidien a une telle importance qu'il occupe le chef de famille d'une demi-heure à une heure par jour.

Femmes et enfants le lisent aussi. La lecture des feuilletons, des conseils de tricot, de cuisine, ou de couture, est également fournie en abondance par la quasi-totalité des magazines féminins.

Non seulement le foyer tend à devenir une petite agence d'information sur le monde entier, mais il devient aussi et de plus en plus, un cadre possible de *formation mutuelle*. On a cru tout d'abord que les grands moyens de diffusion agissent directement sur les masses. En réalité, ils agissent surtout sur des leaders qui transmettent et commentent le contenu de ces *mass media* au public. La famille fournit souvent ces leaders. Pour la politique, c'est en général le père qui joue ce rôle, pour

---

1. Selon les derniers sondages de la R.T.F. (1960).

le cinéma la fille aînée, etc. (19); le foyer peut ainsi devenir un cercle de discussions plus ou moins organisé, plus ou moins passionné. Mais le problème de formation mutuelle le plus original est probablement posé par les jeux et les études des enfants. La valorisation du statut de l'enfant dans la famille moderne associe davantage les parents aux jeux de ballon ou de monopoly, aux parties de train électrique, ou d'autos de course. Quelle est la part du devoir éducatif et la part de distraction dans cette participation des parents [1]?

Peut-être cette participation aux exercices scolaires des enfants est-elle quelquefois pour les parents une occasion de reprendre ou d'entreprendre des études, en un monde où le savoir désintéressé est de plus en plus un moyen d'avancement et de prestige social. De même, nous avons été frappés par l'importance relative des bibliothèques familiales dans tous les milieux de la ville. Ainsi le foyer moderne, surtout sous la pression des besoins d'études de l'enfant, pourrait devenir, sous certaines conditions, un véritable centre d'études en commun. Le loisir familial offre ainsi des possibilités de développement permanent non seulement des informations, mais des connaissances et des aptitudes.

De nombreux travaux manuels ne jouent-ils pas, surtout pour ceux qui n'ont pas de culture intellectuelle ou musicale le rôle de violon d'Ingres? L'artisanat domestique *(doit yourself)* qui se développe dans les maisons a des fonctions de plus en plus variées, à la fois familiales, personnelles, utilitaires, désintéressées, conformistes, créatrices. L'effet de ces semi-loisirs sur l'épanouissement de l'individu à l'intérieur du cadre familial est ambigu. Il est souvent limité, mais il nous semble incontestable.

1. A Annecy, les parents qui ont déclaré participer aux jeux de leurs enfants par plaisir étaient quatorze fois plus nombreux que ceux qui voient dans cette participation un devoir éducatif. Nous trouvons à peu près la même proportion dans la participation des parents aux études du soir de leurs enfants. Une enquête sur deux mille parents du lycée de la ville de Chambéry (20) a montré que les parents passent en moyenne 1 heure 30 chaque soir à aider leurs enfants à apprendre leurs leçons et à faire leurs devoirs.

*Pour une étude des influences du loisir
sur les fonctions et les structures de la
famille moderne.*

« Au fur et à mesure que la journée de travail s'abrège, écrit encore Riesman, nous pouvons prédire que la famille chargée d'enfants qui acceptera de vivre en ville sera de plus en plus rare (21). » Dès qu'elle en a les moyens, la famille américaine cherche un cadre résidentiel qui lui permette une vie agréable pendant les fins d'après-midi, les week-ends, voire les vacances, la résidence familiale tend à s'installer sur le lieu du loisir préféré et non plus seulement à côté du lieu du travail. Aux U.S.A., depuis la dernière guerre, la désertion des campagnes pour les villes est devenue beaucoup moins importante que la désertion des villes pour les banlieues *(suburbs)*. Près de cinquante millions d'Américains se sont installés dans des pavillons. Aujourd'hui, en France, le problème à l'ordre du jour est la construction de grands ensembles urbains. Ce mode d'habitation représente un immense progrès par rapport aux taudis. Il correspond à la meilleure solution financière. Mais, lorsque les gens sont interrogés sur leurs goûts, ils déclarent en majorité préférer un pavillon avec un jardin. Les sociologues insistent sur les inconvénients des grands déplacements. Sont-ils appelés à se restreindre ou au contraire à se généraliser, à mesure que se développeront les possibilités de location ou de construction dans la banlieue verte ainsi que la motorisation des foyers?

Notre hypothèse est qu'il faudra de plus en plus accorder d'importance aux aspirations du public en matière de loisir pour résoudre le problème de l'habitation, à mesure que s'élèvera le niveau de vie et qu'augmentera la valeur du temps libre. Si les villes et leurs grands ensembles ne sont pas radicalement transformés, il est à prévoir qu'avant dix ans les immeubles collectifs sans espace, sans silence, sans air pur, sans arbres, sans promenade, sans salle de réunion, sans terrain de jeux ni jardin seront désertés et que nous assisterons à un exode urbain aussi massif que celui des Américains vers les pavillons des nouvelles et lointaines banlieues.

Ne faut-il pas voir dans un tel mouvement une révolte silencieuse mais irrésistible contre toute civilisation urbaine, qui, née du travail, n'a pas su satisfaire les besoins de l'homme au repos? Nos grandes villes françaises seraient-elles plus que les villes américaines à l'abri de telles réactions?

On est frappé du manque d'imagination à long terme dont font preuve en ce domaine la plupart des urbanistes et architectes. Ils construisent en ce moment des maisons qui doivent encore être utilisées en l'an 2 000 et ils s'interrogent à peine sur les goûts du public tels qu'ils sont, tels qu'ils évoluent. La pensée la plus hardie de l'architecture date du mouvement du *Bauhaus* de 1920. La sociologie de l'habitation est dans l'ensemble trop statique ou elle manque de moyens pour faire les grandes études prévisionnelles qui seraient nécessaires. De plus, elle n'a pas beaucoup pénétré dans ce domaine.

C'est au niveau des modèles de vie familiale que le loisir apporte peut-être les bouleversements les plus grands et aussi les plus ambigus. Comme le fait remarquer Jean Stoetzel, le système des valeurs élaboré dans le milieu familial relève d'une morale utilitariste, traditionnellement orientée vers le travail domestique et la prospérité de la communauté de sang. Or, le « droit à la paresse [1] » proclamé contre la souveraineté du travail professionnel, tend à s'affirmer soixante-quinze ans après également contre la toute-puissance du travail domestique. Le système des relations familiales dominées par l'idéologie communautaire est menacé. Le droit au loisir s'accompagne d'un droit au bonheur individuel pour chaque membre de la famille, dans la famille ou hors de la famille.

Ces tendances nouvelles sont apparues plus vite dans les classes moyennes que dans la classe ouvrière, où la persistance des conditions de vie difficiles a favorisé la survivance des modèles traditionnels de la vie familiale (économie, travail, vertus domestiques, entraide...). Mais elles sont déjà sensibles dans les jeunes foyers de tous les milieux. Elles vont et iront en s'accentuant. Il est probable qu'elles seront un des traits dominants de la « civilisation » de 1975. Qu'en résulte-t-il et qu'en résultera-t-il pour la cohésion interne et les relations externes du groupe familial, pour sa participation à la vie sociale et à la vie culturelle?

1. Cf. plus haut, p. 20.

Nous avons vu que pour de nombreuses familles françaises encore mal logées, mal équipées, le loisir ne change pas beaucoup les habitudes de vie. Les obligations familiales pèsent lourd, surtout sur les mères. Mais certaines apparaissent aujourd'hui plus ou moins inutiles au bon fonctionnement de la famille moderne. Il y a de vraies obligations, il y a aussi des semi-obligations ou des pseudo-obligations qui relèvent d'un système traditionnel de valeurs et qui se réduisent souvent à un conformisme désuet. Elles correspondent à la crainte du qu'en-dira-t-on (il est mal de se séparer de ses enfants, de prendre un bain de soleil dans la journée, de passer des heures à lire des romans, de sortir sans son mari le soir, etc.). Elles correspondent aussi à un manque d'aspiration, à une source d'inadaptation du foyer à la vie moderne, d'inadaptation du mode de vie familiale aux nouveaux besoins de loisir. Au contraire, le besoin d'évasion peut devenir tyrannique, surtout dans les jeunes ménages : rêver, sortir, danser, lire, prolonger les soirées, les week-ends, les vacances sont des occupations et des préoccupations qui empiètent sur les tâches indispensables au soin de la maison, à l'harmonie conjugale ou à l'éducation des enfants. Où est aujourd'hui le juste milieu favorable, à la fois, au fonctionnement du groupe familial, à une nouvelle morale familiale, à l'épanouissement des personnalités? Pour donner de solides bases psycho-sociologiques à ces nouveaux modèles culturels, il est essentiel d'observer l'ensemble des activités familiales comme un *système dynamique d'obligations et de loisirs, de semi-obligations ou de semi-loisirs, en équilibre ou en déséquilibre, du double point de vue individuel et institutionnel.*

Ces trente dernières années, la sociologie de la famille a surtout étudié et mis l'accent sur les facteurs de cohésion du groupe familial. Que deviennent-ils avec le développement du loisir? La famille s'adapte mal à sa nouvelle situation, certains sociologues comme Burgess (22) ont observé la régression de la contrainte dans une famille moderne comme la famille américaine. Le développement des jeux familiaux, les sorties communes en automobile, l'assistance commune aux spectacles télévisés, etc., rapprochent tous les membres de la famille, jeunes ou vieux. Ils favorisent les échanges. D'autres au contraire, comme R. Meyersohn ou Bogart (23) pensent que le partage des activités n'aboutit pas forcément à des échanges interpersonnels. Chacun peut à l'intérieur du groupe familial rester tout à fait isolé. Par contre, le loisir a accru l'intérêt pour les groupes extra-familiaux organisés ou spontanés qui rassemblent les individus autour d'un même passe-temps, d'une même marotte, ou d'une même passion, hors de la famille. Comment la famille peut-elle retrouver son unité entre toutes ces tendances opposées?

Le loisir a multiplié pour le couple les occasions de récréation en commun. Scheuch (24) a étudié l'importance des conversations et des activités communes, du temps libre pour l'harmonie du couple, le soutien réciproque de deux êtres. En même temps, le droit de libre choix des activités et des relations de loisir étant plus grand pour chacun des deux conjoints, il peut s'ensuivre une plus complète réalisation personnelle et sociale de chaque personnalité. Cependant, l'égalité est encore lointaine. Dans les familles ouvrières de Malakoff, Fougeyrolles a constaté que, s'il arrive à 30 % des maris de sortir seuls le soir, seulement 5 % des épouses font de même (25). Là encore, les modèles traditionnels sont des obstacles tenaces à la satisfaction d'aspirations nouvelles. Ne faut-il pas voir dans cette situation une des raisons de ces tensions du couple qui semblent être beaucoup plus nombreuses qu'autrefois?

Les relations entre parents et enfants ont évolué. Les divertissements communs aux uns et aux autres se sont multipliés : jeux de ballon, de raquette, de boules, de société, participation aux jeux et variétés radiodiffusés ou télévisés... Le soir, le samedi, le dimanche, en vacances, le temps est beaucoup plus long qu'au siècle dernier pour ce genre de loisirs communs aux jeunes et aux vieux. Aussi la fonction éducative prend des formes nouvelles.

Cette évolution rend le dialogue plus facile entre les parents et les enfants. Le père est moins isolé. Il a perdu sa fausse dignité. L'autorité paternelle se transforme, en partie grâce à ces activités communes du temps libre.

Mais dans certaines familles cette camaraderie de jeu entre parents et enfants n'a-t-elle pas aboli aussi le respect de certains rôles des adultes, de certaines valeurs de la famille nécessaires à la formation de la personnalité des jeunes? On a attribué aux excès d'une certaine pédagogie libérale une part de responsabilité dans l'inadaptation ou la délinquance d'une fraction croissante de la jeunesse américaine. C'est ainsi que dans le loisir, malgré lui et aussi par lui, la famille moderne cherche les bases d'une nouvelle cohésion qu'il est difficile de trouver.

Enfin, cette cohésion familiale, pour nécessaire qu'elle soit, n'est pas un absolu. T. Parsons et la plupart des sociologues américains ont surtout analysé les formes d'adaptation interne du groupe familial. Mais il nous paraît au moins aussi important d'étudier ses formes de participation externe à la vie sociale et à la vie culturelle. Cette participation risque de disperser chaque membre de la famille dans des groupements différents, dont l'importance peut se substituer à celle de la famille elle-même. Pourtant, sans cette participation sociale, le groupe familial se replie sur lui-même. Ses membres restent étrangers au mouvement de la culture et de la société.

Quel est l'effet du loisir sur l'équilibre entre la participation familiale et la participation sociale? C'est peut-être un des problèmes majeurs de la cohésion familiale dans la civilisation du loisir.

Nous avons vu à quel point le loisir peut transformer la participation du foyer à la vie sociale et culturelle. L'usage de la radio, la lecture des journaux, le spectacle télévisé, la participation aux jeux et aux études des enfants, l'engagement dans des associations récréatives peuvent élargir la curiosité et développer le sens social. Mais est-ce que la majorité des familles a le désir et le pouvoir d'organiser son temps pour réduire au minimum les tâches matérielles, diminuer les bricolages et bavardages inutiles pour équilibrer les activités distractives et culturelles du loisir en fin de journée, fin de semaine, fin d'année, pour le groupe et pour chaque personne?

Là encore, des modèles traditionnels subsistent, qui sont inadaptés aux besoins de la famille, inadaptés à la préparation d'une civilisation du loisir. Un certain raffinement des tâches domestiques peut être l'expression d'une pauvreté de vie sociale et de vie culturelle. Pour la ménagère américaine, dont le foyer est bien équipé, bien mécanisé : « Prendre un soin excessif des enfants et de la maison est souvent pour elle une auto-justification en même temps qu'une solution de fuite (21). » A partir d'un certain niveau de vie n'y a-t-il pas une part des anciennes contraintes familiales qui est maintenue par crainte ou incapacité d'aborder des formes de loisir stimulantes pour la vie personnelle ou sociale?

Ainsi, l'écart entre les nouveaux besoins et les normes anciennes de la vie familiale est tel qu'il s'ensuit des déséquilibres croissants. Les normes nouvelles ne sont pas encore dégagées. Un nombre grandissant de familles oscille entre des modèles conformistes auxquels elles ne croient plus guère et des modèles anarchistes qui les dissolvent. Un équilibre nouveau se cherche entre les servitudes matérielles et les devoirs, entre les obligations et les loisirs, entre les activités récréatives et les activités enrichissantes, entre les loisirs des individus et ceux de leur groupe familial.

Pour répondre à ces déséquilibres et pour trouver de nouveaux équilibres, les idéologies de la famille, qu'elles soient chrétiennes ou socialistes, conservatrices ou progressistes communautaires ou individualistes, semblent souvent inadaptées ou insuffisantes. Elles doivent être repensées sur la base d'une étude concrète des nouveaux besoins de la famille et de ses membres au seuil d'une civilisation du loisir; quel est le nouveau genre de vie qui tend à s'imposer réellement en dehors de toute idéologie? Quelle culture vécue, *librement* vécue, correspond à la fois aux aspirations des individus et aux besoins de la famille et de la société aujourd'hui?

Pour atteindre à cette *culture nouvelle*, la famille a souvent besoin d'aide extérieure. Est-ce que les assistantes sociales qui conseillent les familles ont été préparées à répondre à ces questions? Sauvy parle déjà de la nécessité de nouveaux assistants culturels près des familles. Le prêtre, l'instituteur, le médecin, l'assistante sociale pourront-ils en tenir lieu? C'est possible, à condition d'avoir été préparés à ce nouveau rôle. Les animateurs des associations familiales et des centres sociaux des nouveaux ensembles résidentiels ont une lourde responsabilité[1] dans le

1. Dès le départ, il y a deux déformations qui les guettent : d'abord la déformation « sociale ». L'institution culturelle est conçue comme un service social (organisme de coopération ou d'assistance sociale). C'est la première erreur. Certes, le foyer culturel a une fonction sociale mais les gens ne s'y rendent pas comme ils viennent à une consultation. Il serait dangereux de fonder une politique d'équipement culturel sur une sociologie du service social. Si l'on veut baser une politique socioculturelle sur une étude scientifique des besoins, on doit savoir que ces besoins ne sont pas identiques à ceux qui poussent les gens vers les services sociaux. Ce sont des besoins de loisir avec toute leur ambiguïté : se divertir, s'initier à d'autres relations sociales.

La seconde déformation — et elle est assez fréquente dans le milieu enseignant, malgré cinquante ans d'éducation des adultes — c'est la déformation « scolaire ». Assimiler l'équipement socio-culturel à un équipement qui prolonge l'école paraît également dangereux. Le problème de l'équipement scolaire et de son plein emploi par les adultes

développement d'une culture populaire associée aux nouveaux genres d'habitat.

---

autant que par les enfants est très important, il est prioritaire même. Mais il correspond à certains besoins. Il relève de l'obligation scolaire et de ses prolongements, alors que l'équipement socio-culturel correspond à un volontariat. Les activités de divertissement, d'information ou de formation volontaires s'exercent dans le temps libre. Là, les comportements culturels sont en compétition permanente avec les comportements récréatifs. Il est donc important que l'équipement socio-culturel corresponde avant tout aux fonctions du loisir.

De plus, un équipement socio-culturel ne se contente pas d'attendre l'élève qui est obligé de venir sous peine de recevoir les gendarmes dans sa famille. Il y a une action à mener sur le milieu pour convaincre le milieu. Quels sont les besoins de la famille? Le mot est ambigu; tout d'abord, on ne peut pas confondre le besoin culturel et le besoin matériel. Ce dernier n'est pas à créer, ni à développer; en général, la demande est supérieure à l'offre. Mais les besoins culturels sont le plus souvent à créer ou à développer. Ce sont des exigences que la société forme pour les individus. Ici, l'offre est supérieure à la demande, même lorsque le public déclare désirer des services communs dans le domaine culturel. La sociologie du loisir peut prémunir contre l'illusion qu'il suffit de créer un équipement pour que le besoin de culture naisse. Des institutions se sont ouvertes et n'ont jamais été pleinement fréquentées : stades ou foyers de culture. Par conséquent, il est important que la sociologie mette en valeur l'ambiguïté permanente du loisir et des besoins qui y correspondent. Pour que le loisir puisse favoriser la participation d'un nombre croissant de familles à la vie culturelle et à la vie sociale l'animation socio-culturelle du milieu résidentiel a au moins autant d'importance que son aménagement matériel.

2

Loisir et culture

L'examen des relations de la vie professionnelle et familiale avec le loisir nous a conduit à aborder la question de la culture populaire. Il nous semble nécessaire de préciser à présent l'incidence du loisir sur ce problème. Dans une société fondée sur un principe démocratique et armée de puissantes techniques de diffusion, la participation des masses aux œuvres culturelles et l'élaboration d'œuvres adaptées aux besoins de ce nouveau et vaste public s'imposent. Cette participation et cette élaboration sont plus ou moins étendues, la qualité des œuvres diffusées ou créées est plus ou moins élevée, mais toutes les sociétés modernes, quels que soient leur idéologie dominante et leur niveau d'évolution technique, affrontent à leur manière ce problème[1].

C'est à tous les stades de son développement économique qu'une société industrielle et démocratique cherche le contenu et la forme de sa culture populaire. Dans les pays sous-développés, en voie d'industrialisation, lorsque priment la lutte contre la misère, la maladie et le fatalisme traditionnel, le développement d'une culture moderne dans les masses est fondamentale pour que celles-ci puissent prendre une part active à la transformation économique et sociale de leur propre vie (3).

Dans les pays évolués qui ont atteint le niveau de production et d'instruction de la plupart des nations d'Europe, le déve-

1. Dans une société capitaliste comme les U.S.A., la culture de masse *(mass culture)* même sous la forme vulgaire des « Kitsch » apparaît à de nombreux sociologues comme l'indice d'un vaste éveil esthétique dans des classes qui devaient jusque-là accepter ce qui leur était réservé et qui n'avaient pratiquement aucun accès à l'expression ou à la compréhension esthétique (1). Selon les dirigeants d'une société socialiste (l'U.R.S.S.) la culture n'est solide et susceptible d'un développement illimité sans à-coup que lorsque toute la masse de la population est intégrée dans l'édification culturelle (2).

loppement de la culture populaire conditionne la réduction de l'écart culturel entre le créateur et le public, entre le spécialiste et le profane, entre les classes instruites et les autres. Elle seule peut prolonger et modifier l'action de l'école, susciter des attitudes actives devant les propagandes simplistes ou les publicités sommaires, inciter les individus à une participation active à la vie sociale et culturelle. Sans elle, technocraties et oligarchies risqueraient de renforcer leurs pouvoirs.

Enfin, dans une société post-industrielle (4), la culture populaire s'impose encore davantage. Non seulement tous les problèmes sociaux évoqués précédemment se posent, mais d'autres s'y ajoutent; lorsque les besoins de nourriture, de vêtement, de logement, de confort, de distraction sont satisfaits pour les trois quarts de la population (5), l'élévation des aspirations culturelles des consommateurs est probablement la condition fondamentale pour éviter que la « société de l'abondance » n'entraîne l'homme dans un monde où les valeurs matérielles règnent seules. « Abondance for what? » demandent des sociologues comme Riesman. Un nombre croissant d'économistes leur font écho (6). Une publicité anarchique trop souvent orientée vers la satisfaction d'intérêts mercantiles ne devrait-elle pas être limitée, complétée et orientée par un mouvement puissant et permanent d'émancipation culturelle des masses? Telle est la question qui donne à la culture populaire une place centrale dans une société tournée vers la consommation. Ainsi, dans toutes les sociétés industrielles et démocratiques, la culture populaire apparaît comme une possibilité, une nécessité, une valeur.

Mais tous ceux qui cherchent à diffuser les œuvres dans la vie quotidienne de la population laborieuse relient rarement la diffusion de la culture au loisir des masses. Pourtant, dans la réalité, le problème des contenus du loisir conditionne et conditionnera de plus en plus celui de la culture vécue par une société de masse. Une brève analyse de cette relation souvent négligée ne sera pas inutile.

Depuis plus d'un siècle, on a souvent montré que l'accès des masses aux œuvres de la culture exige la diminution des heures de travail. La culture moderne, qu'elle soit technique, scientifique, artistique ou philosophique, ne peut s'acquérir ou se développer par la seule pratique des obligations quotidiennes. Elle suppose des activités d'acquisition et de création qui demandent du temps. Comme le temps d'école suffit de moins en moins pour acquérir les connaissances et les aptitudes nécessaires dans un monde de plus en plus complexe et qui change de plus en plus vite, un temps libéré des obligations professionnelles et autres est nécessaire. Cette condition nécessaire est néanmoins insuffisante. Nous avons vu que le loisir n'est pas seulement un temps libéré, un cadre temporel, un « espace de développement humain », il est un ensemble d'activités ambiguës, auxquelles sont liés des modèles et des valeurs qui déterminent dans une certaine mesure le contenu même de la culture populaire.

Pour l'homme qui travaille, toute activité de participation active à la vie culturelle, c'est-à-dire toute activité de création ou de compréhension d'une œuvre, de quelque nature qu'elle soit, est une activité de loisir. Elle entre donc en *concurrence permanente et directe* avec toutes les autres activités du loisir, en particulier avec toutes les formes du délassement et de la récréation. Dans la culture vécue par les masses, participer à un spectacle de théâtre, lire une œuvre littéraire, ou étudier un ouvrage de vulgarisation scientifique, sont des activités de loisir au même titre qu'une promenade, un bricolage, un jeu, une danse ou un voyage touristique. Ces activités ont les mêmes traits vécus. Aucune n'obéit à une obligation de base comme le travail ou l'éducation des enfants. Elles ne sont pas conçues d'abord pour rapporter de l'argent, mais pour donner du plaisir. Elles peuvent se substituer l'une à l'autre au gré de la situation, de la fantaisie. Même dans une société qui stimule au maximum l'effort de développement personnel, l'écart est probablement grand entre les intentions des propagandistes ou des éducateurs du peuple, et les attitudes réelles des citoyens. Ainsi, l'État soviétique fait un effort énorme pour diffuser les œuvres littéraires dans le peuple. Certains auteurs sont éliminés, mais un grand nombres d'œuvres de Hugo, de Balzac ou de Shakespeare sont diffusées à un nombre impressionnant d'exemplaires (7). Mais combien les lisent, et comment? Selon le journal satirique *le Crocodile*, l'usage des livres est très varié : beaucoup de gens les utilisent à s'instruire, mais d'autres s'en serviraient à d'autres fins : caler les pieds de table, allumer le feu, etc. C'est une boutade du *Crocodile*. Mais une statistique sur la distribution des biens culturels ne renseigne que très imparfaitement sur celle de l'utilisation de ces mêmes biens par la masse des usagers. Une des premières enquêtes sociologiques sur le loisir des soviétiques montre que 25 % du loisir est consacré à l'activité pure et simple, qu'une partie appréciable se passe à recevoir des invités et que malgré une politique éducative le loisir est loin d'être pour tous un moyen de développement culturel (8). Aux U.S.A., les effets du loisir sont encore plus complexes. Tous les sociologues constatent que dans un contexte où la liberté de choix est plus grande, mais où la pression des divertissements commerciaux de niveau médiocre est si puissante, seule une minorité de citoyens participent activement à la vie culturelle; c'est pourquoi la plus importante enquête en cours sur l'éducation des adultes a pris comme point central de la recherche, le loisir (9).

L'incidence du loisir sur la culture des masses ne se borne pas là. La culture *vécue* est en quelque sorte la manière dont une société ou un individu se comportent, c'est dans l'étude de ce processus que l'on retrouve les modèles, les représentations, les valeurs qui constituent les paliers du champ culturel. Ces paliers se rattachent aux types de connaissance pratique, technique, artistique ou philosophique. Leurs niveaux de qualité sont très variables. Ces types et ces niveaux seront plus ou moins développés, selon les individus, les classes, les sociétés. Toutes les activités de la vie quotidienne, réelles ou fictives, peuvent être la base d'une telle vie culturelle. Elles peuvent être le support d'un développement culturel. Mais parmi elles, les activités de loisir, croissantes, séduisantes, prestigieuses, exercent une pression particulière. Nous avons vu que près du quart des ouvriers de la ville d'Annecy sont centrés sur elles. Selon D. Riesman et H. Wilenski (10) dans une étape encore plus avancée de l'industrialisation le nombre de travailleurs centrés sur le loisir croîtra encore. Enfin si les dirigeants soviétiques font un si grand effort pour organiser les activités du temps libre et rattacher les intérêts du divertissement à ceux du travail n'est-ce pas parce qu'ils reconnaissent le pouvoir particulier du loisir dans la vie personnelle des gens, dans les voies les plus spontanées de la culture (11)? Deux récentes anthologies de sociologie américaine (12) distinguent loisir de masse et culture de masse au niveau des activités. Cette division qui s'explique par la confusion courante entre loisirs et distractions ne se justifie pas. Dans ces deux livres elle aboutit à des bizarreries. L'association culturelle est rangée dans le loisir de masse, et le jeu de cartes dans la culture de masse... Pourquoi? C'est qu'au niveau des activités il est impossible de trouver des critères simples de distinction. En réalité toutes les activités étudiées dans ces deux anthologies sont des activités de loisir; jouer aux cartes, ou fréquenter une société, lire un livre ou aller au cinéma. Chacune de ces activités de loisir a un contenu culturel, la culture populaire se confond en grande partie avec le contenu du loisir populaire : « Dis-moi quel est ton loisir, je te dirai quelle est ta culture. »

Enfin, il n'y a peut-être pas de problème plus difficile et aussi plus important dans la culture populaire que celui des *niveaux de qualité*. Nous rejetons l'opposition a priori actuellement dominante, entre la culture humaniste et la culture populaire. En fait, comme dit Shils, c'est le problème entier de « la culture dans une société de masse » qui se pose [1]. La culture vécue dans une telle société est un continuum de différents niveaux qui s'interpénètrent souvent les uns les autres, dans toutes les classes et tous les milieux. Aussi des sociologues de tendance marxiste ou libérale considèrent à juste titre la culture populaire comme une notion « à la fois humaniste et sociologique » (13). Elle permet de poser la question cruciale à nos yeux : quel est le degré de pénétration des œuvres anciennes et nouvelles dans les modèles culturels des masses? La culture en étendant son public n'est-elle pas menacée par un art facile, une science au rabais, une morale conformiste ou une philosophie simpliste qui peut se vendre ou se distribuer avec plus de facilité à un plus grand nombre? Ces craintes sont partagées par la plupart des sociologues américains qui analysent la « mass culture » (14).

Dans les pays socialistes, malgré l'effort systématique d'éducation d'un peuple, qui remplit les musées (15) (un habitant sur trois d'une ville polonaise va au musée) et qui assure aux chefs-d'œuvre littéraires des tirages énormes, l'art pour le peuple n'est-il pas souvent accompagné d'un abaissement du niveau artistique et littéraire de la production? Depuis 1956, cet abaissement a été souvent dénoncé par les congrès d'écrivains des pays socialistes.

En France, la lutte contre « une culture populaire au rabais » est un des thèmes permanents communs à tous les groupements d'éducation populaire. Ainsi malgré la diversité des contextes

---

1. Shils, *Mass Society and its culture*, in *Daedalus*, printemps 59.

sociaux et idéologiques, ce problème des niveaux de la culture des masses se pose partout. Si une solution concrète à ce problème peut être trouvée, c'est probablement dans les normes mêmes du loisir où il est réellement vécu.

C'est pourquoi dans une société donnée, pour connaître non pas les niveaux idéaux mais les niveaux réels et *possibles* de la culture populaire, il nous paraît important d'analyser d'abord le contenu réel et possible des principaux loisirs des masses. Voilà pourquoi nous avons choisi d'analyser le contenu de quelques loisirs [1]. Voici les activités que nous avons choisies et pour quelles raisons :

1. Parmi les migrations de loisir, nous avons retenu le voyage touristique. Il occupe une place privilégiée, il est une conquête sociale récente, encore inachevée. Son influence est grandissante. Il est en pleine expansion dans tous les milieux urbains. Il exprime avec force un besoin d'évasion.

2. Parmi les spectacles nous avons retenu le cinéma, parce qu'il est le véhicule de modèles culturels particulièrement prestigieux (vedettes, etc.) et la télévision parce qu'elle est probablement appelée à être, avec l'automobile, l'instrument le plus puissant du loisir.

3. Enfin nous avons cherché par comparaison quelle est l'étendue de la lecture des livres et l'objet de la libre curiosité intellectuelle dans les différents groupes sociaux d'une ville : les phénomènes d'autodidaxie spontanée dans le loisir des masses nous semblent être d'une grande importance pour l'avenir de la démocratie culturelle.

Nous livrons ces documents à la réflexion du lecteur. Des enquêtes sont en cours. Les plus importantes sont à peine commencées. C'est en explorant le contenu des activités de loisir des différents milieux sociaux que la partie la plus importante du contenu complexe de la culture populaire apparaîtra dans son unité et sa diversité réelle. De là une science de la culture des

---

1. Certes, ils ne couvrent pas les catégories majeures du loisir que nous avons provisoirement établies au nombre de sept pour une enquête française et une étude comparative européenne.

masses dans une société donnée sera peut-être possible. De là
pourront se dégager peu à peu les modèles de croissance culturelle, communs à l'ensemble de la population ou différents selon
les milieux, les classes et les groupes spécifiques qui la composent.

1

Loisir de fin d'année et culture touristique

Naissance du tourisme de masse.

Les activités de vacances sont peut-être les plus importantes des activités de loisir, par leur durée et la séduction qu'elles exercent. Certes, les vacances ne suppriment pas le semi-loisir ni les tâches domestiques, surtout pour la femme. Cependant les corvées sont simplifiées. De façon générale la détente, le dépaysement ou le libre épanouissement individuel et social peuvent être accomplis plus complètement que dans les autres périodes de loisir. La possibilité de voyage y joue un rôle particulier. Au temps où Stendhal inventait le mot même de touriste, ces migrations de vacances étaient réservées à quelques riches bourgeois, souvent anglais (hôtel des Anglais, promenade des Anglais...). Aujourd'hui elles tendent à devenir un phénomène de masse dont la croissance est rapide [1].

Ce tourisme de masse, devenu un fait social de première grandeur, pose des problèmes de plus en plus importants. Il n'est donc pas étonnant que les organisateurs de vacances les spécialistes des voyages, se soient tournés vers la recherche scientifique. L'empirisme individuel se sent désarmé pour résou-

1. En 1957, selon un sondage de l'I.N.S.E.E., il y avait 10 millions de Français qui avaient voyagé pendant les vacances (1). Aujourd'hui, ce chiffre doit largement dépasser 12 millions. Les dépenses correspondantes se sont élevées environ à six cents milliards, soit à peu près la somme que versent chaque année les salariés français au titre de l'impôt sur le revenu, ou celle que consacrent l'ensemble des Français à payer leur loyer et entretenir leur appartement.

dre avec efficacité et harmonie les problèmes d'adaptation de l'industrie du commerce et des associations aux besoins nouveaux des vacanciers.

Le loisir de vacances se rattache désormais aux grands problèmes économiques et humains, que posent les rapports de la ville et de la campagne, l'aménagement du territoire, la santé publique, la culture populaire, etc. Il n'est plus possible d'aborder sérieusement ces questions générales sans faire une place aux problèmes particuliers du tourisme de masse. Quels sont les premiers résultats de ia recherche et surtout quels sont les principaux problèmes qui se posent aujourd'hui en France dans ce secteur nouveau de la sociologie du loisir?

Les voyages d'agrément se sont développés en France avec la croissance des villes et l'extension du goût de la nature mis à la mode par le romantisme. L'essor véritable du tourisme de masse est encore plus récent. Comme nous l'avons déjà noté, 1936 est sa date légale de naissance; ce sont ces douze jours de congés payés imposés à toutes les entreprises et le billet de chemin de fer à tarif réduit qui ont fait naître le tourisme populaire [1].

On peut estimer qu'en une vingtaine d'années, le nombre de touristes a augmenté d'environ six fois.

Peut-on prévoir une extension continue du tourisme à ce même rythme? La réponse à cette question exige une étude des facteurs avec lesquels le tourisme est en relation directe.

En premier lieu les migrations de vacances sont liées au *degré d'urbanisation* d'un pays. L'enquête de l'I.N.S.E.E. [2] de 1957

1. En un an, de quelques centaines de mille, le nombre de touristes est passé à environ 2 millions (selon l'estimation des services de la S.N.C.F., 1937). Après une stagnation assez longue, une brusque expansion du tourisme populaire s'est produite vers 1950 avec l'élévation du niveau de vie. En 1951, 49 % des citadins étaient partis en vacances à peu près comme en 1946. En 1957, le chiffre correspondant est de 62 % (1). Entre les deux sondages, la durée légale du congé payé a été portée à trois semaines (1958).

2. C'est ainsi que le Centre national du tourisme a demandé à l'Institut de statistiques et d'études économiques de réaliser sur le sujet trois sondages nationaux depuis la Libération : 1949, 1950, 1957 (3). En 1958, dans le principal journal professionnel (*le Répertoire des voyages*),M. Sandro Sorbelli, directeur général de la Centrale internationale du tourisme, écrivait que pour lui, dirigeant et orga-

permet d'en prendre la mesure : ce sont les gens qui habitent les grandes villes qui partent le plus en vacances. Les habitants de l'agglomération parisienne, qui représentent 18 % de la population, assument 51 % des dépenses de vacances (1), 72 % des habitants de Paris ou de la région parisienne partent en vacances contre 62 % d'Angers, 56 % de Nantes, 55 % de Lyon, 48 % de Toulouse, 37 % de Lille. Certes malgré sa dimension une ville comme Marseille n'a que 31 % de ses habitants qui partent en vacances, mais, quoique les causes n'aient pas été étudiées, on peut au moins supposer que le soleil et la mer jouent quelque rôle dans cette situation... L'influence de l'entassement urbain sur le désir de partir en vacances est évidemment très forte, surtout dans les villes privées de soleil [1].

---

nisateur international, le marché touristique est un inconnu. Mais, déjà, les préoccupations de la recherche en ce domaine dépassent les études de marché (4). Vers cette même époque, nous fûmes sollicités avec R. Girod, pour préparer un projet d'Institut de recherche sociologique sur le tourisme (5). Par ailleurs, l'Association internationale d'experts du tourisme, sous la direction de M. Hunziker, a réalisé plusieurs travaux sérieux de réflexion et de documentation (6). Il est important de remarquer que son congrès de 1959 a mis pour la première fois au premier plan les problèmes de méthodes de recherches interdisciplinaires communes aux spécialistes de sciences sociales : géographes, économistes, psychologues, sociologues (7).

Sous l'impulsion de G. Deffert, une association française des experts du tourisme vient de se fonder dans cette perspective à la fin de 1959. Enfin des psycho-sociologues français ont abordé à leur tour ce domaine du tourisme : ainsi H. Raymond, à partir de la sociologie du transport aérien, a commencé l'étude des migrations de loisir et de leurs « utopies concrètes » (8). Nicole Faivre-Haumont réalise une série d'interviews sur les motivations des vacanciers du Club Méditerranée. La recherche psychologique et sociologique sur le loisir de fin d'année, les vacances et le tourisme est donc en France devenue d'une grande actualité.

1. Les migrations de loisir (de fin de journée, de fin de semaine ou de fin d'année) croissent avec le progrès de l'urbanisation et de la motorisation individuelle et collective des moyens de transports. Leur étude doit donc être dynamique comme son objet. La sociologie du tourisme a besoin d'être prévisionnelle. Les sondages sur l'état actuel des habitudes touristiques ne fournissent que des résultats limités. Ce qui est le plus important, c'est de rechercher dans quelles conditions, selon quels processus, quels rythmes se développent les migrations de vacances, afin de faciliter la connaissance de leur évolution probable dans l'avenir, à court terme ou à long terme. La sociologie des migrations de loisir est trop tendancielle pour pouvoir être une sociologie prévisionnelle. Des recherches sont à mener en relation avec

Il serait également intéressant de savoir si le voyage de vacances favorise l'adaptation à la vie des villes ou crée au contraire une inadaptation capable de provoquer une insatisfaction chronique ou un départ définitif; c'est un problème particulièrement important pour l'avenir de la décentralisation. Un autre fait mérite d'être signalé. M. Boyer a observé que dans un nombre croissant de cas, les touristes qui partent d'une ville de province se déplacent dans un rayon d'environ deux cents kilomètres autour de leur ville. Il faudrait peut-être mesurer le phénomène et orienter une politique d'équipements appropriés, de logements, de transports, de distractions. C'est un aspect souvent méconnu de l'expansion d'une région. Les syndicats d'initiative sont-ils orientés vers une recherche en ce sens? On a l'impression au contraire qu'ils sont tournés presque exclusivement vers les voyageurs venant de loin et particulièrement les étrangers.

D'autre part, ceux qui voyagent loin de leur région se dirigent presque tous vers les mêmes endroits, remplaçant l'entassement de la vie urbaine par l'entassement de la vie touristique au bord de la mer, dans des camps... Un tiers des séjours est localisé dans neuf départements et la moitié des nuitées touristiques de toute la France se situent dans dix départements : les Alpes-Maritimes, la Haute-Savoie, le Morbihan, le Puy-de-Dôme, le Var, les Basses-Pyrénées, la Savoie, l'Allier, l'Ille-et-Vilaine, les Côtes-du-Nord.

La mer connaît une vogue croissante : pour leurs séjours principaux en 1951, 45% des touristes avaient choisi la campagne, et 23 % la mer; en 1957, la tendance est renversée : 32 % ont choisi la campagne, et 35 % la mer; la montagne gardant le même nombre d'adeptes, faible : 15 %[1].

On connaît le succès de la Côte d'Azur. Saint-Tropez en est un curieux exemple : on y compte 360 chambres d'hôtel et environ

---

les historiens. J. Duchet, dans son essai sur le tourisme, fait remonter l'histoire de ce phénomène aux pèlerinages et aux croisades du neuvième siècle (9). Malgré certaines analogies secondaires, il ne nous semble pas que de tels déplacements puissent être rangés dans l'histoire des migrations de loisir. Nous préférons nous appuyer sur les hypothèses d'un historien du tourisme du Sud-Est, M. Boyer, qui fait remonter la « préhistoire » du tourisme vers 1815 et son histoire vers 1850 (10).

1. Les villes d'eau, les autres villes et les circuits ont conservé à peu près leur pourcentage : 10 % contre 2 %, 9 % contre 8 %, 7 % contre 8 %.

500 chambres meublées; or, selon les chiffres officiels, 20 000 personnes environ viennent y passer leurs vacances (11). Bref, l'exode urbain des vacances pose donc partout des problèmes humains étroitement liés aux problèmes économiques; la question du « désert français » se pose en termes nouveaux sous l'effet de ces migrations de loisir; les zones à touristes ont trouvé un essor nouveau. Mais elles sont mal préparées, les populations locales ne sont pas adaptées. Aucun effort sérieux d'information ou de formation n'a été faite pour elles (12). D'autre part, ces entassements humains soulèvent des problèmes de sécurité, d'hygiène, de relations sociales d'un type nouveau. Enfin, le sous-développement de certaines contrées pourrait être combattu efficacement si les projets d'expansion touristique, au lieu d'être orientés principalement vers les clients étrangers, faisaient une place aux besoins des citadins de différents types, en matière de loisir touristique. La sociologie urbaine devrait désormais étudier les conditions des migrations du loisir annuel entre le lieu de résidence et le lieu de vacances, comme elle étudie déjà les migrations quotidiennes entre l'entreprise et le domicile.

Cette réponse à l'urbanisation elle-même a été et demeure conditionnée par le développement des *moyens de transport*. On connaît les pointes spectaculaires du trafic de la S.N.C.F., les jours du grand départ des vacances de Noël, de Pâques et surtout du mois d'août... Le 1er et le 2 août 1959, 412 000 voyageurs partaient de six principales gares de Paris (13). Mais ce sont des données trompeuses. En réalité, sur l'ensemble du trafic (sans qu'il soit possible d'isoler la partie qui concerne les vacances), il n'y a pas eu accroissement du transport par voie ferrée, bien au contraire. En 1931, il y avait 773 millions de voyageurs transportés; en 1958, 553 millions. Nous savons que les « bons-dimanches » de Paris qui sont consacrés aux déplacements de loisir ont peu varié en nombre depuis 1938 [1].

Certes, le nombre total de voyageurs-kilomètres a dépassé depuis 1956 le niveau record d'avant-guerre, mais l'automobile

1. 2 373 038 en 1938, contre 2 408 234 en 1958 (13).

est le moyen de transport qui a, évidemment, le plus d'influence sur le tourisme [1].

En six ans, la proportion des touristes automobiles a *presque doublé* et la tendance par rapport au train est sur le point de se renverser. Le rythme de cette croissance continuera-t-il? Si l'on se réfère aux constatations opérées sur l'évolution des habitudes touristiques de pays dotés d'un meilleur équipement de voitures individuelles que le nôtre, il est permis de répondre par l'affirmative : aux U.S.A., c'est 85 % des migrations de vacances, qui se font en automobile, contre 13 % par le train (14). Dans les villes, un nombre croissant de personnes se procurent des voitures non pour les déplacements de travail, mais pour ceux du dimanche, des fêtes et des vacances. Les migrations de loisir sont souvent déterminantes des acquisitions d'une automobile et le courant général qui développe la motorisation des moyens de transports familiaux ne peut évidemment que développer les voyages. Le tourisme sédentaire diminue au profit du tourisme itinérant. La durée moyenne des séjours en hôtel baisse d'année en année.

Les entreprises touristiques tentent de s'adapter à ces nouveaux goûts des usagers; mais les implantations des hôtels, leur équipement, la formation du personnel posent des problèmes nouveaux, qui ne seront sérieusement résolus que lorsque des études sur l'évolution des besoins et sur les résultats obtenus par les entreprises novatrices seront faites. Ne pourrait-on pas par exemple expérimenter des hôtels à séjour limité qui seraient réservés aux itinérants? Enfin, on connaît par le nombre d'accidents spectaculaires les difficultés que soulève le gonflement subit de la circulation consécutif aux migrations du loisir de week-end ou de vacances. La répression des infractions au code de la route, alliée à la prévention routière se sont révélées d'une faible efficacité jusqu'à ce jour [2].

Il y a deux fois plus d'accidents en juillet et août qu'en janvier

1. « L'auto-boum » est saisissant : en 1951, 60 % des vacanciers ont utilisé les trains pour aller à leur lieu principal de séjour et 24 % l'auto. Fin 1957, 47 % ont encore utilisé le train, mais déjà 41 % l'auto.
2. En 1956, la route a fait plus de 200 000 blessés et a tué 8 783 personnes, dont 1 400 enfants. Ainsi 20 % de la mortalité infantile sont dus aux accidents de toute sorte, principalement sur les routes. Aux U.S.A., 37 % (15).

et février (environ 20 % contre 10 % du total de l'année) et un accident sur trois survient pendant le week-end. Les migrations de loisir sont donc les plus meurtrières. L'homme n'est pas préparé à ce nouvel aspect de la vie urbaine, qui est apparu brusquement en moins de dix ans. Les spécialistes de la prévention routière estiment que sur 100 accidents corporels, parmi les 250 causes relevées, 95 sont dus aux fautes de l'individu (15). Les gouvernements des Etats modernes semblent désarmés devant cette situation. Ils ont perfectionné leur système de contrôle statistique sur les routes, et pris des mesures contre les conducteurs en état d'ébriété, les mauvais pneus, etc., mais leur politique de répression ou de prévention reste insuffisante. Elle n'a jamais fait l'objet d'une véritable politique expérimentale à court terme et à long terme, avec des actions novatrices de grande envergure, dont les résultats seraient soumis à un contrôle scientifique. Jusqu'à ce jour, les essais en cours (du type « opération Annecy ») sont restés étrangers à une véritable recherche de sociologie active.

Enfin, d'autres facteurs plus généraux ont un grand rôle dans le développement du tourisme de masse; au premier rang se situe *l'élévation générale des niveaux de vie* [1]. Une forte minorité d'individus ne peut pas prendre de vacances, car elle n'en a pas les « moyens ». Il serait utile d'observer les effets de mesures sociales orientées vers l'extension du tourisme dans les milieux des faibles revenus : l'épargne-vacances, primes de vacances, voyages collectifs, octroi d'un double salaire par obligation légale, comme en Belgique. Quelles sont celles qui sont réellement efficaces? Le progrès du tourisme populaire est soumis tout d'abord à des mesures économiques. Il y a aussi des obstacles d'ordre psychologique. Nous avons vu que le retard des ruraux dans ce domaine (19 % partent en vacances en 1957) ne s'explique pas seulement par les servitudes matérielles; le plus important,

1. En 1951, 52 % de ceux qui ne partaient pas incriminaient le coût trop élevé des voyages. En 1957, c'était 41 %. L'influence du revenu, quoique en régression, reste sensible. La variation du taux de départ par catégories socio-professionnelles correspond à peu près aux différences de revenus : 82 % des industriels et gros commerçants prennent des vacances, contre 59 % chez les artisans. A l'intérieur de la catégorie des ouvriers, 70 % des contremaîtres partent, contre 61 % d'ouvriers qualifiés, 57 % chez les ouvriers spécialisés et 23 % chez les manœuvres. (1957).

c'est que la majorité des raisons actuelles invoquées par ceux qui ne partent pas en vacances n'est plus d'ordre économique, mais d'ordre personnel : santé, goût, raisons diverses (51 %). Aux U.S.A., où le niveau de vie est plus haut qu'en France, un sondage national de 1955 montrait qu'en moyenne 65,5 % seulement de gens ayant un revenu supérieur à 5 000 dollars et seulement 54 % de l'ensemble de la nation partait en vacances (14). Il serait intéressant que la recherche psycho-sociologique mette en lumière l'évolution des motivations concernant les vacances selon les classes, les groupes et les individus. Ainsi, il faut confronter les facteurs économiques avec les facteurs culturels et psychologiques, sous peine de commettre de graves erreurs de prévision.

Saison de travail, saison de vacances.

Une autre série de problèmes particuliers commande l'avenir du tourisme, ce sont ceux de la répartition des départs dans l'année. On connaît l'attraction du mois d'août. Elle s'exerce sur plus de la moitié des Français qui partent en vacances.

Les inconvénients de cette attraction sont nombreux : sous-emploi de l'équipement touristique au cours de l'année de travail et son insuffisance au cours de la saison, montée anormale des prix, surenchères, spéculations, qui profitent aux riches et accroissent l'inégalité sociale devant les vacances : développement de nouveaux phénomènes de ségrégation sur le territoire de vacances comparables à ceux des banlieues ouvrières dans les agglomérations. Ceux qu'on appelle les « congés payés » sont mis à part et considérés comme des touristes mineurs. La circulation devient difficile, sinon impossible, les accidents se multiplient. Des gangs d'un type nouveau, adaptés aux concentrations de touristes, apparaissent, etc. Là encore, les problèmes économiques ne sont pas séparables des problèmes humains...

Comment évolue cette tendance à la concentration [1] qui sou-

1. Séjours principaux de vacances hors domicile : juillet : 8 %, août : 51 %, septembre : 8 %, vacances scolaires : 8 %, hors saison : 10 %.

lève tant de difficultés? Contrairement à ce que l'on croit, elle est non pas en augmentation, mais en diminution. De 1951 à 1957, les séjours principaux hors-saison sont passés de 6 à 10 % et les séjours autres que les séjours principaux concernaient en cette même année 16 % des touristes français. Ce changement est dû pour une bonne part à l'augmentation du nombre de gens qui fractionnent leurs vacances (en général en deux fois). En 1951, 1 adulte sur 25 avait ce privilège. En 1957, c'était 1 adulte sur 10. Cette évolution tient principalement au progrès rapide des vacances d'hiver : pour les saisons 57-58, leur accroissement par rapport à l'année précédente, est estimé par les spécialistes entre 13 et 15 % (16). Avant 1914, le ski ne comptait que quelques milliers d'amateurs, aujourd'hui, les amateurs actifs dépassent largement le million (16). En 56-57, on a compté 225 000 touristes français adultes dans les hôtels homologués des stations d'hiver. Mais, selon les estimations des professionnels, le nombre de ces touristes s'est élevé à environ 400 000 pour l'ensemble des logements des stations. Il est probable que l'accroissement du niveau de vie et le développement de l'information du public accroîtront le besoin de ce genre de vacances. Aux États-Unis, 30 % des touristes prennent leurs vacances en deux fois, en particulier pendant l'hiver (14). Des organisations collectives comme le Club Méditerranée, Tourisme et Travail, ou l'Union nationale des camps de montagne ont déjà réussi à abaisser dans des proportions importantes le prix de telles vacances (souvent du simple ou double). L'U.N.C.M. offre aux jeunes un logement, des moniteurs de ski, une ambiance. Le nombre d'usagers de l'U.N.C.M. a augmenté de six fois entre 1945 et 1958. Mais en 1958, malgré 13 960 participants, il y a eu trois fois plus de demandes que de places (17). Les mêmes remarques pourraient s'appliquer au développement des classes de neige. Elles sont actuellement au nombre de 151 : la demande est sans commune mesure avec l'offre actuelle. Ici, le problème est d'abord économique. L'équivalent du camping n'a pas encore été trouvé pour les vacances d'hiver. Les investissements nécessaires sont évidemment d'une tout autre dimension que pour les camps d'été. On peut également se demander si la construction et l'aménagement des hôtels ne restent pas prisonniers d'une conception du tourisme d'hiver inaccessible à la nouvelle clientèle potentielle. Il serait temps que des sociologues associés à des économistes prospectent ces besoins latents et proposent des formules hardiment expérimentales à la fois au secteur commercial et non commercial pour satisfaire cette nouvelle vague de touristes. Cette tendance au fractionnement des vacances, quoique importante, reste encore faible. Il n'est pas sûr qu'elle puisse conduire spontanément à la solution des difficultés posées par la grande concentration des départs et des séjours du mois d'août. La propagande pour l'étalement des congés auprès des individus n'a pas obtenu jusqu'à ce jour de grands résultats : cet étalement met en cause de nombreux facteurs économiques et sociologiques qui dépassent les individus. Dans 48 % des cas, la période de vacances est réglée par les entreprises (1). L'harmonisation des vacances professionnelles et des vacances scolaires n'a jamais été sérieusement abordée! L'étalement des congés pose tout le problème de l'intégration de ces migrations de loisir annuel dans le rythme d'une année de travail pour les adultes et pour les enfants. Les problèmes économiques et humains du loisir de vacances sont inséparables des problèmes généraux que posent l'expansion de la production, l'humanisation du travail industriel et l'aménagement rationnel du travail scolaire. C'est à ce niveau que des recherches fondamentales devraient être entreprises pour connaître le rythme optimum des alternances entre les temps de travail et les temps de vacances pour la société, pour la famille et pour les individus [1].

Enfin, l'extension du tourisme, particulièrement dans les milieux populaires, se heurte au problème de l'hébergement. Selon M. Hunziker, c'est « le point crucial du tourisme social » (6). La France reçoit chaque année plus de 4 millions de voyageurs étrangers, « bons clients », touristes pour la plupart (18). Mais la brusque montée du nombre de touristes français a posé le problème de l'hébergement en termes neufs. Est-ce l'hôtel qui désormais est le plus important? On a souvent dit que la plupart des hôtels français n'étaient pas toujours aptes à satisfaire la clientèle de luxe, surtout étrangère, habituée aux hôtels de style anglais, mais qu'ils étaient encore moins bien équipés pour répondre aux besoins nouveaux du tourisme de masse. Alors beaucoup d'hôtels ferment. La main-d'œuvre employée

1. Notons cependant que pendant l'été 1960, sur l'initiative du commissariat au Plan quelques grands constructeurs d'automobiles ont donné congé à leur personnel de huit jours en huit jours.

en pleine saison par l'industrie hôtelière est estimée à 500 000.
Pourtant, en 1957, seulement 23 % des touristes français ont
utilisé un hôtel. Il faut tenir compte de la croissance des voyages
à l'étranger où les hôtels sont utilisés dans 59 % des cas; mais
si l'on s'en tient aux touristes qui ont voyagé en France, seulement 17 % ont utilisé des hôtels ou pensions de famille. Un
grave problème d'adaptation des hôtels aux goûts de la clientèle
vacancière se pose. On constate une demande croissante de
logements individuels : villa, maison, chambres chez l'habitant.
L'État favorise l'aménagement de chambres chez les paysans,
c'est pour eux une source supplémentaire de revenu. C'est pour
le touriste l'assurance d'une tranquillité en « milieu naturel ».
9 % en 1951 et 16 % des Français en 1957 ont utilisé cette formule.
Mais il n'y a encore que 2 750 gîtes ruraux ou logis de France,
et les maisons familiales rurales qui prévoient des services communs pour aider la mère de famille, ne sont que 400.

Enfin, comme nous l'avons vu plus haut [1], une formule d'hébergement est en pleine croissance depuis 1945, c'est le logement
sous tente. 9 % des Français qui passent leurs vacances en France
l'utilisent (contre 6 % en 1951). On compte environ 2 000 terrains
de camping et une centaine de villages de toile : parmi les plus
importants figurent ceux du Touring Club, du Club Méditerranée,
des grandes entreprises comme l'E.D.F. (19). Pourquoi ce succès
du camping? La raison économique a joué un rôle important,
mais non exclusif. D'après le sondage de 1957, on trouve autant
de patrons d'industrie et du commerce que d'ouvriers dans
cette catégorie de touristes. Il serait donc intéressant de mieux
connaître les motivations de cette sorte de vacanciers (contact
direct, air, nature, plaisir de la vie de camp, rupture avec le confort
quotidien?) et utile d'étudier également les conditions nécessaires
pour préserver le campeur d'un nouvel entassement et assurer
à chaque tente un espace minimum... Enfin, l'organisation de
la sécurité des campeurs individuels pose des problèmes difficiles. Le retour à la nature peut se payer très cher. Le crime
de Lurs a été à l'origine d'une grande inquiétude chez les campeurs; il a fait aussi la fortune des camps.

Le moyen d'hébergement de très loin le plus populaire reste
la maison des parents ou des amis (41 % pour l'ensemble des

1. Cf. p. 69.

touristes et 43 % pour ceux qui ont passé leurs vacances en France). Certes, la raison économique doit jouer un rôle important dans ce phénomène : de 1951 à 1957, l'élévation du niveau de vie a été accompagnée par un abaissement du taux de cette catégorie qui était alors de 51 %. Cependant, dans chaque catégorie sociale, riche ou pauvre, ce genre de touristes familiaux varie du tiers aux deux tiers du total[1]. Il est probable que le loisir de vacances est l'occasion d'un resserrement de liens familiaux. Un nombre important de touristes va en vacances dans la famille, un nombre encore plus grand, la presque totalité, prend ses vacances en famille. Là se pose la question des vacances de l'enfant. En France, depuis 1936, on a assisté à un effort croissant en faveur des colonies de vacances auxquelles participent environ 1 100 000 enfants : les colonies de vacances représentent la plus grande entreprise non commerciale du tourisme collectif. Faut-il favoriser les vacances des enfants en dehors de la famille ou au contraire favoriser les vacances familiales, comme s'efforcent de le faire les maisons familiales rurales? Faut-il alterner? Quel est le désir des gens? Les maisons familiales soutenues par les associations familiales sont, comme nous l'avons vu, très peu nombreuses (quatre cents), mais elles sont débordées par les demandes. Elles sont en pleine expansion. Il serait utile de rechercher à la fois du point de vue de la cohésion familiale et de l'épanouissement des enfants et des parents quel serait l'équilibre optimum entre des vacances séparées et des vacances en commun, selon des types de famille et les divers milieux sociaux. De façon plus générale, le problème du logement et de la vie du groupe familial en vacances devrait être confronté avec celui du logement et de la vie du groupe familial pendant le reste de l'année. Nous avons vu que toutes les fonctions de la famille étaient en régression depuis un siècle, sauf la fonction récréative. Les vacances entrent dans cette fonction et elles peuvent être une occasion de resserrement des liens familiaux. Cependant, des sociologues étrangers comme M. Littunen (20), ont entrepris des études intéressantes sur la fatigue du groupe familial et la nécessité de la dissocier pendant le temps de vacances pour lui redonner une force nouvelle. Toute une série de pro-

1. Aux États-Unis, cette catégorie représente encore 45 % de l'ensemble des vacanciers qui ont un revenu supérieur à cinq mille dollars (15).

blèmes humains se pose donc à partir du logement de vacances.
Ils peuvent être éclairés par la sociologie de la famille tout en
la rénovant.

Culture nouvelle?

Les activités de vacances posent des problèmes encore plus
complexes que l'habitat de vacances. Ces activités mettent en
cause une hygiène, une éthique, une culture, dont les effets
heureux ou malheureux pour l'individu ou la société peuvent
être profonds et durables dans la vie de tous les jours. Ces activités peuvent répondre à des besoins très différents. En 1947,
l'I.F.O.P. a demandé un échantillon national : que comptez-
vous faire pendant vos vacances? La réponse première est le
repos. — « Me détendre. — Jouir d'un air sain. — Bien manger
et bien dormir. — Faire la sieste. — Jouir de la vue des sites. »
Cette réponse l'emporte de très loin sur toutes les autres : elle
a été faite par 55 % des individus. Ces touristes sont peu itinérants.
Ils sont volontiers sédentaires. Ils fuient la pression de la foule,
l'agitation et le bruit des grandes agglomérations, « dans un
petit trou pas cher ». C'est à eux que les gîtes ruraux conviennent
particulièrement [1].

Mais combien de vacanciers supportent longtemps le repos,
sans tomber dans l'ennui? Combien de touristes savent donner
à la relaxation la part qui devrait lui revenir après une année
fatigante de vie urbaine et professionnelle? Le repos de vacances
est désormais un facteur important de la santé publique, de
l'hygiène physique et mentale des sociétés modernes. On peut
se demander quels sont les paysages, les implantations, les
installations, les activités qui sont les plus aptes à provoquer le
repos sans l'ennui. Les vacances devraient être considérées d'abord
comme un vaste moyen de prévention et de traitement contre
les « agressions » qu'exercent sur l'homme le bruit, l'agitation,
les tensions, les soucis de la société moderne.

1. Ces 2 000 gîtes ruraux représentent un peu plus de 10 000 lits.
La plupart sont dans les fermes.

Une politique liée à une information systématique du public pourrait être élaborée à partir d'une recherche où sociologues et psychologues coopéreraient avec des médecins. D'autres vacanciers, surtout parmi les jeunes, cherchent avant tout, non pas le repos, mais l'évasion; ils rêvent de se dorer au soleil de Capri, de chasser devant les neiges du Kilimandjaro, de danser au carnaval de Rio ou de vivre d'amour à Tahiti. Les uns recherchent « la vie de château », où l'on est servi comme un roi, d'autres la vie de sauvage où toute contrainte serait abolie. D'autres enfin songent au pays des merveilles, où chacun peut être Alice ou Iseult la blonde, Aladin ou Tristan, Don Juan ou le Prince charmant. La publicité touristique, avec des procédés souvent élémentaires, stimule abondamment ce désir d'évasion. Mais elle ne le crée pas, ce besoin est vieux comme le monde. A travers ces thèmes de la publicité touristique, il serait possible de retrouver sous une forme atténuée ou dégradée tous les grands rythmes qui ont excité depuis toujours l'imagination des peuples et des poètes. La situation de vacances est une situation particulière, une « utopie concrète », comme dit Raymond (8). Chacun agit dans un monde réel, mais en même temps chacun peut se projeter ou s'identifier dans une situation qui reste pendant l'année dans le domaine du rêve. L'étude du contenu des films comme *Dernières Vacances* ou *Dimanche d'août* pourrait fournir une analyse pertinente de ce processus. Cette situation de vacances est-elle créatrice d'une authentique poésie de formes, de lignes, de couleurs, de sensations, de sentiments inconnus dans la routine quotidienne, ou au contraire est-elle occasion de falsification, de dégradation ou de perversion des goûts, des attitudes, des idées?

Dans quelle mesure les activités de vacances sont-elles perçues comme des jeux sans lendemain ou bien comme des activités sérieuses qui modifient de façon durable la personnalité? L'influence des différents modes de vie sur les vacances et celle de différents types de vacances sur la vie quotidienne devraient faire l'objet de recherches.

Enfin, pour certains, les vacances fournissent le temps privilégié d'une libre culture du corps ou de l'esprit, que l'année de travail rend presque impossible faute de larges périodes de temps libre. L'immense diversité des dadas, des violons d'Ingres, des recherches d'amateurs, si répandues dans notre époque « standardisée », peut être mieux satisfaite pendant la période de vacances que dans le courant de l'année. C'est ainsi que les passionnés de théâtre fréquentent les festivals dont le nombre approche chaque année la trentaine. L'été, dans différentes villes de France, les amateurs d'art hantent les musées et les expositions; les spectacles « Son et Lumière » mettent en valeur les monuments surtout à l'intention des touristes.

On connaît la vogue des camps de vacances où se rassemblent les amateurs de volley-ball ou d'escalade. Les stages d'été où des amateurs d'art, de musique ou de théâtre viennent se perfectionner ne sont pas assez nombreux pour satisfaire la demande. De ce point de vue, l'extension croissante des camps de vacances à thème culturel dans un pays comme l'Angleterre ou les U.S.A., mériterait une étude particulière. Dans ce domaine, la France pourrait prendre des initiatives de vacances pour les amateurs de toutes sortes qui recherchent la compagnie de ceux qui ont la même passion qu'eux. Ce genre de maison ou de camp de vacances occupe encore une faible place dans l'ensemble des institutions du tourisme de notre pays.

Il faut souligner qu'en tout cas le tourisme de vacances stimule toutes sortes de curiosités. Mais comment sont-elles satisfaites? En se dépaysant, le voyageur est souvent désireux de « connaître du pays »; Varagnac a montré que les vacances étaient une occasion privilégiée pour les contacts et les échanges entre citadins et ruraux (21). Il peut s'ensuivre une interpénétration des informations et des formations, mais aussi un renforcement de l'incompréhension et de l'hostilité réciproques. Les migrations de vacances permettent aux Français d'une région de connaître ceux d'une autre région. Certaines initiatives pour développer la connaissance de la France, surtout chez les jeunes, ont été particulièrement efficaces : visites, interviews, participation à la vie des gens... D'autres au contraire (et elles sont les plus nombreuses) ne présentent que des images conventionnelles de chaque région, des spécialités, des coutumes, des costumes ou des danses folkloriques, fabriqués pour les seuls touristes[1].

Enfin, le voyage de vacances peut susciter la connaissance réciproque de gens qui appartiennent à des nations différentes,

1. Cf. les recherches de H. Raymond sur le tourisme comme système d'images.

contacts souvent insuffisants pour donner lieu à un véritable
échange, et auxquels il faut une préparation. L'ignorance des
coutumes étrangères peut provoquer des effets négatifs dans
ces rencontres, comme l'ont montré les recherches sur le rôle
des échanges dans la compréhension internationale, faites par
O. Klineberg et ses collaborateurs (22) [1]. On dit que les vacances
permettent aux classes sociales de se côtoyer dans le même
hôtel, dans le même camp. Certains pensent que le fait de se
retrouver dans les tenues les plus simples diminue les barrières
sociales. Le rapprochement des conditions peut être réel; est-il
durable? Les quelques études que nous avons faites sur le sujet
semblent répondre par la négative. Enfin, une nouvelle ségrégation sociale se produit, souvent plus accentuée que dans la
vie de tous les jours, à cause des dépenses de prestige, de l'exercice des activités à la mode qui soulignent davantage les différences et les oppositions de milieux sociaux. Il est probable que
le tourisme peut faire accéder les masses à une culture nouvelle.
Mais quel est le contenu de cette culture? Quel est son effet
durable sur les normes et les idées de la vie quotidienne? Ces
questions susciteront des réponses aléatoires et contradictoires
tant que la recherche sur les relations du loisir et de la culture
populaire ne sera pas plus avancée.

---

1. Plus de 4 millions de touristes étrangers viennent en France et
environ 1 300 000 Français de toutes conditions ont voyagé à l'étranger
en 1957 : 21 % de membres de carrières libérales, 19 % de patrons,
11 % de cadres moyens, 9 % d'employés et 9 % d'ouvriers (1).

2

Les fonctions du loisir et la participation au cinéma

Ambiguïté des choix du public.

L'examen des attitudes du public à l'égard du cinéma nous conduira aux mêmes conclusions. En France, le public du cinéma a déjà fait l'objet de nombreux bilans statistiques, dont les principaux ont été récemment rassemblés en un volume par J. Durand (1). Ils nous apprennent que l'industrie du cinéma n'a pas, comme l'ont dit parfois des journalistes, l'importance de l'industrie automobile ou pétrolière... En France, elle vient au soixante-seizième rang des industries nationales (aux U.S.A., au quarante-cinquième rang). On apprend de même que la France, malgré René Clair, Renoir, Malle, Resnais, a une fréquence moyenne de participation au cinéma qui ne dépasse pas huit séances annuelles par habitant, ce qui la place au vingtième rang dans le monde [1].

En ce qui concerne le film, les enquêtes nous révèlent que les querelles entre pessimistes et optimistes sur le goût du public sont bien vaines. Les goûts du public sont fondamentalement

1. Loin derrière Israël (38), le Costa-Rica (30), l'Angleterre (29) et les U.S.A. (22); au même rang que la Norvège, la Tchécoslovaquie, Chypre; nous savons encore qu'en 1954, 65 % des Français ont été au cinéma (30 % parmi eux y sont allés une fois et plus par mois), que c'est à partir de vingt-cinq ans que la fréquentation diminue progressivement jusqu'à la vieillesse. Si l'on met à part les économiquement faibles, on peut affirmer que les milieux populaires vont plus souvent au cinéma que les milieux bourgeois, les femmes, contrairement à ce que certains pourraient penser, y allant moins que les hommes.

ambigus. Ils sont cependant en progrès incontestable par rapport
à l'avant-guerre. Aujourd'hui, les plus fortes recettes vont en
général aux films les plus connus, à ces 10 % de la production
dont la critique parle en termes élogieux. Mais les suffrages ne
vont pas automatiquement ni aux meilleurs, ni aux plus mauvais
de ces 10 %, et ils se portent parfois ailleurs. En 1954 (2), les
meilleures recettes ont été au *Salaire de la peur*, ensuite *Porte des
Lilas* voisine avec *Si Versailles m'était conté*, *Gervaise* avec
Napoléon. Pour les films étrangers, *Sissi* bat tous les records,
mais *la Strada* et *Tant qu'il y aura des hommes* ne sont pas loin.
L'énoncé de ces seuls titres témoigne de l'ambiguïté des choix.

Toutes ces informations économiques ou sociologiques appor-
tées par les enquêtes donnent une base objective à la réflexion
sur le cinéma. Il serait également intéressant de connaître expérimentalement à quelles attitudes [1] se rattachent ces choix souvent
différents ou contradictoires. Quelles sont leurs structures?
Comment varient ces attitudes selon les sociétés, les classes, les
groupes ou pour le même individu? Dans quelles conditions et
selon quels processus évoluent les types d'attitudes, les niveaux
d'aspiration? C'est probablement en pensant au caractère trop
partiel, formel ou statique de l'actuelle sociologie empirique et
au caractère trop métaphysique de l'actuelle sociologie théorique
du cinéma, qu'un expert de l'UNESCO, W.-D. Wall, pouvait
écrire pour le Congrès international de filmologie de 1955 (3) :
« Une bibliographie récente donne un peu plus de 600 titres
d'ouvrages, conférences et articles traitant de l'influence du
cinéma. Néanmoins, nous sommes aussi loin encore d'une
compréhension exhaustive de la psychologie du spectateur et
de la production cinématographique que d'une sociologie du
cinéma. »

En attendant les heureux résultats du mariage de la plus
subtile théorie avec le plus rigoureux dispositif expérimental,
nous nous contenterons d'apporter quelques informations
empiriques sur le loisir cinématographique, tel qu'il est vécu.
Pour le créateur, l'informateur ou l'éducateur, il est important
de connaître quels sont les différents niveaux culturels des usagers

1. Selon Allport « une attitude est une disposition mentale et nerveuse organisée par l'expérience et qui exerce une influence directrice
ou dynamique sur la conduite de l'individu par rapport à tous les
objets et à toutes les situations avec lesquels il est en liaison ».

du loisir cinématographique. Il pourra ainsi mesurer l'écart entre les niveaux observés et les niveaux espérés par ceux qui s'efforcent de développer la culture cinématographique des publics. Nous étudierons ce cinéma vécu à partir d'une étude des motivations (pourquoi allez-vous au cinéma?) et d'une étude des modèles idéaux (qu'attendez-vous d'un bon film?) faites auprès des chefs de famille de la ville d'Annecy. Il convient de souligner les limites de ce type d'enquêtes : nous savons en effet qu'elles ne saisissent que les motivations conscientes, que les normes morales sont valorisées dans les réponses et que toutes ces réponses peuvent et doivent être interprétées à la lumière des théories de l'aliénation et de la frustration. De plus, les résultats auxquels nous nous référons sont partiels [1]. Néanmoins, ne disposant d'aucune autre source française pour traiter ce problème du cinéma vécu, nous avons pensé que ce premier aperçu n'était pas inutile.

Libération? Évasion? Information?

Dans la ville d'Annecy, la fréquentation du cinéma correspond à peu près à la moyenne française des villes; environ 75 % des habitants vont au cinéma au moins une fois de temps en temps, dont un tiers une fois ou plus par mois [2].

A. — Pour motiver cette fréquentation, les raisons invoquées par les spectateurs sont d'abord négatives : ils cherchent *une libération*. Le cinéma n'est qu'un moyen de rompre la monotonie, le train-train, d'oublier la « grisaille », de « se changer les idées ». Le spectateur de cinéma ne se sent même pas lié par l'horaire du film; un ingénieur avoue préférer le cinéma

1. Depuis la rédaction de ce chapitre (1959) pour la revue de sociologie de l'Institut Solvay, les résultats de l'étude différentielle des réactions des Annéciens, selon les catégories sociales, ont été dépouillés et déjà partiellement exploités par notre collaboratrice Aline Ripert pour un article « Un certain public » paru dans *Esprit* (juillet 1960).
2. Ceux qui y vont le moins sont les ouvriers, les chefs d'entreprise et surtout les artisans (56 % de ces derniers n'y vont jamais ou très rarement) ceux qui y vont le plus sont les cadres et les professions libérales.

au théâtre, « moins par goût que parce que le cinéma donne davantage de possibilités, parce qu'on peut y aller même quand le film est commencé. » Environ 13 % des réponses expriment ce genre de raisons.

Cette activité libératoire n'est pas vécue comme un rêve étranger à la vie quotidienne. Au contraire, elle entre en compétition permanente avec les obligations. Les plus citées sont les obligations familiales : « Je vais très rarement au cinéma. On ne peut pas sortir à cause des enfants et je n'y vais pas seul », dit un ouvrier. D'autres, par contre, vont au cinéma, non pour voir un film, mais pour accompagner leur femme : « Je vais au cinéma quand ma femme m'emmène, sinon ça ne m'intéresse pas beaucoup. » Les pressions exercées par les obligations familiales peuvent souvent conduire au rejet de toute participation cinématographique. « Le cinéma? Moi, je pense à mon nouvel appartement et aux meubles que je ferai », nous dit un des Annéciens qui ne vont pas au cinéma. Le cinéma peut même être perçu comme une opposition inadmissible aux obligations familiales : « Je ne suis plus retourné au cinéma depuis la mort de ma femme. »

Le cinéma n'est pas en concurrence avec les seules obligations familiales, mais également avec les autres loisirs. Nous avons trouvé des individus exclusifs dans le choix de leurs activités de loisir. « Je ne vais pas au cinéma, je ne joue qu'aux boules, on y est tranquille », dit un ouvrier de vingt-neuf ans. « Depuis qu'il est acharné à la pêche, il ne va plus au cinéma », explique la femme d'un employé de trente ans. « J'aime mieux faire du sport qu'être spectateur de cinéma », déclare un actif petit commerçant de vingt-huit ans. A l'inverse le cinéma peut être préféré à d'autres activités, comme le théâtre, par exemple, avec lequel les comparaisons abondent dans tous les milieux sociaux, plus souvent au profit du premier que du second. « Le cinéma est moins difficile à déchiffrer... », ou encore : « J'aime mieux le cinéma le mouvement est plus réaliste. Au théâtre, il faut suivre avec plus d'attention », ou enfin : « Je préfère le cinéma, on ne peut pas dire que c'est plus vivant, mais ça va plus vite », dit un ouvrier de quarante ans, ainsi qu'à peu près dans les mêmes termes une boulangère de quarante-huit ans.

B. — Ce n'est pas seulement une libération, c'est aussi un

passe-temps qu'attendent nos citadins de la participation au spectacle cinématographique. Cette attente est multiple, diverse comme les fonctions mêmes des activités de loisir. Tout le monde ne se rend pas dans une salle de cinéma comme dans une cathédrale. Pour 23 % d'individus, le cinéma est un simple passe-temps dont la signification est probablement assez proche des autres passe-temps. « J'y vais, dit un technicien de trente ans, quand je n'ai rien à faire le dimanche, pour passer le temps. » Cette détente élémentaire apportera une satisfaction qui exclut tout effort de compréhension ou de réflexion : « C'est pour moi une simple distraction, je n'aime pas les films trop compliqués... », déclare un ouvrier de vingt-sept ans, et un employé : « Il ne me reste rien des films que j'aime, je ne les regarde que pour me distraire. » Cette satisfaction pourrait prendre parfois l'aspect du sommeil, si les films n'apportaient pas du mouvement. Nous avons rencontré ainsi cette appréciation particulière de *Guerre et Paix*, par un ouvrier de trente-cinq ans : « J'ai bien aimé *Guerre et Paix*, j'aime le film où il y a du mouvement. Si le film n'est pas mouvementé, je m'endors. »

C. — Le plus grand nombre des individus interrogés (40 %) recherche dans le cinéma une *vie imaginaire*. Ceux-là donnent un sens plus précis, plus riche à leur participation au spectacle cinématographique. Ils cherchent dans le cinéma le plaisir des situations imaginaires. Ils aspirent à ressentir des émotions et à éprouver des sentiments. Le cinéma met à la portée de tous des possibilités de projection et d'identification. Chacun a le pouvoir de « visualiser des rêves ». Chacun peut être celui qu'il croit être, celui qu'il n'ose pas être, celui qu'il désire ou veut être; le cinéma permet à chacun de satisfaire ce « double » qui fait partie de sa réalité semi-imaginaire. On retrouve dans notre enquête les thèmes de l'amour, de l'érotisme, du luxe, de la bagarre, de l'aventure ou du rire. Mais ce qui frappe, c'est que les suffrages les plus nombreux, un sur cinq, vont aux films gais. *Les Vacances de M. Hulot* sont souvent citées; la vedette la plus évoquée n'est ni Brigitte Bardot, ni même Gabin, mais Fernandel. « Je ne vais pas voir des films tristes, la vie est assez triste comme ça »; ou encore : « Au cinéma, j'attends de rire, parce qu'on n'a pas souvent l'occasion de rire », dit un artisan. « J'ai une prédilection pour les films drôles, très drôles », dit un commerçant; les cadres et les intellectuels, eux, apprécient surtout Charlot. Ce que Lefebvre appelle l'image inverse de la vie quotidienne est celle qui semble la plus recherchée par ce public.

D. — La fonction du spectacle cinématographique n'est pas uniquement distractive. Environ 24 % des réponses établissent que pour leurs auteurs le cinéma est d'abord un moyen *d'information* : « s'informer », « s'instruire », « réfléchir » à des problèmes. « J'aime ce qui est vécu, ce qui est vrai » dit un ouvrier de vingt-cinq ans. « Je ne me souviens que des documentaires ou des actualités, la fiction ne m'intéresse pas », dit un employé de cinquante ans. « J'aime des documentaires, comme *le Monde du silence* », dit un jeune ouvrier. Pour ceux-là, en somme, grâce au cinéma, la réalité dépasse la fiction.

Qu'attendez-vous d'un bon film?

Nous mesurons déjà mieux combien la participation cinématographique relève de motivations variées. Pour compléter et approfondir notre analyse, en nous plaçant à un tout autre point de vue, nous avons cherché à saisir des modèles idéaux qui peuvent guider le spectateur dans son appréciation d'un bon film. La question, quoique s'adressant à l'œuvre de fiction en général, nous a en fait donné surtout des renseignements sur le cinéma. Ce sont ceux-là que nous présentons [1]. Un petit nombre de spectateurs (12 %) souhaitent que l'œuvre projetée soit « belle », qu'elle soit bien interprétée. Avant tout, c'est la vulgarité qui gâte leur satisfaction cinématographique. « Le plus difficile à trouver, dit cet employé de trente-cinq ans, c'est un film amusant qui vous fasse rire sans être vulgaire. » Il aime Charlot et le Fernandel d'*Angèle*. « Je veux du sentiment, de l'art, de la beauté, j'ai horreur de la vulgarité », dit cette employée de trente ans, qui a beaucoup aimé *le Salaire de la peur*. L'artifice est aussi rejeté que la vulgarité. « Je n'aime pas les sentiments ou les situations trop conventionnelles et artificielles » (un ouvrier

1. Le total des % est 95. — 5 % des réponses ne concernaient pas notre sujet.

de trente-neuf ans). Enfin, pour ce public, l'interprète recouvre
le plus souvent le personnage du héros ou de l'héroïne du scénario.
« Je ne me souviens que de *Gervaise* que Maria Schell jouait à la
perfection. »

D'autres (18 %) réclament avant tout du cinéma une image
« vraie » de la vie, insistant sur la réalité, l'objectivité, le réalisme
de l'œuvre. A l'appui de ces thèses, viennent les exemples les
plus divers; en ce qui concerne les films documentaires : « Je
ne me souviens que des documentaires ou des actualités au
cinéma, la fiction ne m'intéresse pas. J'aime l'étude de la réalité »
(un employé de cinquante ans); pour les films biographiques :
« J'aime ce qui est vécu, ce qui est vrai », dit cet ouvrier de
quarante-cinq ans, qui a aimé *Moulin rouge*, parce qu'il évoque
la vie de Toulouse-Lautrec; les films sociaux : ce commerçant
de soixante ans aime les choses vécues, d'actualité, comme *le
Voile bleu;* les films sportifs : cet ouvrier de vingt-neuf ans :
« Je n'aime pas beaucoup le cinéma, sinon les documentaires
sur le sport »; enfin, les films-reportages : « Ce que nous recher-
chons, c'est ce qui nous instruit, notamment des reportages à
l'étranger... ou les films qui peuvent nous montrer la vie compli-
quée des différentes couches sociales et qu'il y a partout des gens
honnêtes et propres », déclare un ouvrier.

Cependant, la majorité des réponses (65 %) met l'accent non
sur la qualité de la forme, ou sur la fidélité au réel, mais sur
l'*intérêt* du contenu (thème ou sujet) traité par le film. Sur ce
point, les résultats de l'enquête sur les qualités de l'œuvre idéale
recoupent à peu près les résultats du sondage précédent. L'œuvre
comique vient en tête, à égalité avec la somme des réponses
relatives à la bagarre, l'action et l'aventure (ensemble, 15 %).
Les thèmes de l'amour et du sentiment viennent ensuite. Par
contre, il nous paraît important de souligner que près d'un
quart des réponses attend de l'œuvre qu'elle évoque une image
ennoblie de la vie. Si elle est réaliste, on la souhaite « pas trop
noire »; si elle est réelle, on la souhaite « morale ». Elle doit
avoir un sens social, humain. La majorité des exemples révèle
un besoin de s'identifier avec un héros fort et généreux. Tel
employé dit : « J'ai aimé *les Feux de la rampe*, j'ai trouvé dans
ce film un courage magnifique. » Si cet ouvrier de vingt-neuf ans
a aimé *la Bataille du rail*, par-dessus tout, « c'est parce que l'on
voit des gens qui se sacrifient ». Les souvenirs qui restent le plus

souvent en mémoire sont des souvenirs généreux d'exploits de hauts faits. « Je me souviens d'une scène du film *les Héros sont fatigués*, où les deux aviateurs sont face à face... » Les scènes les plus citées sont les morceaux de bravoure des *Misérables* et de *Notre-Dame de Paris*.

Ce besoin de grandeur peut prendre bien des formes : « Napoléon m'a emballé parce qu'il avait de l'ambition... », dit un employé de vingt-six ans. « J'ai de grandes satisfactions dans le triomphe de la volonté de l'homme dans les conflits qui l'opposent aux autres hommes », dit cet employé de trente-sept ans. Pierre Fresnay est admiré dans ses rôles : « C'est un homme qui fait face. » De même le Dr Schweitzer dans sa vie « pour le travail qu'il fait en Afrique noire ». « C'est une forte personnalité généreuse », dit un employé de vingt-cinq ans. On pourrait multiplier les exemples, ils convergent tous vers l'exaltation du « double héroïque » qui sommeille dans un grand nombre de spectateurs.

Que conclure provisoirement de cette investigation sur les motivations et sur les modèles ? Elle fait apparaître que les significations du cinéma vécues par le public ont la diversité des fonctions du loisir et l'ambiguïté de leur contenu. Il ne suffit pas d'affirmer que le cinéma appartient à la vie quotidienne de notre temps. Il faut étudier la participation cinématographique à la lumière d'une problématique du loisir et des obligations.

L'influence du cinéma doit être analysée dans ses relations avec l'ensemble des loisirs et des devoirs familiaux et sociaux. E. Morin insiste avec raison sur la différence entre la réalité et l'image de la réalité (4). Le cinéma, c'est toujours le charme de l'image. Mais l'image de quoi ? Les images de Meliès et celles de Lumière ont peut-être les mêmes traits formels, mais elles diffèrent fondamentalement du point de vue du *contenu*. Morin souligne également à juste titre l'importance de l'homme imaginaire et du double, mais des différences fondamentales séparent l'identification à Scarface ou à Pasteur, à Don Juan ou au Dr Schweitzer, même lorsqu'un même individu s'identifie tour à tour à des héros différents ou opposés. Enfin de notre point de vue, il n'est pas possible de confondre dans une analyse formelle ceux qui attachent une importance première à l'art cinématographique et ceux qui sont indifférents à la vulgarité et à l'artifice. Il ne s'agit pas de défendre ici ni une morale, ni une esthétique, mais d'insister sur la diversité des fonctions concrètes du loisir cinématographique et sur la nécessité de distinguer les différents niveaux culturels de la participation du public.

Les recherches filmologiques ont donné lieu à l'élaboration de théories philosophiques, morales, esthétiques, psychologiques ou sociologiques. Après Balzac, Edgar Morin nous propose une brillante synthèse dans un essai d'anthropologie sociologique (4). Il montre comment plus que l'avion, « c'est le film qui s'est élancé, toujours plus haut, vers un ciel de rêve, vers l'infini des étoiles des « stars » — baigné de musiques, peuplé d'adorables et de démoniaques présences, échappant au terre à terre, dont il devait être, selon toute apparence le serviteur et le miroir. » Il met l'accent sur le charme de l'image et son pouvoir magique, sur l'analogie de l'attitude cinématographique avec le « rêve éveillé ». Il analyse de façon pénétrante les mécanismes formels de projection et d'identification liés au type de participation du spectateur. Enfin, il rapproche hardiment cette forme moderne de participation, du système de participations propres aux sociétés archaïques. Bref, il insiste sur tous les aspects de l' « homme imaginaire » que met en lumière le cinéma. Mais il montre également les travaux de ceux qui, au contraire, ont souligné la rationalité du film. « Sous le langage du film apparaissent les lois et les rythmes de l'idéation (Zazzo), l'éloquence du discours (Cohen-Séat), un système logique (Francastel), le mouvement même de la pensée conceptuelle (Bergson). Il tente d'élaborer la synthèse des idées sur la rationalité ou la magie. Toutes ces théories ont incontestablement enrichi la connaissance non seulement du cinéma, mais de l'homme. Les analyses anthropologiques donnent un fondement doctrinal aux connaissances intuitives de la critique cinématographique lancée il y a trente ans par Moussinac et développée avec finesse par des critiques comme A. Bazin (5). D'ores et déjà, l'anthropologie exerce ou peut exercer dans la critique cinématographique un rôle peu assumé encore dans la critique littéraire [1]. Cependant, si l'on souhaite, à partir de la sociologie du cinéma, atteindre

1. Bastide R., « Sociologie et littérature comparée » in *Cahiers internationaux de sociologie*, P.U.F. 1954.

une meilleure compréhension des différentes fonctions du cinéma vécu et des différents niveaux de la culture cinématographique vécue dans les masses, on peut se demander si ses analyses actuelles sont bien adaptées à notre objet.

Malgré les exhortations des créateurs, des critiques et des éducateurs, la sociologie du cinéma, au moins en France, n'a pas encore réussi à dégager des critères de classification des contenus et des formes cinématographiques. Quels sont les critères de la qualité dans les différents milieux? Cette question a un intérêt théorique et pratique de première importance. Les analyses du spectacle cinématographique, pour intéressantes qu'elles soient, ne fournissent que des hypothèses trop générales pour une étude empirique des rapports entre une œuvre cinématographique et un public. Comment identifier les différents niveaux de culture cinématographique? Comment cette culture cinématographique s'intègre-t-elle dans la culture générale? Comment se différencie cette intégration selon les âges, les sexes, les classes, etc.? Dans quels sens varie-t-elle en fonction des différences de contenu et de condition de réception? La réponse à ces questions exigerait d'abord que, sans abandonner son effort remarquable de pensée théorique, la sociologie du cinéma se soucie davantage de vérifier la nature exacte de cette pensée au niveau des attitudes des spectateurs eux-mêmes. Pour mieux connaître les conditions du progrès de la culture cinématographique dans les masses, il s'agit de substituer une sociologie dynamique et expérimentale des attitudes actives à la sociologie statique et analytique des attitudes moyennes. Dans le faisceau complexe des réactions produites par la situation socio-culturelle, comment se pose pour chaque société, chaque catégorie sociale, chaque individu, le problème de l'extension de ces attitudes? Par rapport à ces dernières, comment mesurer les différences, les décalages, les déséquilibres entre les niveaux de culture qui caractérisent les attitudes moyennes dans les divers groupes? Enfin, comment observer expérimentalement les changements incidents ou provoqués de nature à faire progresser les attitudes actives du public par l'action des œuvres, des leaders et des groupes? De notre point de vue, ce seraient les questions les plus importantes à poser.

3

Télévision et loisir

De nombreux intellectuels jugent la télévision comme le cinéma, en la séparant des normes du loisir dans lequel elle s'insère. Ils analysent le contenu des émissions du point de vue d'une conception absolue de la Culture avec un grand C. Lorsqu'on cherche les fondements de cette conception plus ou moins explicite, on les trouve dans le système de valeurs et de connaissances qui est dispensé à une élite pendant le temps des études universitaires. Par rapport à cette « haute culture », le contenu de la télévision apparaît mineur (6). Dans cette perspective, toute culture de divertissement se voit attribuer un caractère plus ou moins « décadent ». Huizinga a déjà critiqué ce point de vue. Dès 1930, il accusait la culture universitaire d'origine gréco-hébraïco-latine d'être restée étrangère aux valeurs du jeu (7). Plus récemment, Léo Lowenthal, s'élevant contre la distinction entre « haute culture » et culture populaire (8), remarquait que le premier problème à poser était celui de l'intégration du divertissement dans la culture tout court. Bien avant l'avènement de la « culture de masse », le divertissement a été revendiqué par d'authentiques représentants de la culture. Au lendemain de la Renaissance, Montaigne défendait l'évasion contre certains tenants de la culture engagée du moyen âge. Voltaire exaltait le divertissement que Pascal condamnait comme un obstacle à la vie spirituelle. Enfin, au milieu du xixe siècle, des écrivains opposaient aux excès d'un art humanitaire une doctrine de l'art pour l'art conçue pour le seul plaisir de l'artiste. Toutes ces critiques prennent une force nouvelle dans une civilisation où les masses accèdent à une forme de nouvelle culture par le loisir. Nous devons donc nous méfier de ce point de vue équivoque de la « haute culture » sur la télévision; il est utile par l'exigence dont il témoigne. Il est contestable par le système de valeurs qu'il suppose; il reste extérieur aux conditions mêmes dans lesquelles s'élabore la culture populaire.

Nous étudierons la télévision en tant que phénomène de loisir qui tend à être commun à toutes les classes, toutes les catégories sociales [1]. Pour tous, l'assistance à la télévision est une occupation du temps libre, ce qui détermine pour une large part ce que le public attend du contenu même des émissions. Mais cette attente est complexe, à la fois désir d'évasion et de participation, divertissement et adaptation, information et formation désintéressée. Elle est dominée par des modèles et des valeurs qui permettent de comprendre et d'apprécier le contenu de la culture télévisée, d'étudier ses différences, ses contradictions et les moyens dont elle dispose pour les dépasser. Nous examinerons en quoi consiste l'assistance à la télévision, quelles sont les réactions du public à son contenu, quels sont ses effets sur les autres loisirs; enfin, les données françaises que nous utilisons étant très limitées, nous soulèverons en terminant les problèmes les plus importants que nous n'avons pas encore le moyen de traiter.

Les renseignements que nous pouvons donner proviennent de plusieurs sources et les résultats obtenus sont partiels. Les sources elle-mêmes dont la recherche dispose actuellement (mai 1960) en France, sont contestables par de nombreux aspects. Les seuls renseignements disponibles en ce moment dans notre pays proviennent du sondage pratiqué par la R.T.F. durant le premier semestre de 1959. Ce sondage a été opéré par trois voies différentes; questionnaires écrits, enquêtes à domicile et appels téléphoniques. Pendant ce laps de temps, 700 interviews ont eu lieu à domicile, 13 700 appels téléphoniques ont été enregistrés et 9 000 questionnaires ont été envoyés par la poste. 3 000 questionnaires remplis ont été retournés à la R.T.F. Ce sont les résultats du dépouillement des questionnaires que nous avons utilisés [2].

1. Depuis que nous avons écrit ce livre, il est paru deux très bonnes recherches de H. Himmelweit et W. Schramm (1959 et 1961) sur la télévision et les enfants. Ces études ont une portée très générale et s'appliquent au phénomène que nous analysons ici (18).
2. Nous remercions vivement M. Oulif, directeur du service des relations avec le public de la R.T.F., de nous avoir fourni les documents qui nous ont permis l'analyse ci-dessous.

Par précaution, nous n'avons retenu parmi eux que ceux qui étaient *recoupés* par les résultats des deux autres sources. Nous comparerons les données obtenues par ce sondage à celles d'un sondage national de la R.T.F. fait en 1957 et en 1955, ainsi qu'à celles que nous avons pu recueillir en 1954 dans 15 villages de l'Aisne (9). Il s'agit d'une expérience un peu différente, puisque la population de ces communes avait créé des télé-clubs ; la réception des émissions était collective et non plus familiale, la majorité des téléspectateurs étaient des petits exploitants agricoles. Nous n'avions aucun moyen de faire une étude différentielle sérieuse de ces résultats. En général, nous nous sommes bornés à mettre en lumière les réactions *les plus répandues dans tous les publics.*

Voici la composition socio-professionnelle approximative de notre échantillon. Selon la direction du service des relations avec le public de la R.T.F., elle correspondrait à peu près aux catégories actuelles des propriétaires de postes de T.V.

Cadres supérieurs	2 %
Professions libérales, industrie	16 %
Cadres moyens	11 %
Artisans et petits commerçants	24 %
Ouvriers	9 %
Agriculteurs et ouvriers agricoles	4 %
Salariés retraités	9 %
Femmes sans profession	9 %
Non identifiés	16 %
	100 %

Les questions posées par la R.T.F. en 1959 portaient sur les différentes émissions qui composent une semaine de programme à la télévision française. Le tableau ci-dessous indique le volume horaire alloué à ces émissions et donne une indication de la répartition des programmes à cette période.

On peut voir que le temps hebdomadaire d'émission atteint à peu près 53 heures. La durée hebdomadaire des émissions est beaucoup plus élevée aux États-Unis [1]. Néanmoins, on peut

1. Cf. Ev. Sullerot : *La Télévision aux États-Unis et en Grande-Bretagne,* Bulletin du CEGMAS N° 1, 1960.

noter que la France dispense 15 heures 30 d'émissions distractives, ce qui représente 29 % de l'ensemble des programmes, alors que les émissions correspondantes aux États-Unis représentent selon les émetteurs, de 60 à 75 % des programmes (10).

CONTENU DES PROGRAMMES
D'UNE SEMAINE DE TÉLÉVISION FRANÇAISE

1. Émissions pour les enfants	6 h		11,5 %
— *T.V. scolaire*	(*2 h*)		
— *T.V. distractive*	(*4 h*)		
2. Émissions pratiques	1 h		2 %
— *Cuisine, magazine féminin*			
3. Jeux	2 h		4 %
4. Divertissement	15 h 30		29 %
— *Variétés (cirque, chansons, petite comédie)*	*(10 h)*		
— *Feuilleton*	(*2 h*)		
— *Reportages sportifs, catch*	(*3 h 30*)		
5. Présentation d'œuvre	7 h 45		15 %
— *Film*	(*2 h*)		
— *Théâtre*	(*3 h*)		
— *Musique classique, moderne*	(*1 h*)		
— *Arts et Lettres*	(*1 h 45*)		
6. Informations	15 h 30		29 %
— *Journal Paris-club*	*(13 h 30)*		
— *Magazine de l'information*	(*2 h*)		
7. Reportages et documentaires	2 h 30	*(2 h)*	6 %
— *Interviews et débats*	(*0 h 30*)		
8. Émissions religieuses	2 h		4 %
TOTAL	53 h environ		100 %

Les réactions du public à ces émissions ont été mesurées à l'aide de deux critères : d'une part le volume de l'assistance à l'émission, et d'autre part l'indice de satisfaction. Celui-ci est calculé à partir de la note donnée à l'émission par les spectateurs eux-mêmes et du nombre de ceux qui la donnent. En deçà de 35, l'émission est jugée mauvaise, entre 35 et 50, elle est considérée comme médiocre, de 50 à 65, on la trouve bonne, de 65 à 80, très bonne, et au-delà de 80, elle est très appréciée et jugée excellente (11).

Durée de l'assistance.

Il est couramment admis que la télévision est tyrannique et que le temps de réception est trop élevé dans la plupart des cas. Cette affirmation est-elle fondée ou non? Les enquêtes entreprises sur ce sujet aux États-Unis ne donnent pas toutes les mêmes résultats. D'après R. Meyersohn, le citoyen américain regarde en moyenne 18 heures par semaine son récepteur (12). Ce chiffre est évidemment très élevé, mais d'autres affirment que ce même individu peut rester 4 ou 5 heures par jour devant son poste (12). En France, la majorité des individus regardent la télévision *16 heures* par semaine, c'est-à-dire en moyenne un peu plus de 2 heures par jour

Signalons à ce propos que le temps hebdomadaire qui n'est pas consacré au travail ou au sommeil s'élève d'après les estimations à 60 heures et rappelons que le temps de loisir représente, pour la majorité du public des villes, à peu près 25 heures. Si l'on s'en tient à ces chiffres, la durée d'assistance aux programmes télévisés semble, même en France, relativement élevée.

Cependant, si l'on compare la situation américaine à la situation française, on pourrait se demander si le téléspectateur ne se sent pas défavorisé. Ne trouverait-il pas le temps d'émission trop court? A la question suivante : « souhaiteriez-vous que les heures de télévision soient plus nombreuses? » 80 % du public s'est montré satisfait, alors que 18 % seulement les ont jugées insuffisantes.

D'autre part, la durée de l'assistance semble diminuer quand on possède un récepteur depuis longtemps. Un tiers des Français qui possédaient un appareil depuis 1955 ont déclaré en 1957 qu'ils regardaient moins les programmes. La moitié du public regardait autant. Aux U.S.A., Léo Bogart note les mêmes tendances, en constatant que pour une partie des spectateurs, la durée de l'assistance diminue. Mais cette affirmation d'ordre général n'a qu'un intérêt limité. Les résultats d'enquête soulignent de grandes différences dans la durée de l'assistance, selon les différents publics. Aux U.S.A., Bogart souligne que la durée de la réception varie surtout selon le degré d'instruction. Cette réception varie de 1 heure 20 à 8 heures par jour.

Un des arguments souvent retenus pour prouver la tyrannie de la télévision est le trouble qu'elle apporterait dans les habitudes du sommeil et des repas. Il est vrai que beaucoup de gens, en France comme aux États-Unis, reconnaissent se coucher plus tard depuis qu'il possèdent un appareil de télévision. Les résultats de l'enquête française effectuée en 1959, indiquent cependant que 60 à 80 % du public est couché à 22 heures 30.

Que se passe-t-il à l'heure des repas? Entre midi et une heure et demie, le pourcentage de spectateurs ne dépasse pas 30 % du public. Le soir, il semble que les gens, dans la majorité des cas, dînent avant de regarder la télévision, et à vingt heures, le pourcentage des spectateurs passe brusquement de 40 à 75 % et dès vingt heures trente à 85 %.

Dans le même ordre d'idées, on dit que la télévision a des effets restrictifs sur les sorties dominicales. Le dimanche matin, il est vrai que les émissions sont essentiellement religieuses. L'audience s'élève à peine au tiers du public. Mais le dimanche après-midi, où les émissions sont conçues pour tout le monde, la participation des spectateurs, variable selon les saisons, est de 30 % du public en hiver, 20 % en été (en dehors de la période de vacances).

Tous ces résultats ne tiennent pas compte d'un facteur très important : celui de la continuité ou de la discontinuité dans l'assistance : celle-ci peut être continue ou intermittente, et ses variations évoluent selon les publics ou les émissions. Autrement dit, la durée de l'assistance que nous venons d'étudier ne rend pas compte du genre de l'assistance. Les attitudes différentes que l'on peut dénombrer devant un même programme traduisent assez la complexité du problème. Ainsi, la télévision peut être considérée comme un support à la conversation ou une activité d'accompagnement ou bien encore comme un fond sonore. Par exemple, les résultats de certaines enquêtes conduites en Grande-Bretagne montrent que nombre de femmes tricotent ou cousent en regardant la télévision (13). Les heures de réception effective ne coïncident probablement pas souvent avec le nombre d'heures pendant lequel le poste reste allumé. Dans le calcul des heures de réception, il faudrait donc introduire une étude différentielle des genres de réception correspondant à des attitudes différentes.

Réactions au contenu des émissions.

Il est couramment admis que le contenu des émissions télévisées tend essentiellement à favoriser le divertissement du
public. La devise de la R.T.F., « divertir, informer, instruire »,
fait apparaître des buts plus ambitieux : compte tenu de cet
objectif, quelles sont les réactions du public aux différentes
émissions répondant à ce programme?

Divertissement.

Les variétés couvrent environ un tiers des heures de programme
et ce sont les émissions préférées. Ce choix préférentiel est marqué
aussi bien dans les réactions au sondage national entrepris par
la R.T.F. que dans l'échantillon prélevé dans les télé-clubs
ruraux. Les pièces de théâtre ont cependant autant de succès
que les émissions de variété. L'appréciation des émissions,
calculée d'après l'indice de satisfaction, semble prouver une
grande sensibilité dans ces goûts. En 1957, *Music-hall parade*,
présenté par Gilles Margaritis, était suivi par 94 % des téléspectateurs et l'indice de satisfaction était excellent (92). En 1959,
l'audience était légèrement plus faible : 91 % des téléspectateurs
et un indice de satisfaction très bon (78). *36 chandelles*, la grande
émission de variétés, animée par Jean Nohain, était régulièrement
suivie en 1957 par 99 % des téléspectateurs avec un indice de satisfaction excellent (80). Deux ans plus tard, en 1959, l'émission avait
changé de titre, mais très peu varié dans son contenu. Elle n'était
suivie que par 78 % du public, avec un indice de satisfaction bon
(56). Peut-on attribuer ces légères différences de « consommation »
à une évolution dans les goûts ou à une éventuelle saturation à
l'égard d'une émission devenue trop familière, aussi bonne et
aussi bien rodée soit-elle? Question importante, mais à laquelle la
fragilité des données existantes ne permet pas encore de répondre.

Dans le même domaine, les jeux comme *Télé-Match* ou *Gros Lot* étaient et sont suivis par un public variant de 80 à 90 %, avec un indice de satisfaction bon ou très bon de 40 à 70.

Les reportages sportifs sont également très appréciés. Étant donné le succès remporté, par exemple, par la retransmission de certains grands matches, on peut se demander si le public ne souhaiterait pas voir davantage de reportages sportifs annoncés dans les programmes. Il semble que pour une large majorité (70 % du public) de téléspectateurs, le nombre d'heures réservé aux événements sportifs soit suffisant, 17 % seulement en voudraient davantage, 13 % en souhaiteraient moins. Ces résultats montrent que la masse de notre public est satisfaite des émissions sportives qu'on lui propose, sans pour autant désirer que les reportages sportifs éliminent d'autres émissions. Il faut néanmoins souligner un fait important : la télévision a rempli un rôle de révélateur dans le domaine sportif : nombre de spectateurs, d'intellectuels, d'écrivains, comme François Mauriac, ont découvert, par le truchement de la télévision, l'intérêt de la compétition sportive.

Réactions à la présentation des œuvres.

Tous les spectacles de cinéma ou de théâtre, toutes les expositions ne sont évidemment pas des chefs-d'œuvre. Néanmoins, la R.T.F. fait un effort pour mettre le public en contact avec les grandes œuvres.

Pour beaucoup de téléspectateurs, la télévision est avant tout le cinéma à domicile. Cette hypothèse a été largement confirmée au cours de l'enquête effectuée dans les milieux ruraux de l'Aisne. Ce public a nettement préféré les bons films aux films de qualité moyenne ou même médiocre, et l'on est frappé des titres de films auxquels vont leurs préférences : *la Bataille du rail, le Rendez-vous de juillet, Manon, Jour de fête, la Symphonie pastorale*, etc.

Le documentaire qui est si fréquemment sacrifié dans une salle de cinéma commercial, est au contraire une des vedettes de la télévision. Les résultats de l'enquête nationale effectuée par la R.T.F., en 1957, sont à cet égard très intéressants : le film n'occupe que le sixième rang dans les préférences du public; 27 % du public préfèrent les variétés; 27 % également les pièces de théâtre; 10 % les émissions scientifiques et les émissions sportives; 7 % les conférences ou débats; 5 % les documentaires et 3 % seulement les grands films.

Une des raisons du peu d'enthousiasme manifesté pour le film tient au fait que la télévision ne passe que des films vieux d'au moins cinq ans et, si leur valeur est toujours la même, le désir de les connaître peut s'être émoussé avec le temps. Par contre, la possibilité de prise de contact avec des reporters, des explorateurs, des conférenciers est tout à fait nouvelle et constitue un des aspects positifs de la télévision qui a su familiariser le public avec un genre quasi inconnu de lui.

D'après les résultats de ce sondage, le théâtre prend la toute première place. A ce sujet, un phénomène assez curieux s'est dégagé de l'enquête faite en milieu rural : le théâtre prend davantage de valeur à mesure que le téléspectateur possède son poste depuis longtemps. Si dans un premier temps, la télévision représente le cinéma à domicile, dans un second temps on l'identifie volontiers au théâtre. La réaction du public français aux pièces de théâtre est particulièrement vive : lorsque les pièces sont jugées mauvaises, les réactions au courrier des téléspectateurs sont relativement plus nombreuses et plus vives que pour la plupart des autres genres d'émission.

Les réponses données à une autre question ont fait nettement apparaître la préférence marquée du public pour les pièces de théâtre. Les services de la R.T.F. ont cherché à connaître les souhaits du public en matière de programme pour la soirée du samedi : 2 % seulement des spectateurs se sont déclarés indifférents, 4 % ont demandé des reportages, 17 % des variétés, 27 % un film et 35 % une pièce de théâtre. Les représentations théâtrales retransmises à la télévision sont bien évidemment de nature très différentes : le public apprécie-t-il les pièces communément qualifiées de « faciles » ou au contraire les pièces « difficiles »? Le public rural que nous avons interrogé a nettement choisi les pièces difficiles. Il a classé en 1954, par ordre de préférence : *Volpone, l'Annonce faite à Marie et Liliom;* un sondage national de la même période confirme ce jugement du public. D'autres appréciations sur des pièces plus faciles sont également excellentes.

Il est difficile de conclure. La récente présentation d'*Andromaque* a cependant été un succès si l'on en juge par l'inhabituel courrier enthousiaste envoyé à la R.T.F. ainsi que par le résultat du sondage national au hasard, par téléphone et par enquêteur à domicile effectué le jour même et le lendemain.

Information.

Le journal télévisé au premier chef répond au souci qu'a la télévision d'informer. Si une minorité de téléspectateurs accuse le journal télévisé de n'être pas assez objectif, 88 à 96 % des téléspectateurs, selon les régions, suivent les bulletins d'information régulièrement avec un indice de satisfaction bon ou très bon (61 à 74). En milieu rural, on regrettait même que les débats à la Chambre des députés ne soient pas télévisés.

Les reportages sur des sujets d'actualité ou des thèmes sociaux sont également très appréciés aussi bien par le public rural que dans les réponses faites aux questions posées par la R.T.F. 73 % du public a manifesté sa satisfaction à la suite des reportages organisés aux Usines Renault et à l'aérodrome d'Orly. A l'heure actuelle, *Cinq colonnes à la une*, émission mensuelle sur un certain nombre de sujets d'actualité, remporte également un vif succès. *Nuit et Brouillard*, le remarquable film d'Alain Resnais, sur les camps de concentration bien que projeté à une heure tardive (23 h 15), après le journal télévisé, a été vu par 36 % du public, ce qui constitue pour ce genre d'émissions un chiffre exceptionnel.

Les reportages d'émission sur les pays lointains, de *Voyage sans passeport*, sont non seulement appréciés, mais réclamés. En 1954, 67 % des téléspectateurs de l'échantillon national voulaient voir davantage d'émissions de cette nature.

Les documentaires, souvent montés à partir de sélection de bandes différentes, et qui tentent de traiter un sujet ou de traduire une idée comme *la Vie des animaux* ont un public fidèle. Dans les milieux ruraux, cette émission est aussi estimée que les grands films de fiction. Les résultats des enquêtes nationales confirment cette approbation générale.

Instruction.

La ligne de démarcation entre l'information et l'instruction est le plus souvent difficile à tracer; la diffusion des connaissances se fait plus ou moins facilement, mais certains domaines favorisent cette forme de communication. Ainsi les connaissances géographiques sont très recherchées et *le Magazine de l'explorateur* bénéficie d'une grande participation du public. Tout en divertissant, il informe et il instruit.

Il faut noter également l'accueil très favorable réservé aux émissions scientifiques d'Étienne Lalou. *Sciences d'aujourd'hui* tente d'initier le public aux différents problèmes posés par la physique, la chimie, la géologie, la biologie, etc. En 1959, celles-ci étaient suivies selon les régions par 57 % (Sud-Est), à 84 % du public avec un indice de satisfaction très bon (62 à 74). A l'inverse des reportages sportifs, le public souhaiterait voir davantage d'émissions de ce genre. En effet, en 1959 11 % seulement du public étaient mécontents de ces émissions et souhaitaient en voir moins, 50 % étaient satisfaits et désiraient maintenir le statu quo, 37 % étaient désireux d'en voir davantage.

En ce qui concerne l'initiation à la musique et à la littérature, les résultats consistent en quelques indications qui ne permettent aucune conclusion. L'émission musicale hebdomadaire *les Grands Interprètes* n'est suivie que par 30 % de téléspectateurs avec un indice de satisfaction bon (55). Mais cette émission passe en fin de programme, c'est-à-dire tard dans la soirée et un grand nombre de téléspectateurs sont déjà couchés. Par contre, le mardi 28 avril, 80 % du public a suivi le concert donné par le grand orchestre de la R.T.F. et lui ont attribué un indice de satisfaction excellent (82). Quant à l'initiation littéraire, elle se fait surtout par *Lectures pour tous,* émission centrée non pas sur l'œuvre, mais sur l'auteur qui est présent. Son point de vue est très particulier. Cette émission est suivie par 26 à 32 % du public. La qualité des interviews est très appréciée par les milieux cultivés. Elle élargit le public de la culture littéraire, mais le public rural ne trouve pas d'intérêt à cette

émission et la majorité du public populaire de la T.V. n'est pas
touchée par elle. La T.V. est-elle incapable de faire pénétrer la
culture littéraire dans le grand public? Il serait imprudent de
répondre actuellement à la question. Quel résultat obtiendrait
par exemple une émission littéraire conçue selon les principes
des clubs de lectures populaires, choix de l'œuvre en fonction
d'un problème de civilisation ou d'actualité, dramatisation du
texte, avec l'aide de grands acteurs, discussion avec la participation du public?

Ce bref compte rendu des différentes émissions permet de
conclure à une grande *variété* dans les thèmes abordés. Cette
culture télévisée livrée à la masse du public constitue un exemple
hétérogène qui respecte les différentes fonctions du loisir. Il serait
en tout cas faux d'affirmer que le public préfère toujours les contenus faciles aux contenus les plus difficiles (ou l'inverse...). A
travers les appréciations du public sur les émissions de la télévision française, il serait du même coup malaisé d'opposer d'une
manière catégorique une culture mineure accessible aux masses
et une haute culture qui serait réservée à une élite.

Effets de la télévision sur les autres loisirs.

Les enquêtes anglo-saxonnes et françaises sont concordantes
en ce qui concerne l'effet négatif de la télévision sur les autres
loisirs. Le téléspectateur sort moins, va moins au cinéma et au
théâtre, il assiste moins à des spectacles sportifs, il lit moins de
journaux et de livres, etc.

Mais Rolf Meyersohn remarque que l'état actuel de la recherche n'autorise pas à conclure. En effet, quelle est l'ampleur
exacte de ces phénomènes? Quelle est leur variation selon les
milieux? Quelle est leur signification dans le mode de loisir, le
mode de vie ou la culture? Une étude plus fine incite à nuancer les
affirmations.

Cinéma.

En ce qui concerne l'influence de la télévision sur la fréquentation du cinéma, les tendances observées aux États-Unis et en Grande-Bretagne correspondent à celles qui ont été notées en France. En 1959, pour notre pays, 80 % des téléspectateurs ont déclaré se rendre moins souvent au cinéma et 19 % autant. Le nombre de spectateurs de cinéma est passé de 1957 à 1959 de 411 millions à 352 millions. Pendant ce temps-là, le nombre de postes de télévision achetés passait de 683 700 à 1 368 000. On connaît par ailleurs la grave crise qui a secoué Hollywood ces dernières années, et le fait que le nombre des spectateurs de cinéma américains a diminué de moitié entre 1946 et 1959 confirme cet état de choses.

Il ne semble pourtant pas qu'à long terme le cinéma soit handicapé par l'apparition de la télévision. Tout d'abord, la télévision a révélé le cinéma à un nombre plus grand d'individus : le public rural, par exemple, peu familiarisé avec le spectacle cinématographique (40 % des Français ne sont jamais allés au cinéma en 1958) a découvert le film par le truchement de la télévision. Les films classiques, qui étaient connus surtout par le public restreint des cinés-clubs de villes, sont présentés au grand public dans le cadre des programmes de la télévision. D'autre part, le cinéma stimulé par cette concurrence, a dû en quelque sorte réinventer le cinéma et lui trouver des formes nouvelles. La mise au point du cinéma en couleur et du grand écran ont été des moyens techniques visant à lutter contre la concurrence de la télévision. En définitive, cette rivalité semble avoir des effets stimulants sans supprimer en rien la spécificité de chacun de ces grands moyens de communication.

Radio.

A première vue, la radio apparaît comme la deuxième grande victime de la télévision. Mais là encore, nous pensons que la radio amorce peut-être une expansion dans une voie tout à fait nouvelle.

En France, les chiffres sont pour l'instant assez pessimistes : un tiers des téléspectateurs n'utilise plus du tout leur radio, et deux tiers l'écoutent beaucoup moins. La moitié de ceux-ci ne l'écoute plus qu'une heure par jour en 1959. En 1948, Léo Bogart notait que les Américains qui possédaient un poste de télévision écoutaient la radio deux heures par jour, alors que les autres suivaient les programmes pendant quatre heures trente-deux chaque jour. Mais l'examen de ces seuls chiffres ne permet pas une interprétation valable. La fonction de la radio a évolué ces dernières années et l'apparition de la télévision a peut-être contribué à l'accélération du changement de signification de la radio dans la vie quotidienne. La télévision constitue essentiellement une activité de loisir familiale ou amicale, alors que l'écoute de la radio tend de plus en plus à devenir une activité individuelle. La multiplication des postes secondaires dans les familles a été facilitée par le coût relativement peu élevé des nouveaux postes « à transistors ». Elle témoigne de cette nouvelle fonction de la radio. Celle-ci est souvent apte à jouer un rôle d'accompagnement ou bien encore elle peut être un moyen d'introduire une activité de loisir pendant les temps morts ou les temps de liaison entre deux autres activités. Ainsi le fond sonore offert par la radio est-il très recherché par la mère de famille pendant qu'elle accomplit les tâches ménagères, et elle prolonge la vie de loisir de l'homme qui se rend à son travail grâce à son adaptation sur les automobiles. Par ailleurs, à l'heure actuelle, en France, les programmes de télévision sont intermittents, alors que plusieurs chaînes de radio dispensent des programmes pratiquement sans interruption. Notons enfin qu'en France, comme aux États-Unis, les deux genres d'émission les plus suivis maintenant sont les informations et les émissions musicales.

Sport.

Il convient en premier lieu de distinguer l'assistance au spectacle sportif et la pratique du sport, qu'elle soit distractive ou compétitive.

L'assistance aux manifestations sportives diminue beaucoup. Il n'est pas douteux qu'aux États-Unis, la situation inquiète les organisateurs de ces rencontres. L'exemple de la boxe illustre parfaitement notre propos. Les recettes perçues à la suite des grands matches ont considérablement baissé; les managers ont compensé cette perte de bénéfices par la perception de droits de retransmission énormes. Le montant de ces droits dépasse sensiblement les recettes enregistrées lors des plus grands matches à Madison Square Garden.

Les négociations du Comité pour les jeux Olympiques de 1960 montrent aussi combien les dirigeants sportifs se sentent menacés par la popularité de la télévision. Ce Comité tente d'imposer un droit très élevé de retransmission des épreuves par les différents réseaux de télévision, qu'ils soient des pays de l'Est ou de l'Ouest. Ceux-ci ont d'abord proposé 75 millions de lires, puis devant le refus du Comité olympique, ils ont offert 150 millions de lires (information officielle du 25 avril 1960). De difficiles négociations permirent enfin d'aboutir à un accord.

La pratique du sport, non seulement ne semble pas souffrir de la télévision, mais au contraire dans certains cas elle trouve un avantage à se mieux faire connaître. D'après les dirigeants de la Fédération française de rugby, la retransmission des grands matches nationaux et internationaux est une propagande efficace pour ce sport. Leur opinion se fonde sur l'accroissement plus grand du nombre de licences demandées. Celui-ci est actuellement de l'ordre de cinq mille par an. Le même phénomène a été constaté en Grande-Bretagne. En 1954, au cours des championnats d'Europe d'athlétisme, nous avons entendu l'entraîneur national de l'équipe anglaise attribuer à l'influence des émissions télévisées d'athlétisme la recrudescence d'intérêt pour les sports athlétiques parmi les jeunes Anglais.

Théâtre.

Comme le cinéma, le théâtre subit certains contrecoups de la popularité de la télévision. Là encore un jugement pessimiste peut être trop hâtif.

Il est vrai qu'en 1959, 63 % des téléspectateurs français déclaraient aller moins au théâtre et 35 % autant. Mais on a constaté aux U.S.A. que le déplacement des habitudes à la suite de l'achat d'un poste de télévision ne dure pas longtemps et après quelques années de possession, le téléspectateur a tendance à reprendre ses activités antérieures (7). D'autre part, le nombre de gens qui vont régulièrement au théâtre est très restreint; et pour le plus grand nombre le seul théâtre, c'est la télévision. Même aux États-Unis, il semble, d'après Léo Bogart, que les variétés soient en régression au profit des drames et des comédies de situations.

Plein air.

La télévision n'exerce aucune pression importante sur le goût de la promenade, du plein air. Nous avons déjà vu que le dimanche après-midi, peu de téléspectateurs étaient devant leur poste. On connaît le goût toujours croissant des sorties en voiture pendant le week-end, et l'achat d'un poste de télévision ne concurrence en rien le désir de posséder une voiture et de l'utiliser pour les promenades familiales du dimanche.

Activités « à l'intérieur ».

Dans la vie quotidienne d'un foyer, distinguons d'abord les activités domestiques qui requièrent une compétence manuelle et les relations, dont le support est la conversation.

Les enquêtes entreprises par les services de la B.B.C. ont montré qu'en Grande-Bretagne, la pratique des « dadas » est d'une grande stabilité. Aux États-Unis, l'expansion du marché du *do-it-yourself* est parallèle à l'accroissement des achats de postes de télévision. Les résultats obtenus en France indiquent une tendance légèrement contraire, mais les indications disponibles sont trop générales à l'heure actuelle pour que l'on puisse en tirer un enseignement définitif. En 1959 23 % des téléspectateurs, hommes et femmes, déclaraient qu'ils bricolaient ou cousaient moins depuis qu'ils avaient la télévision. Mais quelles sortes de travaux ont été abandonnés?

On dit : « la télévision tue la conversation ». Certes, il semble que l'on parle moins, mais la conversation est difficile à mesurer, et l'on sait mal quelle était auparavant la durée réelle du temps de conversation. Par ailleurs, quel était le contenu de cette conversation? Le spectacle télévisé élargit l'horizon familial et du même coup suscite sans doute des conversations moins limitées. De toute façon, la participation commune à une même activité comme l'assistance à la télévision peut favoriser la communication entre enfants et parents. Elle peut être aussi un élément de conflit à l'occasion du choix des programmes et de l'arrêt des émissions. Nous ne disposons pour l'instant d'aucune donnée sérieuse sur les différents contenus de la conversation dans leurs rapports avec la télévision.

Lecture.

Tous les résultats des sondages anglo-saxons et français mettent en lumière une certaine désaffection de la lecture chez les téléspectateurs. Ainsi, en réponse à l'enquête faite en France en 1959, 3 % des téléspectateurs ont déclaré lire davantage, 49 % autant, et 48 % moins. Ces habitudes sont-elles durables? En France, on n'a pas encore de renseignements sur ce point, mais nous savons que la durée de possession d'un poste est un facteur non négligeable dans la transformation des habitudes. Léo Bogart rapporte qu'en 1951, 51 % des gens qui avaient un récepteur depuis moins de deux ans lisaient des magazines et 27 % seulement des livres, alors que 60 % de ceux qui avaient un appareil depuis plus de deux ans lisaient des magazines et 34 % des livres. Ces derniers pourcentages sont sensiblement les mêmes pour les individus qui n'ont pas la télévision.

Il ne faut pas négliger le phénomène de la transformation du magazine et de sa popularité toujours croissante. En 1946, aux U.S.A., 94 677 000 exemplaires étaient vendus chaque semaine et en 1955 le tirage avait presque doublé, puisque c'est 166 millions d'exemplaires qui étaient vendus chaque semaine. Le contenu du magazine change. On a constaté que le public n'attendait plus tout à fait les mêmes rubriques de leurs journalistes. D'après le témoignage d'un rédacteur de *Life* [1] (6 millions de lecteurs aux U.S.A.), la qualité de la photo est plus grande et la part du texte plus importante. Le lecteur demande, dit-il, des informations plus substantielles qui complètent ou approfondissent les connaissances qu'il peut avoir sur un sujet, en particulier par le moyen des images fugitives de la télévision.

La lecture du quotidien n'est apparemment pas touchée par l'existence de la télévision. En 1959, 17 % des téléspectateurs français ont dit qu'ils complétaient les informations données par le journal télévisé en écoutant les bulletins d'information diffusés par la radio, mais 40 % ont déclaré se « reporter à leur quotidien habituel ». Aux États-Unis, le tirage des quotidiens a augmenté avec l'extension de la télévision (10).

Nous avons vu que pour la moitié environ des téléspectateurs, l'achat et la lecture des livres tendaient à diminuer, ce critère n'est pas qualitatif. Nous abordons là un problème complexe, dont les résultats sont souvent contradictoires et difficiles à interpréter. Certaines émissions, comme *Lectures pour tous*, selon le témoignage des libraires, incitent à l'achat de livres sans qu'on ait pu vérifier l'étendue exacte de cette influence.

D'autres émissions comme *le Magazine des explorateurs* ont provoqué également des achats de livres dans les télé-clubs. Si on lit moins, peut-être lit-on mieux, parce que la télévision joue le rôle d'un guide du lecteur. Toutes ces remarques restent des hypothèses à vérifier.

1. Rapport des journées internationales du photo-journalisme : centre d'Éducation populaire, Académie d'Aix, juin 1959.

La télévision a-t-elle en définitive bouleversé la vie de loisir des individus? Son influence est profonde, mais, semble-t-il, ambivalente. Même aux États-Unis, où les programmes sont dominés par des émissions de divertissement, Léo Bogart a pu écrire : « Notre monde est toujours le même monde, mais nous l'expérimentons de façon différente. »

L'état actuel de la recherche sociologique ne permet pas de conclusions définitives sur les bienfaits et les méfaits de la télévision; les études sur les effets de la télévision selon les différents contenus et les différentes conditions de réception sont à peine commencées, et nous nous rallierons sur ce point à l'appel à la prudence préconisé par Rolf Meyersohn : « On ne peut ni confirmer, ni réfuter systématiquement les accusations nombreuses portées contre ce moyen de communication de masse... on a assez peu abordé jusqu'à ce jour les problèmes importants de la télévision. »

Quelques problèmes.

Pour apporter une réponse sérieuse à ces questions importantes, la comparaison des préférences du public est toujours insuffisante, souvent trompeuse. L'étude et la signification des choix et des rejets du public dans la culture vécue d'une catégorie, d'un milieu, d'une société, nous sont encore presque inconnues.

Lorsque le sondage d'opinion révèle une approbation générale, est-ce que l'approbation est le signe d'une adhésion véritable, ou bien l'expression d'une passivité généralisée? L'uniformité même des réactions positives aux contenus les plus opposés peut laisser perplexe. Différents publics de différents niveaux culturels approuvent souvent les mêmes émissions. Mais l'approbation va-t-elle aux mêmes *aspects* des productions?

Ainsi, parmi les émissions sportives, le catch déplaît à quelques-

uns, plaît à beaucoup. Est-ce le même catch? Pour qui est-il une
manifestation de sport et pour qui un numéro de cirque? Spectacle sadique ou explosion de violence pour ceux-ci, il est composition mélodramatique ou grand « spectacle solaire » pour les
autres. Certains voient dans le monde où l'on catche la mise en
valeur du truqueur, du fourbe, du « salaud ». D'autres y voient,
au contraire, la victoire du bon sur le méchant, de saint Georges
sur le dragon, ou, comme dit Roland Barthes, « le geste pur qui
sépare le bien du mal et dévoile la figure d'une justice enfin intel-
ligible » (14). Alors, qu'est-ce que le catch télévisé? Il est évident
que son effet moral dépendra avant tout de la représentation qu'il
suscite. Adorno a raison d'introduire dans l'étude du contenu
de la télévision une distinction entre le message émis et le message
perçu, entre celui qui est explicite et celui qui est implicite pour le
public (15).

Un autre problème découle du précédent : quel est le *degré
d'intégration* de ces différents aspects du message télévisé dans la
culture des milieux? Certains auteurs donnent de l'importance
à l'action de la télévision, d'autres la minimisent. Dans l'état
actuel de la recherche, non seulement en France, mais dans le
monde, on ne connaît pas le degré de son influence générale.
Personne n'a mis au point les critères d'analyse et les techniques
d'évaluation qui permettraient de *mesurer* cette importance
relative du contenu intégré de la T.V. par rapport à l'ensemble
des traits culturels d'un milieu social. Prenons un exemple particulièrement controversé. La télévision, par la logique interne de
son système audio-visuel adapté au loisir, a tendance à transformer les problèmes en situations concrètes, les situations concrètes
en cas vécus, cas vécus de personnages qui deviennent facilement
des « vedettes », vedettes du télécinéma, des jeux de « quitte ou
double », ou des interviews politiques. Mais quelle est l'influence
de ces vedettes du petit écran sur la vie quotidienne, par rapport
aux personnages qui ont un prestige indépendant de la Télévision
dans la famille, dans le voisinage, dans l'entreprise, dans la ville,
la nation? Est-ce que la variété des types d'influence des unes et
des autres à la télévision ne pose pas des problèmes plus importants que le phénomène général de la « vedettisation »? (14).

Certains Américains ont dénoncé dans la T.V. une entreprise de « dé-réalisation » de la vie quotidienne. La T.V. sépa-
rerait l'individu de l'univers réel par « un monde d'ombres et

de fantômes » (16). Il faudrait, peut-être, analyser les différents aspects de la T.V. et examiner comment se pose le problème pour chacun d'entre eux : un spectacle de variété n'est pas un reportage sur un événement. G. Friedmann souligne justement que le problème de l'absence et de la présence se pose en termes complexes (17), lorsqu'on l'étudie, non seulement par rapport à l'intégration de l'individu dans la vie locale, mais du point de vue de la participation à l'ensemble de la vie sociale et culturelle. Pour la majorité des téléspectateurs, qui n'ont pas le moyen d'être présents dans les croisières des îles Hawaï, dans les grandes rencontres d'hommes d'État ou les laboratoires scientifiques, la télévision apporte un moyen sans précédent d'être présent au monde. « La T.V., c'est le monde sous mon toit », disait un paysan de l'Aisne. Elle peut donc être aussi un moyen de rendre la civilisation plus visible, plus concrète, plus réelle aux yeux de tous. Ainsi tant que les sciences sociales n'auront pas réussi à connaître le degré et la qualité de l'influence des différents aspects de la T.V. dans la culture vécue, toutes les analyses de contenu et sondages d'opinions n'auront évidemment qu'un intérêt limité.

Enfin, nous avons vu que le trait dominant des réactions de notre public aux émissions de télévision n'est pas la médiocrité mais plutôt l'ambiguïté du goût. Le bon, et, disons... le moins bon, du point de vue des spécialistes de la science ou de l'art, sont souvent approuvés à égalité. Or, une société moderne démocratique s'efforce, dès l'école, de lutter contre les inégalités devant la culture. Dans ses principes, elle se propose donc de stimuler l'épanouissement de tous dans une libre participation à la vie sociale et à la vie culturelle. La T.V. ayant le pouvoir de faire progresser aussi bien la fonction d'évasion que la fonction de participation à la vie réelle du loisir, le problème majeur à résoudre par les émissions de T.V. est celui de l'équilibre optimum entre toutes ces fonctions afin de favoriser chez les téléspectateurs ce que Adorno appelle « des réactions adultes ». Divertir, sans abêtir, informer sans ennuyer, pourrait être la devise d'une T.V. soucieuse de provoquer dans le public des attitudes actives à l'égard de ses loisirs et de ses obligations.

Mais comment réaliser un tel objectif? Jusqu'à ce jour, créateurs et chercheurs ont rarement travaillé ensemble pour chercher à le mieux atteindre. Les créateurs (producteurs ou réalisateurs) se sont fiés à leur seule intuition, guidée par l'opinion de leurs collègues et les réactions de leurs milieux en général parisiens et cultivés. Pourtant, l'artiste se trouve en face d'une nouvelle responsabilité difficile à assumer. Il doit faire œuvre personnelle pour que celle-ci ait de la qualité et pourtant il n'est pas libre d'imposer sa propre conception comme un peintre qui cherche à exprimer sa vérité sur une toile. Le petit écran n'est pas une toile. Il est à l'intérieur d'un foyer. Il est regardé par des millions de familles dans tous les milieux. Le public ne va pas à l'œuvre, c'est l'œuvre qui va au public, qui s'impose à lui. La responsabilité d'un producteur de T.V. est donc sans commune mesure avec celle d'un peintre. De nombreux créateurs réalisent des émissions de grande qualité, mais au-delà de l'approbation ou de la désapprobation, quels effets produisent-elles sur la culture des téléspectateurs? Que connaît un créateur parisien, si génial soit-il, des problèmes d'élévation des niveaux de participation sociale et culturelle des milieux ouvriers ou ruraux? Une étude scientifique des besoins à satisfaire et des résultats positifs ou négatifs obtenus par les émissions destinées à les satisfaire, est indispensable.

Inversement, les études sur le public des téléspectateurs se font en général sans références précises aux problèmes des créateurs. Les sondages des services de relations avec le public sont mal connus de ceux-ci. Lorsqu'ils les connaissent, ils déclarent volontiers que les résultats ne leur sont pas très utiles pour résoudre leurs propres problèmes d'action culturelle. Ces enquêtes fournissent déjà des renseignements sur l'ordre de grandeur de l'approbation ou de la désapprobation du public. Mais elles n'abordent pas les problèmes importants que nous avons évoqués plus haut. Elles sont faites pour informer une administration dont les exigences sociales et culturelles sont, elles-mêmes, moins importantes que d'autres préoccupations étroitement politiques ou commerciales, selon le régime adopté dans chaque pays. Les administrations sont souvent beaucoup plus émues par vingt lettres de protestation morale ou politique contre une émission, que par l'étude, selon des méthodes rigoureuses, des conditions de l'élévation des niveaux culturels du loisir dans les différents milieux sociaux qui composent un pays. Certains sondages d'opinion s'intéressent à peine à la variation de la réception, selon les milieux urbains ou ruraux, ouvriers ou cadres, etc. Comment bâtir sur leurs données une culture populaire aux aspects à la fois communs et différenciés? A plus forte raison, ils ne s'intéressent guère aux variations des goûts à l'intérieur des milieux. Ils recherchent des opinions majoritaires, ils valorisent les attitudes conformistes au détriment des attitudes novatrices. Or, le plus souvent, il serait très intéressant pour pouvoir guider la création, de mesurer la zone du public qui s'intéresse dans tous les milieux aux aspects les plus difficiles d'une émission, de recueillir ses appréciations, d'explorer les motifs, et d'étudier les résistances des autres couches de l'opinion, plus nombreuses, plus conformistes.

Mais le plus grave défaut de ces sondages limités à l'étude de l'opinion majoritaire et conformiste est qu'ils aident en fait la cristallisation d'une représentation moyenne médiocre du public qui peut devenir grâce à la publicité, un modèle auquel chacun se croit obligé de se conformer. « L'homme quelconque » façonné par une culture plus ou moins insensible à la conquête de la beauté ou de la vérité, devient un idéal. La médiocrité est élevée au rang d'une valeur. Ce genre de recherche superficielle, statique, aboutit à freiner tout effort culturel quelque peu original, et à imposer des modèles conformistes et conservateurs. La sociologie ne se propose certes pas un tel but, mais sous la forme que nous venons d'évoquer, elle peut aboutir à ces résultats : tel est au moins le diagnostic des principaux sociologues de la « mass culture » et du « mass leisure »; aux U.S.A., où l'on compte plus de 50 millions de postes d'une télévision dominée par des émissions médiocres de divertissements. Adorno, Whyte, Riesman, ont souvent exprimé cette idée.

Les programmes de T.V. devraient donc être inspirés par la recherche de l'équilibre optimum des fonctions du loisir dans le public. C'est en essayant d'élever le niveau culturel des loisirs que l'on connaîtra les pouvoirs et les limites de la télévision.

4

Le loisir et le livre

La lecture et les moyens de diffusion de masse.

Nous traiterons enfin de la lecture en tant qu'activité de loisir. Nous insisterons sur la lecture désintéressée des ouvrages de culture générale, à caractère littéraire. Grâce aux charmes de la fiction, ils peuvent tout en distrayant augmenter les connaissances et affiner les goûts d'un large public. Le progrès de leur diffusion dans tous les milieux sociaux de la ville et de la campagne est un aspect important de l'élévation du niveau culturel des loisirs [1].

1. Aujourd'hui en France il est difficile de donner à ces questions une réponse scientifique. Il n'y a pas d'Institut de recherche sur la lecture. L'étude des phénomènes culturels nouveaux, comme le cinéma, la radio-télévision ou la presse a suscité la création d'instituts de recherche; il en est de même pour l'étude des phénomènes culturels en voie de disparition comme les folklores traditionnels ou les cultures archaïques. Mais l'étude d'un phénomène mi-nouveau-né mi-moribond comme la culture par le livre n'a pas encore eu cet honneur, du moins en France. Cependant à la faculté de Bordeaux, un professeur de lettres, Robert Escarpit, a adopté une attitude sociologique dans la rénovation de l'histoire et de la critique littéraire. Au Centre d'études sociologiques de Paris, A. Memmi s'emploie à jeter les bases d'une sociologie de la littérature dans la perspective d'une sociologie de la connaissance. Depuis 1954, nous-mêmes et nos collaborateurs avons abordé l'étude de la lecture dans le cadre d'une sociologie du loisir et l'étude de la diffusion du livre dans celui des recherches documentaires du Centre d'études des économiques. Depuis deux ou trois ans, certains organisateurs de l'édition et de la distribution du livre, soucieux d'accroître leur efficacité recherchent des moyens plus précis pour savoir ce que devient le marché du livre et prévoir ce que peuvent devenir les besoins du lecteur. Après avoir évoqué cette évolution, nous tâcherons de dégager la problématique d'une sociologie de la lecture, dans la perspective d'une recherche active, recherche pour l'action, sur l'action culturelle.

En 1955, Wladimir Porché, ex-directeur de la Radiodiffusion française, déclarait aux rencontres internationales de Genève : « Il serait vain de fermer les yeux sur le fait que le livre n'est plus l'instrument fondamental de la culture pour les grandes masses humaines. » Le développement de moyens d'information de masse comme la radio, la presse, le cinéma, la télévision n'a-t-il pas un effet minimisant sur l'influence du livre? C'est une question difficile à résoudre. Tout d'abord, il est impossible d'isoler ces grands moyens modernes de diffusion de l'ensemble de la civilisation où ils sont intégrés. Nous avons vu que les résultats d'enquêtes indiquent que la lecture de la presse occupe en moyenne une demi-heure à une heure par jour, que le spectacle de cinéma occupe en moyenne chaque Français huit fois par an, que la radio ou la télévision fonctionne en moyenne deux à trois heures par jour dans chaque foyer. Il en résulte que le temps accordé à la lecture des livres a diminué. Mais comme nous l'avons déjà noté, les enquêtes sur la télévision aux U.S.A. montrent que cette diminution ne s'étend qu'à une moitié environ du public et que le temps pris est surtout soustrait sur les occupations sans objet, sur les conversations sans grand intérêt. De plus, le temps dont s'empare un nouveau moyen audiovisuel supplante souvent celui qui était dévolu à un autre moyen de communication (par exemple : le temps de visionnement de la télévision a grignoté le temps d'écoute de la radio).

Enfin, vers 1890, avant l'expansion du cinéma, de la radio, de la presse ou de la télévision, combien de gens lisaient des livres? Il est impossible d'affirmer qu'ils étaient plus nombreux qu'aujourd'hui. Nous verrons que la publicité de la presse, de la radio, du cinéma et de la télévision peut ou contrarier ou favoriser la diffusion des livres. C'est grâce aux grands moyens d'information que certaines œuvres ont pu franchir le cercle étroit du public lettré qui s'intéresse à l'activité littéraire. D'autre part, ces moyens modernes de diffusion font eux-mêmes partie d'une civilisation dont d'autres éléments ont incontestablement favorisé le goût des livres. Ainsi l'élévation générale du niveau d'instruction scolaire s'est révélé être un des facteurs les plus efficaces dans le développement des habitudes de lecture[1]. L'élévation du niveau

1. Aujourd'hui selon le Bureau universitaire de statistiques, 75 % des élèves de l'enseignement primaire des villes poursuivent leurs études contre à peine 15 % il y a cinquante ans.

de vie a permis une augmentation des dépenses consacrées aux équipements de loisir en général. Le livre est moins cher qu'en 1910. Enfin, l'accroissement d'au moins 30 % du temps libre depuis l'époque où est apparue la grande presse a accru les possibilités d'activités de loisir, lecture des livres incluse. Il faut donc être prudent lorsqu'on tente d'analyser les changements dans la diffusion du livre depuis cinquante ans; il faut envisager le bilan sous tous ses aspects et dans son évolution réelle.

Certains contempteurs de notre temps évoquent avec nostalgie la situation de la lecture au XIXe siècle. Mais combien de citoyens lisaient-ils des livres au siècle dernier et à quel milieu appartenaient-ils? Vers 1850, quel était le loisir culturel des milieux les plus étendus de la nation, ouvriers et paysans? Les études générales de A. Varagnac (2) sur la culture traditionnelle, celles de Paul Delarue (3), sur les contes populaires, et surtout celles de C. Nisard (4), sur les livres populaires et la littérature de colportage nous donnent quelques références indispensables. Aujourd'hui, le colporteur a été éliminé par le développement des moyens de transport et de diffusion. Les livres se diffusent dans les villes et dans les campagnes beaucoup plus qu'autrefois, grâce à la multiplication des librairies et des bibliothèques fixes ou circulantes. Ils sont mieux connus grâce à la presse, à la radio et déjà à la télévision. D'autre part, l'essentiel de cette littérature de colportage se composait d'almanachs aux idées scientifiques ou médicales rudimentaires, sous une affabulation assez naïve, dont l'Almanach Vermot et quelques almanachs régionalistes conservent, toutes proportions gardées, certains traits. A côté de ces almanachs figuraient quelques romans signés Florian ou Bernardin de Saint-Pierre, des classiques littéraires illustrés, condensés (déjà) et aussi des livres de bons mots et d'anecdotes, des récits naïfs d'aventures ou de voyages, des livres d'astrologie et de magie, des recueils de conseils moraux et sentimentaux, dont nous avons parlé au début de ce livre. Nous avons rapporté les opinions convergentes de Nisard et des rédacteurs du journal ouvrier *l'Atelier*, sur la qualité des romans et recueils populaires de cette époque.

Malgré la qualité des recherches d'un historien comme G. Duveau, on est étonné de la façon dont il traite le problème de la lecture dans le milieu ouvrier du XIXe siècle (5). Il est vrai que d'admirables autodidactes comme Perdiguier, Martin Nadaud et Gillard se sont développés dans le climat de 1848. Mais combien étaient-ils? Il n'est pas possible de tenir la liste des auteurs conseillés par Perdiguier aux ouvriers (Lamennais, Lamartine, Victor Hugo, Alfred de Vigny...) pour une preuve de culture du milieu ouvrier; en réalité, que lisaient les ouvriers? En 1863, Perdiguier lui-même allait jusqu'à dire : « Gascon l'ami-du-trait, l'un de mes plus courageux élèves que je signale comme un modèle rare à tous les travailleurs, m'écrit de Lyon que depuis son départ de Paris, il n'a rencontré qu'un seul ouvrier aimant vraiment la lecture et surtout la lecture sérieuse, instructive, bienfaisante (6). » Et Tolain, vers la même époque, déclarait : « Car on peut rabâcher sur la diffusion des lumières et sur les progrès de l'instruction dans le populo. Naïf qui le croit! Ne me citez pas une, deux, dix exceptions; je le sais, je les connais et l'exception confirme la règle. Ce qu'il y a de sûr, c'est que la multitude est ignorante (7). » Enfin, à la veille de 1870, il y avait encore 30 % des conscrits qui étaient analphabètes.

Production des livres.

Les statistiques du dépôt légal ne nous permettent pas de connaître le nombre d'exemplaires des livres publiés, mais seulement le nombre des titres. Nous possédons ces chiffres depuis 1887. Un premier fait est frappant : il n'y a aucune variation positive ou négative du nombre des titres dans les périodes successives d'apparition et de développement de la grande presse, du cinéma, de la radio ou de la télévision. Ces phénomènes ne semblent pas avoir ralenti, même momentanément, la production d'ouvrages. Les seules régressions coïncident avec les périodes des deux guerres [1].

1. Si l'on excepte ces deux moments où le nombre des titres d'ouvrages tombe autour de 4 000, le nombre est resté constant entre 10 000 et 12 000 (avec une pointe en 1936 jusqu'à 16 000); en 1958, il était un peu supérieur à 11 000. Mais comment savoir le nombre d'exemplaires correspondant à ces titres? Nous en sommes réduits à des estimations. R.-E. Barker (8) dans son étude sur le livre dans le monde a calculé une moyenne de tirage pour les différents genres : romans, nouvelles,

Comment se situe la production française par rapport à celle des autres pays? Si l'on considère le nombre de titres publiés dans chaque pays en 1952 (8), la France arrive au septième rang après l'U.R.S.S. (37 500), le Royaume-Uni (18 745), l'Inde (17 400) le Japon (17 306), l'Allemagne de l'Ouest (13 913), les États-Unis (11 840). Toute comparaison internationale est difficile, car les définitions de la production varient selon les pays. L'Inde, par exemple, n'atteint le chiffre élevé ci-dessus que grâce à une définition très large du livre. L'Italie est, par contre, victime d'une définition trop étroite. Les chiffres de l'U.R.S.S. et du Royaume-Uni, établis sur une définition plus large que la nôtre, devraient être légèrement abaissés et le chiffre du Japon ramené à un niveau inférieur. Retenons simplement que la France se classe parmi les « grands » de la production.

Si l'on étudie la production en nombre de titres par million d'habitants, le classement est différent. Certains petits pays européens économiquement prospères et avec une population instruite et cultivée arrivent en tête. En 1952, les Pays-Bas ont publié 673 titres par million d'habitants; la Suisse, 649, l'Autriche, 558; la Belgique, 512 et la France, 242 seulement.

Le contenu de la production peut varier selon les pays [1]. Les

---

ouvrages scolaires, etc. Sur ces bases il a estimé à environ cent millions le nombre d'exemplaires publiés en 1952. Mais les milieux français de l'édition contestent ce chiffre et la méthode qui a permis de l'établir. M. Pierre Monnet (9) préfère fonder son estimation sur le poids de papier consommé par l'édition de livres. En 1957 ce poids de papier était un peu supérieur à 45 000 tonnes. Comme à chaque kilo correspondrait une production moyenne de 4 volumes, on arrive au nombre approximatif de 160 millions d'exemplaires d'ouvrages produits en France. Il paraît probable que ce chiffre est largement supérieur à la production du début de ce siècle, quoique nous n'ayons aucun moyen de vérifier par la statistique le progrès de ce tirage des livres.

1. Comment se répartissent les titres? On notera que depuis 1938, la proportion entre les ouvrages de sciences techniques reste assez constante. Du point de vue de la production par matière, on constate quelques modifications, par exemple une augmentation des ouvrages de sciences pures et de sciences appliquées, une légère diminution de ceux des sciences sociales. En 1958 on compte, outre 1 330 traductions, 10 212 titres d'ouvrages autochtones. C'est la littérature qui vient en tête avec 3 247 titres. Mais sous cette rubrique figurent, outre les ouvrages de linguistique, à la fois des œuvres de littérature lettrée (Malraux ou Sagan) et les ouvrages de « petite librairie » (*Chaste et flétrie*, etc.) Puis c'est l'histoire et la géographie avec 1 340 titres, les sciences écono-

ouvrages de littérature, y compris les romans et les nouvelles, constituent la catégorie en général la plus fournie. En 1952 cette catégorie représentait 31 % des titres parus en France, 36 % de ceux parus aux États-Unis, 33 % de ceux parus au Royaume-Uni. En U.R.S.S., par contre, c'est la catégorie de livres portant sur des questions politiques, sociales et économiques qui est la plus importante, représentant en 1952, 39 % de la production.

Un autre rapport intéressant à étudier est celui qui existe entre l'édition et la presse dont on connaît le développement spectaculaire durant la première moitié du xxᵉ siècle. Robert Escarpit note ainsi que les lectures mises à la disposition du lecteur français par le journal sont, en volume, environ dix fois plus importantes que celles du livre. Cette proportion est valable dans la plupart des pays d'Europe occidentale. Aux États-Unis, la place du journal ou du magazine est bien plus élevée, la proportion étant de 200 à 1. En U.R.S.S., sous l'effet d'une politique contestable mais efficace du livre, elle est bien plus faible, de l'ordre de quatre à un.

Nous pouvons nous demander si les œuvres de culture générale sont bien adaptées par leur contenu, leur forme ou leur présentation aux besoins du large public formé depuis trois quarts de siècle par l'école primaire. Est-ce qu'à l'époque actuelle la production s'est orientée résolument vers un élargissement du

---

miques, sociales, politiques et juridiques, avec 1 094 titres, les techniques, les jeux et les sports avec 1 086 titres, les sciences médicales avec 1 019 titres, les sciences mathématiques, physiques et naturelles avec 786 titres, les sciences religieuses avec 741 titres et la philosophie et l'enseignement avec 437 titres. Là encore seul le nombre d'exemplaires nous donnerait la valeur relative de cette production. Nous avons pu obtenir par voie indirecte une appréciation sur ce point grâce à une enquête professionnelle sur l'activité des éditeurs. Un questionnaire envoyé à 769 maisons d'éditions a donné 447 réponses émanant de maisons ayant une activité régulière ou à peu près régulière. Le chiffre d'affaires s'élève environ à quarante-quatre milliards pour 1957, plus de la moitié de ce chiffre étant réalisé par dix-neuf maisons; les cinq maisons de loin les plus importantes faisant à elles seules un chiffre à peu près égal à 30 % de l'ensemble. La répartition du chiffre d'affaire entre les principales branches de l'édition est la suivante : littérature, 32 %; livres pour la jeunesse, 12,5 %; classiques (manuels et ouvrages scolaires), 22,5 %; ouvrages religieux, 5,5 %; techniques, sciences pures et appliquées, médecine, droit, 22 %; art et bibliophilie, 5,5 %.

public de la littérature? La collection anglaise «Penguin» a donné le premier exemple d'un genre de livres de qualité, bon marché, apprécié du grand public. Le livre broché à bon marché apparut ensuite aux États-Unis où il connut rapidement un succès considérable. Le « Livre de poche » est apparu en France en 1953, suivant l'exemple américain. Cette collection comprend déjà plus de quatre cents titres. Elle déborde le cadre du seul roman pour s'attaquer aux autres genres : série historique, série exploration, série classique, série encyclopédique. Aucune de ces nouvelles séries n'a encore approché même de loin le tirage d'un best-seller américain comme cet excellent classique d'anthropologie de R. Benedict : « Les Modèles culturels » (Patterns of culture) qui a eu quatorze rééditions de 1946 à 1957 [1]. Mais déjà les chiffres français sont impressionnants, surtout en ce qui concerne les romans. Sept cent mille exemplaires sont vendus chaque mois dans la collection du « Livre de poche », soit près de 5 % de la production totale d'ouvrages. Au 1er janvier 1959 le total des exemplaires édités atteignait vingt-quatre millions. Le chiffre de ces rééditions dépasse souvent de beaucoup celui de l'édition originale : elles touchent un public plus large que le public lettré. Il serait intéressant de mesurer cet élargissement par des enquêtes. Récemment (1958) une nouvelle collection (« J'ai lu ») du genre « Livre de poche » a été lancée par les éditions Ditis. Elle compte actuellement près de soixante-dix titres. Les éditions Ditis s'efforcent d'une part de fournir ces ouvrages à des prix très bas (1,80 NF l'exemplaire comme le Livre de poche) et de les diffuser dans les points de vente les plus fréquentés (librairies, mais aussi Prisunic, Uniprix, grands magasins du type Printemps, etc.).

Nous n'abordons pas directement le problème du livre pour la jeunesse, mais il faut signaler que, depuis 1945, on constate dans ce domaine un progrès spectaculaire. Face à la concurrence des illustrés et des comics, ce genre d'ouvrages diffuse maintenant les connaissances les plus variées et souvent les plus difficiles, en multipliant les images de qualité qui favorisent la compréhension du texte. En 1957, ces livres représentaient déjà 12 % environ du chiffre d'affaires de l'édition. Des sondages locaux

---

1. Ce livre a été traduit en France sous le nom d'*Échantillons de civilisation*, dans la collection « Essais » (Paris, Gallimard, 1950).

nous permettent d'affirmer que ce genre de livre n'est pas lu seulement par les enfants ou les jeunes, mais par tous les membres de la famille surtout dans les milieux qui n'ont aucune pratique des œuvres littéraires. Il est probable que les éditeurs ont ainsi trouvé une formule qui pourrait avoir une grande influence non seulement pour inciter les enfants du siècle de l'image à lire davantage et mieux, mais aussi pour favoriser la diffusion des livres de qualité chez les adultes, hors du circuit des lettrés. Il est possible qu'il y ait là une voie nouvelle dont les prolongements pourraient s'avérer féconds pour la culture populaire. Des recherches de sociologie culturelle dans cette direction seraient d'un intérêt primordial.

Cependant, malgré ces progrès de présentation et d'adaptation des œuvres aux goûts du public moderne, un problème demeure : si nous comparons le contenu des œuvres littéraires écrites chaque année avec les thèmes des conversations quotidiennes ou des journaux locaux lus par le grand public, il est permis de se demander s'il y a beaucoup d'œuvres actuelles qui correspondent aux besoins culturels de ce grand nombre de nouveaux lecteurs masculins ou féminins des milieux populaires, dont les aïeux étaient analphabètes. Pour qui écrivent la plupart des écrivains? Depuis le xviiie siècle, la situation a peu varié : les écrivains écrivent pour un public de lettrés. Au cours du xixe siècle, l'analphabétisme a peu à peu été liquidé. La totalité de la nation a appris à écrire et à lire. Les constitutions successives ont posé le problème de l'égalité de tous devant la culture; un mouvement de culture populaire s'est affirmé. Les écrivains d'aujourd'hui dans leur ensemble ne semblent pas avoir pris conscience de cette situation nouvelle. Combien ont les activités et les idées qui leur permettraient de rechercher, de susciter et d'exprimer les besoins culturels des personnalités actives des milieux populaires? Celles-ci, malgré l'acquisition d'une culture de base, restent étrangères à la littérature. Comme dit R. Escarpit (10), dans son langage pittoresque : « Tels les grands sauriens microcéphales du secondaire, la cité des millions d'hommes possède une littérature à l'image du millier. »

Diffusion des livres.

a) Les librairies.

Au changement dans la production correspond un changement non moins important dans la distribution des livres. En
France, comment se présente aujourd'hui le réseau commercial
de distribution du livre? Dans les grandes villes, on compte
quelques grands libraires d'assortiment général, en quelque
sorte « les grands magasins » du livre. On en comptait environ
deux cents en 1945. Ce chiffre n'a guère varié en dix ans. Puis
viennent les librairies de toutes catégories, qui sont en compte
avec des éditeurs pour la librairie générale. Dans les grandes
villes, certaines d'entre elles ont eu tendance à se spécialiser :
livres de poésies, livres d'histoire, etc. Seules de nombreuses
enquêtes d'histoire locale pourraient nous faire connaître l'étendue
et le processus de cette spécialisation.

Mais une autre tendance s'est montrée beaucoup plus forte :
c'est la tendance à la décentralisation des points de vente du
livre. Les petites librairies sont les plus nombreuses, et elles
se sont développées dans des quartiers de ville ou dans des
bourgs qui n'avaient pas encore été atteints jusqu'à ce jour.
Avec le développement des collections populaires, les boutiques de livres se sont multipliées : bibliothèques de gares, kios-
ques, bureaux de tabac, magasins en tous genres disposant d'un
rayon de librairie, papeterie, marchands de musique, mono-
prix, épiceries, etc. On est parfois surpris de voir le dernier prix
Goncourt à côté d'un fusil de chasse sous-marine, dans la
minuscule épicerie d'un village côtier touché par le tourisme.
Si en 1956, on recensait 6 273 libraires en compte avec les éditeurs pour la librairie générale, si, à la même date, l'I.N.S.E.E.
dénombrait 7 259 entreprises déclarées sous l'appellation « commerce du livre », le nombre de points de vente du livre est de
très loin supérieur. En 1956, M. Monnet estimait à 17 000 le
nombre de ces points de vente. Là encore des enquêtes s'impo-
seraient pour suivre le rythme d'une évolution rapide liée à
celle des loisirs à la ville et à la campagne, pendant la période
du travail ou celle des vacances. Nos observations systéma-

tiques dans une ville comme Annecy comparées aux résultats du recensement de l'I.N.S.E.E. et augmentées de nos observations personnelles au cours de divers déplacements nous ont persuadés que le nombre de ces points de vente du livre devait probablement approcher le chiffre de 30 000.

Des changements s'opèrent non seulement dans le nombre, mais encore dans le style des librairies. Jusqu'à ces derniers temps, les librairies travaillaient sur un rythme ancien, attendant le client plutôt que le sollicitant. Les librairies restaient en dehors du renouveau commercial. Depuis quelques années, de jeunes libraires ont déclenché un mouvement pour accroître l'efficacité de la vente du livre. Le commerce moderne étudie le marché réel et potentiel, fait des prévisions, améliore ses relations avec le public, organise des campagnes de publicité. Pourquoi les librairies resteraient-elles en marge de ces courants rénovateurs? La distribution du livre doit devenir une conquête permanente, sinon des forces hostiles à la lecture risquent de l'emporter grâce à leurs puissants moyens de publicité. Éditeurs et libraires doivent utiliser pour le livre certains moyens d'information de masse qu'utilisent les producteurs et les distributeurs de films. Telles sont les idées directrices d'organismes comme le Centre de productivité de la librairie, créé en 1956. Le Cercle de la librairie a lui-même pris à son service un spécialiste des études du marché. A la fin de 1958, un nouveau périodique, le *Bulletin du livre*, a été créé par des journalistes en vue d'instaurer le dialogue indispensable entre l'éditeur et le libraire et de répandre les idées nouvelles dans la profession. On parle de stages de formation pour les libraires... Un climat nouveau est créé. Des recherches sociologiques sur les conditions d'accroissement de la vente du livre de qualité dans des couches nouvelles de la population deviennent possibles. L'action de tous ces courants nouveaux, soutenue par une conjoncture favorable a abouti pendant la période de 1950 à 1957 à un accroissement sensible de la vente du livre. A un indice 100 des dépenses de culture et de loisir en 1950 correspond un indice 142 en 1957 : « Les dépenses de lecture se sont accrues à un rythme voisin de l'indice général de cette catégorie, soit en moyenne 6 % avec une progression plus sensible pour les livres que pour les journaux » (1), mouvement par ailleurs parallèle à celui de l'augmentation des postes de T.V.

b) Les bibliothèques.

Lorsque l'on considère la situation actuelle des bibliothèques en France, on constate un mouvement de décentralisation des points de distribution, analogue à celui qui peut être observé dans le domaine de la librairie. Les bibliothèques municipales se modernisent, des sections de lecture publique leur sont adjointes, et, dans les villes les plus actives, des annexes renforcent l'action de la bibliothèque centrale. On estime actuellement à 500 le nombre des bibliothèques municipales surveillées par la Direction des bibliothèques [1].

1. Dans notre réseau de bibliothèques, les bibliothèques publiques ont un rôle considérable; aussi convient-il d'en retracer brièvement l'évolution. Sous la Révolution, une masse énorme de livres, en provenance des institutions et des cabinets de lecture des privilégiés de l'Ancien Régime fut mise à la disposition de la nation et les fonds attribués à une multitude de petites bibliothèques incapables de les exploiter. Pendant tout le XIXᵉ siècle, les problèmes de conservation vont absorber l'attention des bibliothécaires. Érudits, bienvenus dans les sociétés savantes, beaucoup d'entre eux se désintéresseront des besoins populaires. Vers la fin du Second Empire et le début de la IIIᵉ République on assiste à un grand mouvement d'opinion en faveur de la lecture publique avec la création de bibliothèques scolaires et de bibliothèques populaires. Ce mouvement ne parvient pas à son plein développement pour des raisons multiples : dispersion des efforts d'organisation, inadaptation du contenu aux besoins d'un public nouveau, faiblesse des courants favorables à la culture populaire. Au début du XXᵉ siècle, le tableau général est assez sombre (12).

Après la première guerre mondiale, l'influence américaine se fait heureusement sentir : première expérience de bibliothèque-circulante dans l'Aisne, transformations de certaines bibliothèques municipales de Paris, notamment celle de la rue Boutebrie (1924) devenue, grâce à ses dirigeantes, le modèle des « Heures Joyeuses » enfantines. Durant l'entre-deux-guerres, on assiste à la modernisation d'un certain nombre de bibliothèques municipales.

A la libération, après les épreuves subies, le besoin de renouveau se manifeste vivement et on note une évolution décisive. La Direction des bibliothèques de France est créée à cette époque. Elle jouera un rôle capital. Les bibliothèques municipales sont encouragées et surveillées par elles. Des bibliothèques centrales de prêt sont organisées dans une vingtaine de départements et les initiatives départementales et privées sont soutenues dans de nombreuses régions. Enfin la Direction se préoccupe d'assurer aux bibliothécaires une formation qualifiée avec la création de diplômes nouveaux : diplôme supérieur de bibliothécaire, certificat d'aptitude aux fonctions de bibliothécaire, et elle effectue un important travail de recherche sur le plan technique.

Un autre fait caractéristique et d'une grande importance est la création, en marge des bibliothèques municipales, d'un réseau parallèle de petites bibliothèques qui s'est développé en relation avec l'essor de l'organisation des loisirs récréatifs et culturels. Vers 1900, il y avait trente associations dans une ville comme Annecy (trois fois plus petite qu'aujourd'hui). En 1957, on en compte environ deux cents qui ont une activité réelle. Comme nous l'avons vu, le développement de ces associations exprime l'intensité d'une nouvelle forme de vie locale; il accentue le réseau des relations directes entre les milieux, les groupes, les individus; il apparaît comme un mouvement complémentaire, voire compensateur, de l'essor des télécommunications (presse, film, radio, télévision) qui ont tendance à isoler les foyers, les individus. C'est lui qui a entraîné la multiplication des petites bibliothèques, dont le fonds est très inférieur à celui des bibliothèques municipales, mais dont la pénétration dans les différentes couches du public est souvent plus profonde. Un sondage opéré au vingtième auprès des chefs de famille de notre ville d'Annecy a montré qu'environ 100 personnes sur 500 empruntent des livres à une bibliothèque de prêt. Mais seulement 20 % s'adressent à la bibliothèque municipale pourtant animée par un conservateur jeune et dynamique. 80 % utilisent d'autres bibliothèques. Dans cette ville industrielle, qui compte 35 % d'ouvriers, se placent au premier rang les bibliothèques d'entreprise (20 % également), puis viennent les bibliothèques d'associations confessionnelles, puis les bibliothèques scolaires, enfin diverses bibliothèques d'associations de sport, de plein air, de cinéma, de culture populaire.

Il est difficile d'avoir une vue d'ensemble complète et précise sur les efforts accomplis sur tout le territoire.

Les bibliothèques scolaires, au nombre de 45 800 en 1947, ont une activité inégale. Les fonds de ces bibliothèques étaient, dès l'origine, destinés, non seulement aux écoliers, mais à la population adulte de la commune. Ils se sont souvent appauvris et en 1947, la moitié seulement de ces bibliothèques (23 500) était ouverte au public. L'action des bibliothèques circulantes apporte actuellement une transformation bénéfique et modifie les conditions de l'action exercée par les bibliothèques scolaires dans les campagnes. Dans un autre domaine, celui de l'enseignement secondaire, on observe une tendance favorable qui préside à la création de bibliothèques centrales dans les lycées, tant pour les parents que pour les enfants.

Dans le secteur privé, on notera spécialement l'action exercée par deux grandes organisations : la Ligue féminine d'action catholique française et la Ligue française de l'enseignement. En 1956-1957, 1 152 bibliothèques fixes, 2 976 dépôts dépendaient de l'Action catholique générale féminine. Parmi ces bibliothèques fixes, 257 étaient installées dans de véritables boutiques et 202 dans des locaux neutres avec fenêtres sur rue comportant un étalage, ce qui donne un total de 459 bibliothèques au contact direct avec l'homme de la rue. Les bibliothèques de l'A.C.G.F. s'intitulent en effet « Bibliothèques pour tous » et se veulent ouvertes à tous sans distinction d'appartenance religieuse et politique. C'est pourquoi les responsables nationaux sont en faveur de locaux neutres plutôt que confessionnels. Les résultats sont importants puisqu'en 1956-1957 ces bibliothèques ont prêté près de six millions d'ouvrages.

Le Centre laïque de lecture publique, section de la Ligue de l'enseignement, fondé en 1951, s'est donné pour but de favoriser le renouvellement et la création de bibliothèques circulantes sur le plan départemental et de former des responsables départementaux. Le Centre possède une centrale d'achat. Il a suscité la création de bibliothèques dans de nombreux foyers communaux dont il serait important de faire le recensement exact. Son activité majeure a consisté à implanter des services de bibliothèque circulante dans trente départements.

Le fait le plus important pour le progrès de la lecture dans les milieux ouvriers des villes est le développement des bibliothèques d'entreprise. Elles disposent souvent de moyens considérables et elles ont le grand avantage de situer le point de distribution des livres sur le lieu le plus habituel de la vie du travailleur : l'entreprise. A Annecy, on a vu leur importance prépondérante. Il serait utile de recouper ce renseignement par des enquêtes sur d'autres localités [1]. On sait déjà sur le plan national qu'une grande entreprise de quatre cent mille salariés comme la S.N.C.F. compte à son actif des réalisations remarquables en ce sens. Elle a institué un « Bibliofer ». Les Charbonnages de France, l'Électricité de France et certaines

1. Certaines de ces enquêtes sont en préparation ou en cours de réalisation.

grosses entreprises comme Renault bénéficient de réalisations comparables. S'il y a environ trois mille comités d'entreprise vivants (dix mille constitués), il est impossible aujourd'hui de connaître le nombre exact de bibliothèques. Mais B. Levaillant, conseillère du travail, a rassemblé quelques éléments d'information (13) sur divers types d'entreprises, petites, moyennes et grandes à Paris ou en Province, dont il ressort que les bibliothèques d'entreprises touchent un pourcentage de 10 à 30 % de l'effectif ouvrier d'une usine, pourcentage élevé qu'atteignent rarement d'autres bibliothèques. Une entreprise communautaire de Valence (Boimondau) a même prouvé que sous l'effet d'une stimulation sociale et culturelle et grâce à une bibliothèque bien placée, bien entretenue et bien mise en valeur, le pourcentage de la participation ouvrière pouvait être bien plus élevé encore. En effet, sur cent soixante-dix salariés, cent trente-cinq sont des lecteurs réels, en majorité ouvriers, avec un taux d'emprunt annuel par tête de vingt livres. Il serait utile de pouvoir susciter d'autres expériences de ce genre et de contrôler les résultats obtenus, afin d'évaluer les possibilités d'intégration de la lecture dans les loisirs populaires, aspect important de la formation permanente des travailleurs et de la culture ouvrière.

Dans le milieu rural le fait majeur est la création par la Direction des bibliothèques, des bibliothèques centrales de prêt. Ces bibliothèques, qui ont leur siège au chef-lieu du département, sont des services d'État, qui, au moyen de bibliobus, font des dépôts de livres dans les communes de moins de quinze mille habitants. Les dépôts de livres sont toujours effectués dans un lieu public, la plupart du temps dans les écoles, l'instituteur étant dépositaire. Parfois, les livres sont déposés dans les mairies. Vingt départements métropolitains sur quatre-vingt-dix sont actuellement desservis par des bibliothèques circulantes de prêt qui placent des dépôts de livres dans dix mille communes environ. Dans une vingtaines d'autres, ont été créés souvent sur l'initiative des conseils généraux, des « Services départementaux de lecture publique » que la Direction des bibliothèques peut subventionner. Rappelons enfin l'existence des services dépendant du Centre laïque de lecture publique, qui disposent d'un personnel et de moyens plus réduits que les bibliothèques centrales de prêt, mais qui, grâce au dévouement des responsables, parviennent à faire circuler des livres dans une trentaine de départements.

Ce progrès dans l'équipement s'est accompagné du progrès des techniques de diffusion du livre et d'éducation des lecteurs. Des tendances nouvelles se sont développées pour adapter la présentation des bibliothèques et la vie des groupes de lecteurs aux habitudes d'un monde conditionné par le développement des moyens de diffusion des masses et aussi par celui des associations locales. Des bibliothèques d'entreprises annoncent les livres nouveaux au micro de l'usine. Certains bibliothécaires font des expositions périodiques avec photographies et affiches, à l'occasion de la rentrée des classes, de Noël, du tourisme d'été, etc. Selon des techniques nouvelles, mises au point par « Peuple et Culture », des milliers d'animateurs culturels lisent à haute voix des montages d'œuvres, ces lectures étant suivies d'une discussion. Dans les seuls clubs et écoles des Charbonnages de France, près de trois mille clubs de lecture ont été faits de 1955 à 1957. Certains éducateurs mettent en scène le contenu des romans. C'est ainsi qu'à Nohant, *les Maîtres sonneurs* de George Sand a été mis en scène par un instructeur d'art dramatique, Nazet, devant des milliers de spectateurs. Cet exemple a été maintes fois suivi avec des œuvres comme *Notre-Dame de Paris*, *le Père Goriot*, *les Thibault*, *Maria Chapdelaine*. Divers stages permettent la formation de ces bibliothécaires et de ces animateurs d'éducation populaire et l'effort commence à porter ses fruits. Signalons enfin la création toute récente au sein de l'Association des bibliothécaires français d'une section des petites et moyennes bibliothèques à rôle éducatif.

c) Les clubs.

Un autre moyen de diffusion s'est récemment développé en dehors des circuits des librairies et des bibliothèques, c'est celui des clubs du livre (15). La création de ce genre d'organisations remonte à 1918 en Allemagne, mais il a trouvé ses formules les plus variées et sa plus large extension aux États-Unis; la formule fait son apparition en France à la Libération et en quinze ans elle prend une grande extension. Le Club français du livre, dont les services occupaient en 1946 une pièce minuscule, a acquis un immeuble où travaillent aujourd'hui

plus de cent employés. Il a 300 000 membres environ. Ce succès
n'a pas tardé à susciter des concurrents et les adhésions se comptent par dizaines de milliers. Ainsi en 1956, le Club du meilleur
livre et la Guilde du livre recensaient chacun soixante-dix mille
adhérents [1]. Les professionnels de l'édition et de la librairie
ripostaient en créant de nouveaux clubs : Club des libraires
de France, Livre-Club du libraire, Club des éditeurs... Nous
ne connaissons pas encore l'extension exacte de la vente de ces
livres, mais à Annecy, si l'on met à part l'actualité littéraire,
les ouvrages de club représentent presque le tiers de la vente des
livres de littérature générale de la principale librairie. D'après
le sondage au vingtième visant à connaître les contenus des bibliothèques des ménages d'Annecy, à peu près 20 % de ceux qui ont
acheté ou achètent des livres sont membres d'un club.

En France, les causes du succès de cette formule n'ont pas
encore fait l'objet d'une étude scientifique. Cependant, un article
très documenté de P. Riberette (14) sur les clubs du livre
nous donne quelques indications sur l'attachement du public
à la beauté de ces livres-objets, bien reliés et bien illustrés. « L'intérêt suscité par la naissance du volume de club répond au
goût qu'a conservé pour le livre relié et bien présenté un public
cultivé qui fut amateur de beaux livres, mais à qui les dévalua-
tions successives de la monnaie et la diminution constante de
son pouvoir d'achat en même temps que le coût de la reliure
artisanale n'ont pas toujours permis de se constituer une bibliothèque choisie. » Une telle explication ne convient probablement
qu'à une partie du public. Les jeunes, au contraire, semblent
s'attacher à cette formule parce qu'elle est marquée par les techniques modernes d'expression : ce sont, semble-t-il, les recherches d'art moderne, les inventions publicitaires et les règles
du montage cinématographique qui transforment ainsi le livre
et confèrent à ce moyen traditionnel de connaissance les nouveaux attraits de la civilisation de l'image. Il semble qu'un
autre avantage du club vient de ce qu'il développe le sentiment d'appartenance à une association. En choisissant un
club, chacun choisit son genre de littérature et de présentation. Certains clubs sont plus classiques, d'autres plus moder-

1. Le cas du club du *Reader's digest* est un peu spécial, mais comp-
terait plus de 300 000 membres...

nes. Dans la présentation de leurs livres, les uns sont modérés, d'autres audacieux : chacun, en entrant dans un club, se rattache à une équipe dirigeante dont le choix lui inspire confiance. Le bulletin de liaison joue le rôle d'une critique littéraire qui n'est pas esclave de l'actualité, qui porte des jugements et prend des décisions avec du recul. Chaque membre, au milieu de la masse d'informations qui l'envahit par le canal des journaux, de la radio et du cinéma, se sent souvent perdu, désorienté, incapable de choisir seul. Le club le libère de l'embarras du choix. Le lecteur est encouragé à acheter le livre, car il pense que le choix du club est la garantie d'une qualité qui lui conviendra.

d) *Résistances à la diffusion du livre.*

Malgré les progrès que la diffusion du livre de qualité a faits dans notre pays depuis 1900, des obstacles culturels et des barrières sociales demeurent. Tout d'abord le Centre de productivité de la librairie est loin d'exercer encore sur les libraires l'action nécessaire à l'amélioration de la situation du livre. La majorité des librairies petites et moyennes utilisent des techniques de vente retardataires. Elles n'ont aucun esprit de conquête à l'égard d'un nouveau public. Elles sont souvent isolées par rapport aux institutions locales qui s'efforcent d'élever le niveau culturel de tous les milieux, en particulier des milieux populaires. Lorsque les libraires sont eux-mêmes des lettrés, ils se désintéressent souvent de la conquête d'un public nouveau. Les meilleurs offrent parfois une résistance aux techniques modernes de vente qui leur paraissent incompatibles avec la noblesse de leur profession. Quant aux autres, qui constituent la majorité des gérants ou patrons des dix-sept mille librairies ou « débits de livres », ils manquent souvent de formation et de culture. Ils sont incapables d'orienter le public lettré; ils sont peu aptes à l'éducation du public populaire. Ils vendent des livres comme ils vendent du tabac ou de l'épicerie. Le problème de la qualification sociale, culturelle et technique du libraire moderne n'est pas encore sérieusement posé. Il y a un exercice illégal de la médecine, il n'y a pas d'exercice illégal pour la librairie. Vend qui peut. Tant pis pour le public [1].

1. Les deux tiers environ des habitants d'Annecy n'achètent jamais ou presque jamais de livres. Dans les suggestions qu'ils apportent pour

Quant au bibliothécaire, est-il toujours bien adapté à sa tâche d'animateur populaire? Comme le libraire, il a une grande responsabilité dans l'attraction et l'orientation des lecteurs. M. Lemaire, bibliothécaire municipal de Beauvais, a fait quelques observations systématiques sur les attitudes de ceux qui viennent à lui. La grande majorité des lecteurs n'ont pas d'idées précises sur le livre qu'ils choisiront... Ces visiteurs font confiance au bibliothécaire qui est un guide, plutôt qu'un distributeur : combien ont la qualification suffisante à la fois sociale, culturelle et pédagogique pour assumer dans des cas si variés cette difficile responsabilité? Beaucoup de professionnels ont une solide formation technique, mais aussi une conception peut-être trop dogmatique de leur mission. Ils ont un souci légitime de la « qualité », mais trop souvent ils demeurent en marge de la vie populaire. Ils ont de bonnes techniques de présentation, mais ils se désintéressent parfois du contact permanent avec les associations de loisirs récréatifs et culturels qui pourraient être des intermédiaires entre eux et les différents publics d'une localité. Quoique possédant une excellente culture, ils ne sont peut-être pas assez initiés aux techniques modernes d'animation des milieux populaires. Quant aux bibliothécaires bénévoles qui, si les proportions étaient les mêmes qu'à Annecy, sont au moins vingt fois plus nombreux que les bibliothécaires professionnels, leur formation sociale, culturelle et pédagogique n'a jamais été organisée systématiquement, hormis dans quelques stages qui annuellement ne doivent pas toucher plus de cent personnes.

Mais l'équipement surtout laisse à désirer. Un grand nombre de librairies et débits de livres restent peu attirants pour le grand public, comparés à une épicerie moderne ou à un Prisunic. Les lettrés y vont, mais les autres ne sont pas attirés par cette présentation. Au contraire, lorsque la boutique est moderne, la vitrine est composée avec le seul souci d'attirer les connais-

---

remédier à cette situation, sur 423 réponses, on en trouve : 156 d'ordre économique (il faudrait que les ouvrages soient meilleur marché); 63 sont d'ordre psychologique (il faudrait que les libraires mettent à l'aise, qu'ils facilitent l'accès du livre, qu'ils conseillent davantage ou qu'ils soient plus qualifiés); et 23 d'ordre technique (les libraires devraient faire davantage de publicité, s'occuper davantage du public). Ces réponses révèlent un sérieux écart entre les comportements du libraire et les attentes d'un certain public encore réfractaire à l'achat des livres.

seurs, ceux qui suivent l'activité littéraire. De plus, la plupart
des librairies restent situées dans des rues où l'ouvrier ne passe
pas régulièrement, dans le centre, dans le milieu des affaires,
dans les très beaux quartiers. Par contre, les petites librairies,
qui se trouvent à la périphérie ou dans les faubourgs sur le passage des ouvriers, montrent surtout des livres qui perpétuent
la tradition sentimentale et mélodramatique du roman populaire.

Nous ne dirons pas qu'il y a deux circuits, le circuit lettré
et le circuit populaire. Nous dirons que l'extension de la distribution des œuvres hors du cercle des lettrés se heurte à l'incompétence de beaucoup de libraires et à l'inadaptation des
boutiques à la diffusion du livre de qualité dans tous les milieux.

Quant aux bibliothèques, elles souffrent d'un sous-équipement
général. L'action de la Direction des bibliothèques se heurte
à l'incompréhension fréquente des pouvoirs publics et municipaux pour lesquels le développement des bibliothèques n'est
pas un souci majeur [1]. Peu de bibliothèques municipales ont
un équipement suffisant. Il y a de très grandes villes où l'organisation de la lecture publique est encore embryonnaire, quoique le nombre des bibliothèques municipales (cinq cents) contrô-
lées corresponde à peu près au nombre des communes de plus
de dix mille habitants. Les faubourgs sont aussi pauvres en
bibliothèques qu'en librairies et l'effort d'équipement en bibliobus ruraux n'a pas pu être poursuivi au même rythme que celui
pratiqué au lendemain de la Libération [2]. L'état de nos biblio-

1. Il ressort de notre enquête auprès des cinq cents foyers de la
ville d'Annecy que la bibliothèque municipale est loin de satisfaire tous
les désirs de la population. Le vœu numéro un est que la bibliothèque
ait des livres modernes en plus grand nombre; deuxièmement, qu'elle
soit d'un accès plus facile (la bibliothèque municipale se situe au dernier
étage de la mairie); troisièmement, qu'elle organise des clubs de lecteurs
et qu'elle forme le public; quatrièmement, qu'elle soit ouverte le soir
en dehors des heures de travail; cinquièmement, qu'elle fasse de la
publicité.

2. On peut estimer qu'il reste environ deux tiers des villages français à desservir. Sur les 45 800 bibliothèques scolaires, il n'y en a que
23 500 qui sont réellement ouvertes au public, et combien d'entre elles
sont vivantes? En Seine-et-Oise, selon P. Breillat, directeur de la bibliothèque centrale de prêt, sur 1 095 bibliothèques scolaires recensées en
1951, 723 étaient exclusivement scolaires, 372 seulement pratiquaient
réellement le prêt aux adultes, encore s'agissait-il précisément de celles
qui étaient desservies par la bibliothèque départementale.

thèques est en retard sur celui de nombreux pays étrangers comme l'Australie, le Canada, le Danemark, les États-Unis, l'Angleterre, la Suède, pays où le nombre de volumes prêtés annuellement par les bibliothèques publiques est supérieur au nombre total d'exemplaires publiés en une année! En France, c'est l'inverse. Quoique la Direction des bibliothèques de France n'ait pas encore pu établir la statistique générale des prêts, on peut estimer en recoupant des renseignements partiels que les chiffres des prêts à domicile des bibliothèques est inférieur de très loin aux cent soixante millions d'exemplaires d'ouvrages produits en une année en France. Par rapport à l'ensemble de la province et de la campagne, Paris est relativement bien desservi. Pourtant, les bibliothèques municipales parisiennes ne prêtent qu'un livre environ par an et par habitant, alors que les bibliothèques publiques britanniques en prêtent près de huit (il s'agit là d'une moyenne nationale tenant compte des imperfections locales, la moyenne des villes bien desservies étant donc plus élevée). Il est à noter que les Anglais ne se privent pas pour autant des charmes du cinéma et de la télévision [1].

Quant aux catégories sociales touchées par les bibliothèques, elles sont loin de correspondre à la composition de la nation. Nous ne possédons pas de sondage national sur ce sujet, mais quelques monographies nous donnent des indications. Elles se recoupent toutes sur ce point [2]. Les classes qui sont proportionnellement les plus touchées par les bibliothèques sont les classes moyennes et en particulier les employés et les fonctionnaires; les écoliers et les étudiants, les sans-profession et les retraités sont également très nombreux.

---

1. En effet les Anglais vont en moyenne au cinéma vingt-neuf fois par an, les Français huit fois (17). Rappelons qu'en 1959 on compte en France environ 1 400 000 postes de télévision contre 10 000 000 environ en Grande-Bretagne.
2. Ainsi la bibliothèque départementale circulante de Dordogne, qui atteint 8,4 % de la population adulte du département, touche 6 % d'agriculteurs et 5 % d'ouvriers alors que le total de ces deux catégories se situe, pour le département, à 42 % (18). En 1957, à Paris, la bibliothèque municipale du XIIe arrondissement ne comptait que 9,6 % de travailleurs manuels et artisans; celle du XVIIe, 6 %; celle du XVIIIe, 11,5 %. La bibliothèque municipale de Rouen compte environ 10 % de lecteurs ouvriers, celle d'Annecy un peu moins, alors qu'il y a 35 % d'ouvriers dans l'agglomération. Tous ces chiffres concordent.

Les lecteurs.

Dans l'état actuel de la production et de la distribution, tour à tour favorable et défavorable au progrès de la lecture des livres, combien de Français lisent des livres et à quelles catégories sociales appartiennent-ils? Les clients réguliers d'une librairie ou les adhérents d'une bibliothèque, seraient-ils les seuls lecteurs? Divers sondages ont montré qu'un livre acheté ou emprunté est lu en moyenne par trois personnes. B. Cacérès (19) insiste à juste titre sur ces circuits « prête-main », peut-être plus importants que tous les autres. Il serait intéressant de les étudier en fonction du réseau de relations sociales qui entoure chaque individu dans son milieu de travail, d'habitation, de loisir... En attendant, nous ne pouvons que saisir les effets globaux de toutes ces pratiques d'achat, d'emprunt ou d'échange de livres par des sondages sur la répartition et la fréquence de la lecture dans le public. La lecture des livres n'est pas exclusivement l'apanage du milieu lettré. La réalité est plus complexe.

Un sondage de l'Institut français d'opinion publique sur un échantillon proportionnel de Français des villes et des campagnes établit que 62 Français sur 100 lisent des livres au moins une fois par an (20). En 1948, à Auxerre, les deux tiers des interviewés lisaient des livres [1]. Alors que de nombreux éducateurs parlent d'un recul de la lecture, personne ne sait si ces pourcentages sont inférieurs ou supérieurs à ceux du début du siècle. D'après une enquête auprès des anciens de la ville d'Annecy, il semble pourtant que là encore l'évolution soit positive. Quoi

---

1. Depuis que ce chapitre a été écrit ont paru (1961) les résultats d'une grande enquête entreprise par le Syndicat national des éditeurs auprès d'un échantillon national représentatif de toutes les couches de la population : 42 % des Français lisent des livres. Environ 25 % ont déclaré au moment de l'enquête qu'ils avaient un livre en cours de lecture. A une question comparable posée à des échantillons nationaux représentatifs dans différents pays, 21 % d'Américains, 33 % de Suédois et 55 % d'Anglais ont répondu dans le même sens que les 25 % de Français.

qu'il en soit, les bibliothèques familiales ne sont pas réservées aux seuls « lettrés [1] ».

On estime à environ 2 millions le milieu « lettré » qui s'intéresse à la vie littéraire, s'informe de ses problèmes, suit la course aux prix littéraires, et achète périodiquement, par goût ou par snobisme, des œuvres modernes; mais le milieu de ceux qui continuent après l'école à lire régulièrement ou épisodiquement des livres peut être estimé à environ 20 millions. Ce public lit moins, mais il est dix fois plus nombreux.

Mais, dira-t-on, les 60 % de lecteurs français appartiennent peut-être seulement aux classes dirigeantes et aux classes moyennes. Est-ce que les ouvriers lisent des livres?

Le sondage de l'I.F.O.P. nous montre que le pourcentage des ouvriers qui lisent au moins un livre par an, tout en étant inférieur à la moyenne générale, est cependant de 53 % (contre 42 % aux agriculteurs) (20). Et à Annecy, nous venons de voir que deux foyers ouvriers sur trois possèdent des livres. Allons-nous conclure que, désormais, l'égalité devant la culture est réalisée! Loin de nous cette idée. Même en nous limitant au critère sommaire du nombre des livres conservés au foyer, des inégalités demeurent, qui appellent et justifient l'intensification de toutes les actions économiques ou culturelles de nature à les diminuer. A Annecy, par exemple, les employés ont proportionnellement plus de bibliothèques que les ouvriers (trois foyers sur quatre au lieu de deux sur trois). Nous n'avons rencontré aucun foyer d'industriels, de cadres, ou d'agents des carrières libérales qui n'ait sa bibliothèque. Instrument de culture ou de prestige national, elle est dans ces milieux aussi indispensable que le « bachot » ou l'automobile. Enfin, quand on ne retient

---

1. En effet 65 % des foyers d'Annecy ont des livres, 55 % ont une petite bibliothèque d'au moins cinq livres (livres de classe des enfants exclus) et parmi eux plus de la moitié ont, dans leur bibliothèque, plus de vingt-cinq livres.

9 %	des foyers ont de	1 à	5	livres.
19 %	des foyers ont de	6 à	15	livres.
10 %	des foyers ont de	16 à	25	livres.
24 %	des foyers ont de	26 à	75	livres.
13 %	des foyers ont de	76 à	150	livres.
6 %	des foyers ont de	151 à	250	livres.
10 %	des foyers ont de	251 à	500	livres.
4 %	des foyers ont plus de		500	livres.
4,5 %	des foyers : incertains.			

que les bibliothèques pourvues d'au moins vingt-cinq livres, le pourcentage des foyers ouvriers tombe de 50 à 20 %. Des inégalités subsistent donc au détriment des ouvriers, surtout des O.S. et des manœuvres.

Que lisent, pendant leur loisir ces lecteurs de toutes classes sociales et de tous niveaux d'instruction? Quels sont les genres d'œuvres littéraires qui se sont révélées les plus aptes à diminuer la distance sociale et culturelle qui sépare le public lettré du grand public? Existe-t-il des œuvres qui sont sorties du circuit des lettrés pour entrer dans le large circuit des lecteurs populaires? Ou bien, ce circuit est-il occupé par des ouvrages mineurs qui s'opposent en fait à la pénétration des œuvres littéraires dans ces publics nouveaux?

Nous avons rassemblé une documentation de source variée[1] sur les plus forts tirages des ouvrages de 1945 à 1955. Pendant cette période, environ trente mille titres de littérature ont paru, cent cinquante seulement ont un tirage supérieur à soixante mille exemplaires, 90 % des ouvrages édités étant vendus à moins de trois mille exemplaires. Une première remarque s'impose sur l'évolution des best-sellers littéraires. D'après l'opinion de certains éditeurs, depuis la dernière guerre, leur nombre a augmenté ainsi que leur tirage. De combien? Seules des recherches sur quelques anciennes maisons d'éditions pourraient chiffrer ce progrès. Quant à leur qualité, l'opinion de Charensol est formelle : « La plupart des livres qui depuis la guerre ont atteint de très forts tirages sont d'une excellente qualité littéraire. Nous sommes très loin des romans de Clément Vautel, de Maurice Dekobra et de Victor Margueritte qui battaient naguère tous les records. » Quelles sont les raisons du succès de ces best-sellers?

Charensol fait remarquer que quatre prix littéraires[2] : Goncourt, Renaudot, Fémina, Interallié, auxquels la presse donne une large publicité amènent fréquemment des tirages qui dépas-

1. En particulier des informations publiées par G. Charensol (24).
2. Remarquons qu'il existe environ six mille prix littéraires à distribuer chaque année! soit probablement au moins trois fois plus que de romanciers (grands et petits). Pourquoi cette situation?

sent les 100 000 : *Week-end à Zuydcoote* (260 000), *les Man-darins* (85 000), *la Vallée heureuse* (120 000), *le Rivage des Syrtes* (115 000)... De plus, lorsque le cinéma adapte une œuvre litté-raire, celle-ci trouve un public nouveau, deux fois, trois fois et même cinq fois plus nombreux [1].

Certes de nombreuses œuvres n'ont pas eu de prix impor-tant et elles ont atteint un chiffre énorme de vente, ainsi *Bon-jour tristesse*, de F. Sagan. Le succès littéraire peut être à l'ori-gine du succès cinématographique : il en est ainsi pour *le Petit Monde de Don Camillo*, qui a tiré à environ 1 million d'exem-plaires, l'éditeur estimant que le film n'a accru la vente que d'environ 50 %. Mais l'action des différents moyens d'infor-mation de masse, loin de nuire à la diffusion des œuvres, y contribue au contraire avec une efficacité sans précédent.

Quant aux sujets des succès littéraires, ils sont très variés. Certains sont d'ordre politique : ainsi, *J'ai choisi la liberté* de Kravchenko, *le Zéro et l'Infini* d'A. Kœstler (500 000 et 450 000 exemplaires). D'autres sont d'ordre religieux comme *Jésus et son temps* de Daniel-Rops (plus de 300 000 exemplaires). D'autres sont de caractère social : *les Hommes en blanc* de Soubiran (300 000) qui ont remplacé *Corps et Ames*. D'autres au contraire concernent la vie intime comme *Un certain sourire* de F. Sagan. Ils peuvent évoquer aussi des exploits sportifs; ainsi toute la série des récits romancés comme *le Grand Cirque de Closterman* (550 000), *la Grande Crevasse* de Frison-Roche (350 000) et une dizaine d'autres ouvrages du même genre. D'autres best-sellers doivent leur succès à la poésie comme *le Petit Prince* de Saint-Exupéry (400 000) ou *Paroles* de Prévert (plus de 300 000), ou encore à l'humour, comme *les Carnets du Major Thomson* de Pierre Daninos (350 000) ou *Don Camillo* de Guareschi, déjà cité. Que conclure? On ne saura rien sur ce sujet tant que des études sérieuses sur les motivations de lecteurs n'auront pas été faites. Pour le moment, constatons que des

---

1. Avant le film, en trois ans, *le Salaire de la peur* n'avait pas atteint 40 000 exemplaires. Après succès du film, plus de 75 000 exemplaires ont été vendus en un an (1954). *Cela s'appelle l'aurore* avait été tiré à 50 000. Après le film et grâce au concours des éditions populaires et des clubs, son tirage dépasse 150 000. *Le Journal d'un curé de campagne, Barrage contre le Pacifique, le Pont de la rivière Kwaï* (20 000 avant le film, 112 000 après) fournissent des exemples comparables.

œuvres aux caractères les plus opposés, mais douées d'une certaine qualité littéraire, débordent de plus en plus le public des lettrés.

L'investigation de Charensol, malgré tout son intérêt, n'est pas assez complète pour éclairer toutes les voies possibles de l'élévation du niveau de culture littéraire des vingt millions de lecteurs français. En effet, ces lecteurs ne vivent pas toujours au rythme de l'actualité, loin de là! Aussi faudrait-il ajouter les chiffres concernant la diffusion récente des œuvres des principaux auteurs modernes antérieurs à 1940 : Malraux, Colette, etc., ainsi que les chiffres de réédition des principaux auteurs classiques. Or on sait, d'après le sondage de l'I.F.O.P. que les Français s'intéressent autant aux classiques qu'aux nouveautés (22 % pour chacune des catégories) (20).

A l'inverse, il serait utile de connaître les best-sellers dont le succès s'oppose à celui des best-sellers littéraires. Nous allons essayer de compléter l'enquête de Charensol par le chiffre des tirages de romans de qualité médiocre qui, en fait, constituent des obstacles à la pénétration de la culture générale dans un large public. Certains de ces genres mineurs sont en déclin, par exemple les fades romans de Delly et de Max du Veuzit. Grâce à l'obligeance de leurs éditeurs, nous savons que, depuis 1928, l'œuvre de Delly (25 titres) a été tirée à environ 3 millions d'exemplaires, mais que depuis 1945, la courbe de vente est en baisse régulière. Il en est souvent de même pour les 2 500 000 exemplaires des vingt-cinq ouvrages de Max du Veuzit édités depuis 1931 (21). Un autre genre de littérature médiocre est, d'après les éditeurs, sinon en déclin, du moins à un niveau stationnaire depuis la Libération. Ce sont les romans de « petite librairie » publiés par Ferenczi, Fayard, Del Duca — à des prix allant de 75 à 175 F. Les tirages de ces petits livres sont de l'ordre de 30 000, avec quelques tirages exceptionnels qui dépassent 100 000. Par contre, deux genres sont en expansion, c'est le roman-photo et le roman policier. Nous ne disposons pas de chiffres sur les tirages du premier, pour lequel Del Duca fait un gros effort de publicité et de présentation; mais une enquête récente sur le roman policier nous apporte quelques précisions. Certains pourront s'étonner que nous mettions à cette place ce genre de littérature. Nous savons que les romans policiers avec Agatha Christie ou Georges Simenon peuvent atteindre par la richesse de leurs observations et la qualité de leur style à un haut niveau littéraire; mais, dans l'ensemble, ce genre de production reste assez médiocre. Lorsqu'il fournit des lectures de complément à l'intellectuel fatigué ou énervé, il n'a pas le même sens que lorsqu'il est l'unique nourriture d'un public. Dans ce dernier cas, le plus fréquent, le genre policier est incontestablement un obstacle à la découverte d'une littérature de qualité, c'est pourquoi nous le plaçons ici; il faut savoir que chaque mois, la production de romans policiers atteint des tirages de l'ordre de grandeur de 2 millions (22), ce qui représenterait (sous toute réserve), environ le tiers de la production littéraire mensuelle.

De telles constatations statistiques nous donnent des ordres de grandeur de la production, mais elles ne nous renseignent pas sur les goûts littéraires propres à chaque milieu social. Peu de libraires, à notre connaissance, ont fait une étude systématique des préférences de leurs différents publics, en interrogeant un échantillon rigoureusement représentatif de leur clientèle. D'autre part, un sens particulier du secret professionnel les empêche souvent de livrer des observations chiffrées sur ces sujets, comme si de telles informations pouvaient ruiner leur entreprise.

Par contre, les observations statistiques de certains bibliothécaires nous permettent une première connaissance du goût des lecteurs selon les milieux sociaux. Dans tous les milieux les ouvrages documentaires conviennent à une minorité dont il serait intéressant de déterminer la dimension et l'évolution; parmi eux, les plus appréciés sont les livres de voyages, les biographies, les ouvrages historiques et géographiques. Partout la littérature de fiction constitue la majorité des prêts (60 à 90 %)[1].

Chaque milieu social apprécie différemment auteurs et genres de romans. A la bibliothèque municipale de Limoges, fréquentée par un public urbain cultivé, arrivent en tête et dans l'ordre

1. En 1958 dans les bibliothèques d'hôpitaux et de sanatorium de l'assistance publique, sur 580 000 volumes prêtés, on compte 421 000 romans. A la bibliothèque de l'entreprise Boimondau, au moins 80 % des livres prêtés sont des romans.

des préférences : Colette, Cronin et Gide; puis Balzac et Victor Hugo; Mauriac et Zola; A. Dumas, Dostoievski, Saint-Exupéry... La répartition des suffrages est quelque peu différente dans le milieu rural desservi par la bibliothèque circulante départementale de la Haute-Vienne, V. Hugo et A. Dumas arrivant de très loin en tête, suivis par Colette, Cronin, Balzac, Delly, Duhamel, G. Sand, Zola. On connaît l'effort réalisé à la communauté Boimondau en vue d'élever le niveau culturel d'un milieu ouvrier spécialement en éveil, vu ses conditions particulières de travail. Les auteurs les plus demandés à la bibliothèque, de 1951 à 1955 ont été dans l'ordre : Van der Meersch, Colette, Cronin, Pearl Buck, T. Monnier, E. Zola, Mazo de la Roche, Balzac, Slaughter, V. Hugo. Enfin, dans une bibliothèque municipale de la banlieue de la région parisienne, les auteurs ayant recueilli le plus de suffrages dans une enquête par questionnaires étaient en 1957 : Cronin, Simenon, P. Benoit, Duhamel, Pearl Buck, V. Hugo, H. Bazin, A. Dumas, F. Mauriac, Slaughter, A. France.

De telles enquêtes nous donnent des indications utiles : elles font ressortir quelques différences et ressemblances de goût entre le milieu rural et le milieu urbain, le milieu bourgeois et les milieux populaires. Mais le nombre de ces enquêtes monographiques est encore trop restreint pour qu'on puisse tirer des conclusions d'ensemble. D'autre part, le public des bibliothèques ne représente qu'une faible partie de la population.

Comment connaître les livres qui pénètrent dans l'ensemble des foyers qui ont une bibliothèque? Seuls des sondages intensifs et systématiques sur des échantillons représentatifs de l'ensemble des familles de milieux locaux significatifs, sélectionnés selon un choix raisonné, peut apporter une réponse adéquate.

Nous avons commencé ce travail sur Annecy, ville de 40 000 habitants, par un sondage au vingtième dont nous avons parlé plus haut. Un sondage national de l'Institut français d'opinion publique sur la lecture nous permet de comparer nos résultats avec les données nationales (20). A Annecy, ce qui frappe, à première vue, c'est la variété des genres de livres contenus dans les bibliothèques familiales [1].

1. Des dictionnaires dans 285 foyers, soit 57 % — des romans littéraires dans 206 foyers, soit 41 % — des livres techniques dans 167 foyers, soit 33 % — des œuvres classiques dans 103 foyers, soit 21 % — des romans de petite librairie dans 94 foyers, soit 19 % — des livres de

Nous avons cherché à connaître les différences entre les hommes et les femmes (chefs de famille) dans l'emploi de ces livres.

Nous n'avons trouvé aucune différence significative entre eux en ce qui concerne les romans en images, les romans de petite et grande librairie, les classiques, les livres de jeunes et les dictionnaires; par contre les différences sont significatives en faveur des hommes en ce qui concerne la lecture des romans policiers, des livres techniques, des livres de classe, des essais et ouvrages scientifiques. Ces résultats sont infirmés par le sondage national de l'I.F.O.P. en ce qui concerne le roman, préféré par 72 % des femmes contre 51 % des hommes; ils sont confirmés pour le roman policier choisi par 13 % des hommes contre 4 % des femmes.

Et les foyers ouvriers? Leur bibliothèque se bornerait-elle au dictionnaire Larousse? Une évolution importante s'est produite : on trouve dans les foyers ouvriers tous les genres énumérés pour l'ensemble des bibliothèques familiales, et dans les mêmes proportions, excepté les essais, les livres de voyages, les classiques et les romans littéraires [1].

Le mélange hétéroclite des bibliothèques ouvrières frappe dès l'abord : un roman de Delly voisine avec *le Petit Prince* de Saint-Exupéry; un roman de petite librairie avec un volume de Balzac, etc. Les écrivains les plus fréquemment trouvés sont plus encore que Victor Hugo et Alexandre Dumas, Frison-Roche, Rebuffat ou Maurice Herzog. Contrairement à ce qu'on observe dans les bibliothèques de la petite et de la grande bourgeoisie, on ne trouve dans les bibliothèques ouvrières aucun prix Goncourt, aucun livre de Françoise Sagan. Par contre, *les Hommes en blanc*, *Corps et Ames* reviennent fréquemment. Enfin, les ouvrages de littérature moderne qu'on rencontre le plus souvent sont des romans traduits de l'américain ou de

---

jeunes dans 89 foyers, soit 18 % — des livres de voyages dans 80 foyers, soit 16 % — des romans policiers dans 75 foyers, soit 15 % — des essais et ouvrages scientifiques dans 46 foyers, soit 9 % — des romans en photos ou images dans 18 foyers, soit 4 %.

1.	*Dans les bibliothèques ouvrières*	*Dans l'ensemble des bibliothèques*
Essais	7 %	15 %
Livres de voyages	15 %	25 %
Classiques	15 %	30 %
Romans littéraires	40 %	30 %

l'anglais comme *Ambre, les Clés du royaume, la Citadelle, Autant en emporte le vent, Jane Eyre, les Hauts de Hurlevent, la Mousson.* Cette prédominance, comme d'ailleurs celle des récits romancés d'escalade, s'observe également dans les bibliothèques de toutes les catégories de la population.

Allons-nous en conclure que malgré les particularités de chaque milieu la diffusion des œuvres littéraires est égale dans tous les milieux sociaux? Il serait hâtif de l'affirmer. Tout d'abord, les résultats de notre enquête devraient être soumis à un traitement statistique et à une interprétation systématique que nous nous proposons de faire ailleurs plus tard. Ensuite, lorsque nous cherchons à savoir non plus quels sont les ouvrages littéraires qui pénètrent dans chaque bibliothèque, mais quel est le genre dominant dans chacune d'elles, des disparités apparaissent, des inégalités se creusent au détriment des bibliothèques ouvrières [1].

Telles sont les tendances actuelles et les dimensions de la production, de la distribution et de la répartition du livre, particulièrement de l'ouvrage littéraire, selon les catégories sociales. En dépit de l'influence croissante de la presse, du cinéma, de la radio et de la télévision, et souvent à cause d'elle, la lecture d'ouvrages littéraires est en progression dans les loisirs de couches sociales de plus en plus larges. Néanmoins, cette progression rencontre de nombreux obstacles culturels et sociaux et la situation réelle reste encore très éloignée des besoins idéaux d'une société démocratique fondée sur l'égalité du droit à la culture.

Les ambiguïtés des contenus du loisir populaire conditionnent directement la pratique de la lecture, comme celle du cinéma

---

1. Tout d'abord le roman littéraire est dominant dans 30 % des bibliothèques annéciennes (au sondage de l'I.F.O.P. 32 % des Français ont une bibliothèque composée essentiellement de romans) et cette dominante n'apparaît que dans 15 % des bibliothèques ouvrières. Si l'on additionne les bibliothèques où dominent les romans policiers vulgaires, on constate qu'en moyenne 26 % des bibliothèques familiales d'Annecy sont dans cette catégorie (29 % des bibliothèques dans le sondage de l'I.F.O.P.). Mais la proportion de cette catégorie n'est pas la même dans tous les milieux sociaux : 37 % des bibliothèques ouvrières contre 12 % des bibliothèques d'employés, 14 % des bibliothèques de commerçants, 15 % des bibliothèques de cadres.

ou de la télévision dans les masses. Nous revenons encore à la même question fondamentale : quels sont les conditions et les processus les plus efficaces pour l'élévation du niveau de culture générale du loisir des différents milieux sociaux? Les praticiens ont souvent une connaissance intuitive de ces solutions. L'accroissement des crédits d'équipement est une de ces solutions urgentes, mais non pas la seule. Est-ce que la production littéraire elle-même est parfaitement adaptée aux besoins nouveaux des masses? Quelles sont les émissions de radio, de cinéma ou de télévision les plus appropriées au développement d'attitudes actives à l'égard de la lecture...? Quels sont les types d'ouvrages littéraires les plus aptes à faire pénétrer la pratique de la lecture dans chaque foyer populaire? Quelles sont les relations à développer entre les bibliothèques et les milliers de groupements récréatifs et culturels du milieu rural ou du milieu urbain? Quels sont les programmes et les méthodes scolaires les plus efficaces pour répandre un goût durable et spontané de la lecture pendant le temps libre? Autant de questions complexes que l'intuition du praticien ne peut pas résoudre seule [1].

1. La constitution récente (octobre 61) d'un groupe d'étude du livre dans le cadre du commissariat général au Plan et à la Productivité a permis d'entreprendre des travaux en relation avec le groupe de Sociologie du loisir et de la culture populaire du centre d'Études sociologiques. Nous espérons qu'ils aboutiront aux recherches que nous avons évoquées.

5

Le loisir,
l'instruction et les masses

Jean Fourastié souligne que le passage de la vie traditionnelle à la vie tertiaire est déjà marqué et le sera de plus en plus par « l'accès de l'homme moyen à la vie intellectuelle » (23). Mais après l'école, en quoi peut consister la culture de l'esprit dans le loisir populaire de notre société? Si nous passons de la lecture des livres au développement permanent de la connaissance dans les masses, nous abordons un problème encore plus difficile. Comment peut se répartir selon les milieux sociaux le goût spontané d'apprendre? « L'adolescence intellectuelle » ignore-t-elle les frontières sociales? Certains soutiennent que les thèmes culturels de notre société tendent à s'uniformiser et que les chances d'élévation culturelle sont égales dans tous les milieux. Au contraire d'autres affirment qu'il n'en est rien et que les divisions des catégories et des classes sociales subsistent dans le domaine culturel comme dans tous les autres.

Là encore, de grandes enquêtes sociologiques sont à entreprendre. Elles seraient fondamentales, tant pour la réforme de l'école que pour l'élaboration d'une action culturelle qui engloberait et prolongerait l'école tout en la rénovant [1]. Ces recherches sont nécessaires pour l'orientation du développement culturel du pays en relation avec son développement économique et social. Elles seules permettront de poser le problème de la culture populaire à la mesure des besoins d'une société moderne et démocratique.

Nous nous bornerons à présenter ici les premiers résultats

---

1. Cf. Peuple et Culture, *Planification et Éducation populaire*, revue n° 56, 1960 — *Sciences sociales et Éducation populaire*, revue n° 58, 1961.

du dépouillement de trois questions posées à un échantillon
de chefs de famille choisis selon un tirage systématique au
vingtième, soit environ 500 individus, dans notre enquête d'Annecy.
La première de ces questions cherche à découvrir les « attitudes
autodidactiques » dans la population de notre ville : « Y a-t-il
des sujets sur lesquels vous avez acquis ou cherché à acquérir
de réelles connaissances, en vous documentant sérieusement,
régulièrement ou non? Si oui, lesquels? »

Les thèmes d'autodidaxie.

Tout d'abord, le trait dominant de notre population à l'égard
de l'acquisition systématique des connaissances est *l'indifférence.*
Nous avons essayé de la mesurer : un peu plus de la moitié des
interviewés n'ont pas pu désigner un réel centre d'intérêt dans
douze catégories de sujets sur quinze qui leur étaient présentés.
Les abstentions représentent généralement plus de 60 % des
individus. Trois catégories de sujets seulement échappent à cette
indifférence : les questions pratiques, les questions techniques,
la géographie. L'analyse des résultats par catégorie socio-professionnelle précisera cette situation. Certains groupes manifestent
une véritable atonie culturelle par la pauvreté de leurs intérêts
et l'importance du nombre des non-réponses. Même dans les
milieux où se manifestent des attitudes actives à l'égard de la
connaissance, rares sont les sujets choisis par un pourcentage
important d'interviewés. Nous verrons que deux centres d'intérêt
seulement sont choisis par plus du quart des personnes interrogées : c'est le métier et la géographie.

Cependant dans les différents milieux sociaux, une minorité
d'individus manifeste un réel appétit de connaissance. Voici la
liste des sujets privilégiés auxquels plus de 15 % des personnes
interrogées s'intéressent ou se sont intéressées activement :

a) On constate d'abord que les thèmes privilégiés se rattachent souvent à des préoccupations *utilitaires* correspondant à
un besoin d'information sur des problèmes qui touchent directement à la vie quotidienne.

Ainsi, comme on pouvait s'y attendre, le *métier* est un des
intérêts dominants de l'homme : celui-ci cherche naturellement

Sujets	Nombre de choix	% par rapport au nombre de personnes interrogées
1. Géographie	140	28 %
2. Votre métier	128	26
3. Médecine	113	23
4. Histoire	100	20
5. Bricolage	97	19
6. Éducation	96	19
7. Mécanique	96	19
8. Cuisine	94	19
9. Récits de voyage	91	18
10. Calcul	91	18
11. Art et littérature	90	18
12. Jardinage	89	18
13. Questions économiques et politiques	84	17
14. Philosophie et religion	84	17
15. Langue française et langue étrangère	84	17
16. Morale et art de vivre	83	17

à se perfectionner et il n'est pas étonnant que le deuxième rang soit attribué à cette préoccupation dont on pourra à nouveau apercevoir le caractère prépondérant en étudiant la question sur l'utilité des congés culturels. Des connaissances en mécanique sont nécessaires à ceux qui travaillent en usine et l'intérêt pour cette technique est donc largement lié à l'exercice d'un métier déterminé. On verra par la suite que le calcul lui-même est choisi parce qu'il apporte des connaissances indispensables au perfectionnement de la culture professionnelle.

On notera d'autre part la part importante des préoccupations directement liées à l'exercice des autres activités de la vie quotidienne. La médecine et l'éducation intéressent au premier chef la vie familiale. Le bricolage, la cuisine, le jardinage sont des occupations pratiques dont l'utilité immédiate apparaît clairement. Bref, on retiendra l'intérêt porté aux questions pratiques et techniques, catégories qui suscitent par ailleurs le moins de non-réponses.

b) Classons à présent les connaissances mentionnées sur la feuille soumise aux personnes interrogées suivant un autre critère. A côté des connaissances pratiques et techniques, on peut distinguer des notions scientifiques : mathématiques (calcul), sciences de la matière (physique et chimie), sciences de la vie (médecine et sciences naturelles), celles des disciplines relevant des sciences humaines (géographie, histoire, économie et politique, éducation et psychologie), les moyens d'expression (art et littérature, langues), les problèmes de la destinée (philosophie et religion, morale).

Les sciences humaines à l'exception de la psychologie intéressent beaucoup de gens. A une époque où le monde se transforme rapidement, où les voyages sont de plus en plus accessibles, *la géographie* apparaît comme l'élément le plus répandu de la culture générale. Se situer dans l'espace est ressenti comme une nécessité quotidienne. Le Français n'est plus « le monsieur qui ignore la géographie ». Cet intérêt est partagé dans les milieux sociaux les plus différents, la géographie apparaissant ainsi comme l'avant-garde d'une culture commune plus ouverte. L'histoire est également assez largement appréciée, bien que l'intérêt pour ce thème soit moins général et uniforme. L'homme ressent le besoin de se situer dans le temps, presque autant que dans l'espace.
La modernité et le caractère essentiel de ces deux disciplines traditionnelles apparaissent ainsi avec éclat dans la vie de l'adulte. Ils se traduisent par la vogue de certaines revues de vulgarisation et par l'intérêt porté à ce genre d'ouvrages tant dans le commerce que dans les bibliothèques. Les questions économiques et politiques intéressent également un nombre appréciable d'individus; les problèmes d'éducation qui ont une incidence immédiate sur la vie familiale suscitent plus d'intérêt que la psychologie qui laisse indifférents certains milieux sociaux.
Les moyens d'expression, les problèmes de la destinée intéressent une minorité non négligeable. Il est étonnant, par contre, de constater combien les sciences pures et appliquées sont délaissées. Les sciences naturelles arrivent au dix-neuvième rang avec 71 suffrages, la physique et la chimie étant très mal partagées (57 suffrages). Seule la *médecine* échappe à ce relatif discrédit. D'intérêt immédiat, cette discipline est appréciée dans tous les

milieux sociaux. On connaît d'ailleurs la vogue des romanciers exploitant le thème médical : Cronin, Slaughter, Soubiran.

A une époque où la science joue un rôle considérable, on peut se demander pourquoi les sujets scientifiques suscitent un intérêt relativement faible. L'intérêt que manifestent certains milieux pour les problèmes techniques et le calcul nécessaire en ces domaines ne se traduit pas en une attitude favorable aux sciences expérimentales dans leur ensemble, sans doute jugées trop lointaines ou trop difficiles.

Différenciation des thèmes selon les milieux.

Dans quelle mesure y a-t-il une croissante homogénéité culturelle? Les divers groupes sociaux participent-ils également à cette culture ou au contraire ont-ils des traits culturels qui leur sont propres? L'analyse révèle une différenciation appréciable en fonction des milieux sociaux; la culture est loin d'être uniformisée, standardisée.

Un double fait apparaît. D'une part, les choix effectués par les membres de certaines catégories sociales sont beaucoup moins nombreux que ceux effectués par d'autres milieux. L'indifférence est dans certains cas considérable. D'autre part, les milieux les plus indifférents, les moins curieux manifestent également les choix les moins diversifiés, avec des intérêts à dominante pratique et technique.

Si l'on considère le nombre moyen de sujets choisis par individu, on s'aperçoit que le nombre est faible chez les ouvriers professionnels (6,8) et cela malgré de nombreux choix dans les séries pratiques et techniques (plus du tiers des choix). Le chiffre est moyen chez les artisans (8,4) et les petits commerçants (8,2). Il est plus important chez les cadres moyens (14,4) groupe original aux préoccupations variées. Une analyse comparée des réponses et des non-réponses donne des résultats analogues.

Si l'on étudie la variation du nombre des centres d'intérêts choisis par 20 % et plus des membres de chaque catégorie, on constate d'importants écarts. Ainsi 22 sujets sont choisis par plus de 20 % des cadres moyens, contre 4 seulement par plus de 20 % des ouvriers spécialisés et des manœuvres.

L'analyse des listes de sujets choisis par 20 % et plus de chaque catégorie socio-professionnelle montre clairement la variation des intérêts selon les milieux.

Les industries et les gros commerçants s'intéressent aux questions pratiques et techniques. Le métier occupe le premier rang avec la mécanique. Le jardinage figure au septième rang. Mais la diversité des intérêts est notable. L'économie politique, les sciences naturelles, la philosophie et la religion précèdent l'histoire et la géographie... La curiosité de ce groupe paraît vaste et riche.

Les artisans manifestent un intérêt prépondérant pour le métier qui arrive de loin en tête des préoccupations et pour

POURCENTAGE DES RÉPONSES PAR RAPPORT A L'EFFECTIF
DE CHAQUE CATÉGORIE [1]

	Moyenne Homme	Ouvriers [2]	Employés	Cadres [3]	Artisans	Commerçants
Bricolage	19	21	29	15	13	15
Votre métier	29	26	29	34	47	25
Mécanique	23	27	22	18	29	19
Calcul	20	23	33	14	21	11
Physique, chimie	13	7	18	23	13	6
Médecine	22	16	29	24	23	31
Sciences naturel.	15	5	22	23	18	19
Géographie	29	24	35	36	23	31
Histoire	22	13	22	32	21	25
Économie polit.	18	11	13	29	13	25
Éducation	19	12	22	26	16	23
Psychologie	14	6	13	25	10	17
Français et langues étrangères	17	13	20	18	16	15
Art et littérature	17	6	15	33	16	17
Morale	17	8	24	24	18	19
Philosophie et religion	17	7	16	28	21	17

1. Nous n'avons pas présenté toutes les catégories de notre population et dans chaque catégorie, il y a des réponses multiples.
2. Ouvriers : contremaîtres, O.P., O.S. manœuvres.
3. Cadres : terme employé pour désigner le regroupement : carrières libérales, cadres supérieurs, enseignants, cadres moyens et assimilés.

la technique (mécanique, moteurs). La culture générale est néanmoins présente par certains éléments : géographie et histoire, mais aussi philosophie et religion, médecine.

Les petits commerçants ont une attitude sensiblement différente de celle des artisans. Ils s'intéressent moins aux questions techniques : géographie, histoire, médecine et éducation constituent les éléments d'une culture générale qui est également orientée vers les questions économiques et politiques.

Les questions pratiques et techniques qui suscitent un très fort intérêt dans certaines catégories, notamment chez les ouvriers, sont pratiquement ignorées par les membres des professions libérales. On notera comme dominante, à côté de l'histoire et de la géographie, l'art et la littérature. Les préoccupations sont par ailleurs diverses : sciences, économie, éducation.

Les cadres supérieurs s'intéressent beaucoup à leur métier. On remarquera leur intérêt pour l'économie politique et la psychologie. Leur culture se rapproche de celle des professions libérales. Les intérêts des instituteurs se rapprochent de ceux des deux catégories précédentes.

Les cadres moyens ont un comportement particulièrement original. Ils s'intéressent à un grand nombre de sujets et constituent le groupe le plus éveillé, le plus curieux. C'est le seul groupe qui manifeste un vif intérêt à la fois pour les sciences et pour l'art et la littérature. Les questions pratiques et techniques n'apparaissent qu'au second plan.

Le comportement des employés se rapproche en partie de celui des ouvriers. Les intérêts pratiques sont en effet importants; on notera la place excellente occupée par le calcul. Leur culture est néanmoins plus étendue, se rapprochant de celle des cadres. A côté de la géographie et de l'histoire, on note médecine et éducation, morale et sciences naturelles.

Les contremaîtres ont de multiples intérêts, mais surtout pour les questions pratiques et techniques. Ils s'intéressent à leur métier, ils semblent vouloir approfondir ses différents aspects. On note certains éléments de culture générale.

Les ouvriers qualifiés s'intéressent essentiellement au côté pratique de la vie quotidienne (pêche, bricolage, jardinage), aux questions techniques (mécanique, électricité), au calcul, utile dans le travail. Les intérêts sont donc très peu diversifiés. La géographie est le seul élément de culture générale qui ait quelque faveur. Certains sujets comme la médecine, les sports, l'histoire, l'économie sont parfois cités. On notera le peu d'intérêt accordé aux sciences, à l'art et à la littérature, aux problèmes philosophiques.

Les ouvriers spécialisés et les manœuvres ont une culture analogue, mais bien plus pauvre. Seuls quelques intérêts pratiques et techniques émergent. On notera la place importante occupée par le calcul. Dans le domaine de la culture générale, seules la géographie et l'histoire suscitent quelque intérêt.

Le personnel de service manifeste de l'intérêt pour le calcul et les langues, deux éléments nécessaires dans un métier de relations; pour le côté pratique, la médecine, l'histoire, les problèmes de la destinée. On notera l'absence de la géographie.

Un regroupement des catégories permet de dégager des conclusions majeures.

CENTRES D'INTÉRÊTS AUXQUELS PLUS DE 15 % DES HOMMES
ET DES FEMMES S'INTÉRESSENT OU SE SONT INTÉRESSÉS

HOMMES - TOTAL : 415 FEMMES - TOTAL : 75

Sujets	Nombre de choix	Sujets	Nombre de choix
1. Votre métier	123	1. Cuisine	37
2. Géographie	120	2. Couture	36
3. Mécanique	95	3. Arts ménagers	31
4. Médecine	92	4. Médecine	21
5. Histoire	91	5. Géographie	20
6. Calcul	86	6. Art et littérature	19
7. Bricolage	81	7. Éducation	18
8. Récits de voyage	81	8. Bricolage	16
9. Jardinage	80	9. Diététique	16
10. Éducation	77	10. Hygiène	15
11. Économie politique	74	11. Cancer	15
12. Morale	74	12. Psychologie	15
13. Philo. et religion	72	13. Médecine par les plantes	14
14. Art et littérature	71	14. Découvertes de la chirurgie	13
15. Langues	71	15. Langues	13
16. Pêche	65	16. Philo. et religion	12
17. Récits d'exploration	65		
18. Sciences naturelles	63		

Le comportement du milieu ouvrier et celui des « cadres » apparaissent comme opposés. Chez les ouvriers, l'intérêt pour les questions pratiques et techniques, le calcul, est supérieur. La géographie et la médecine recueillent un pourcentage appréciable. Par contre, on constate un intérêt très faible pour les sciences, la psychologie, l'art et la littérature, les problèmes de la destinée... L'art et la littérature intéressent proportionnellement près de cinq fois plus de cadres que d'ouvriers.

Le comportement des artisans, des commerçants, des employés est intermédiaire entre le comportement des ouvriers et le comportement des cadres. Artisans et employés se rapprochent des ouvriers par leur intérêt pour les questions techniques. Par contre, les intérêts généraux sont plus développés, surtout chez les commerçants, sans atteindre cependant le niveau du groupe des cadres.

Une différenciation culturelle est incontestablement associée à la stratification sociale. On note également des différences sensibles entre la culture masculine et la culture féminine.

Chez les femmes, l'intérêt pour les *arts ménagers* correspond à l'intérêt marqué chez les hommes pour les connaissances concernant leur métier. Dans les deux cas, le travail quotidien est ainsi la préoccupation dominante.

La médecine occupe le quatrième rang des deux listes, mais on notera que beaucoup d'autres sujets médicaux apparaissent dans la liste féminine. La femme qui a la responsabilité de la vie familiale se préoccupe des problèmes de santé.

Alors que l'histoire accompagne la géographie chez les hommes, les femmes sont davantage orientées vers l'art et la littérature. Elles s'intéressent plus à la psychologie, moins à l'économie et à la politique.

Cette culture, dont nous venons de dégager les grands traits, est-elle en rapide évolution? Peut-on observer des tendances nouvelles et novatrices chez les jeunes générations? Participent-elles davantage aux grands courants de la culture contemporaine? Contrairement à ce qu'on pouvait penser a priori, une analyse des résultats indique que les principales orientations autodidactiques *ne varient pas beaucoup selon l'âge*. On peut simplement noter que les personnes âgées (cinquante et un ans et plus) semblent s'intéresser davantage au bricolage, que l'intérêt sur les questions économiques semble connaître un maximum entre trente et quarante ans, que les jeunes adultes (en dessous de quarante ans) semblent s'intéresser davantage à l'art et à la littérature que les personnes âgées. Ces faits mériteraient une étude attentive, mais n'ont pas l'importance présentée par le résultat principal, à savoir cette relative homogénéité culturelle dans tous les âges. Est-ce un fait particulier à une ville moyenne où les attitudes n'évolueraient que lentement? Est-ce la confirmation de la croyance populaire « on apprend à tout âge »?

Dans quelle mesure l'influence scolaire a-t-elle conditionné l'attitude autodidactique de l'adulte? Les intérêts de l'adulte apparaissent-ils comme le prolongement d'un enseignement qu'on désire approfondir? Ou désire-t-on au contraire combler les lacunes d'une instruction qui ne répondrait pas aux besoins culturels éprouvés dans la vie? On remarquera que *la correspondance entre les intérêts exprimés par les adultes et les connaissances enseignées dans l'école est relativement faible.*

Ce ne sont pas les disciplines dont la place dans l'enseignement est prépondérante quant aux horaires et aux programmes qui intéressent le plus les adultes. Le français et les mathématiques suscitent moins d'intérêt que la géographie et l'histoire. Les sciences n'obtiennent qu'un nombre relativement faible de suffrages. Par contre, on notera l'intérêt pour les questions économiques et politiques et pour toute une gamme de sujets; éducation, médecine, etc. Ces questions occupent peu de place dans les programmes de l'école primaire et même dans ceux des établissements secondaires. Pourraient-ils y occuper une plus grande place? Ou bien doivent-ils être réservés à une éducation post-scolaire?

L'adulte semble animé par deux préoccupations : mieux comprendre le monde dans lequel il vit, essayer de résoudre les multiples problèmes avec lesquels il est confronté dans sa vie quotidienne. Il est douteux que l'influence scolaire l'ait entièrement préparé à cette tâche. En tout cas, l'école est loin d'avoir réussi à créer dans les différents milieux sociaux, les attitudes communes que se proposait de susciter le partage d'une culture commune entre tous les enfants du même pays.

Ainsi le pourcentage des ouvriers s'intéressant à l'art et à la littérature est cinq fois inférieur à celui des cadres manifestant un intérêt pour les mêmes problèmes. On sait les intentions égalitaires de l'enseignement français. L'extension de la scolarité obligatoire apparaît dans cette perspective comme une condition nécessaire au progrès d'une culture commune qui réduirait les déséquilibres (l'intérêt pour le calcul particulièrement notable chez les employés et les ouvriers est bien moindre chez les cadres ou les professions libérales). Chaque métier a ses exigences. Mais l'évolution divergente de chaque milieu entraîne une différence de formation qui, dans certains cas, pourrait être compensée. Le partage de la culture, la culture populaire, serait ainsi une conquête permanente.

La connaissance des intérêts réels de l'adulte permet de préciser les bases d'une pédagogie de l'éducation populaire. L'éducation des adultes doit être adaptée à leurs préoccupations et tenir compte notamment de l'intérêt marqué pour la réflexion sur les activités de la vie quotidienne. Pour eux, la culture populaire est d'abord une réflexion sur les problèmes de la vie quotidienne.

L'intérêt ressenti pour certains sujets peut être exploité en vue d'élargir une culture trop étroite. La géographie, très appréciée, pourrait servir d'introduction à d'autres thèmes historiques, économiques, politiques, littéraires et artistiques. L'intérêt pour la médecine pourrait introduire l'individu dans le champ des sciences de la vie. Actuellement, ces centres d'intérêt sont relativement peu exploités dans l'éducation populaire.

Comment acquiert-on des connaissances nouvelles?

a) *Les moyens de l'autodidaxie.*

Dans le cadre de l'interview on a posé la question suivante : « Quels moyens avez-vous utilisés de préférence pour vous documenter sérieusement? » En face de chaque rubrique générale choisie, l'enquête pouvait ainsi noter le ou les moyens utilisés.

On notera tout d'abord la *prédominance de la lecture* : 68 % des mentions indiquent la lecture, 53 % de ces mentions concernent la lecture en général, 47 % des catégories précises d'imprimés : ouvrages ou périodiques. Les autres formes de transmission de connaissances ne recueillent qu'un nombre relativement faible de mentions.

Les leçons de la pratique sont estimées peu importantes. Elles n'obtiennent que 12 % des suffrages. On déclare apprendre sérieusement par la pratique surtout dans le domaine des activités manuelles et de l'éducation. La conversation en dehors de la pratique est-elle un moyen de se documenter? Cette rubrique réunit 7 % des mentions. Quant aux conférences, aux cours, aux cercles d'études qui correspondent aux formes scolaires, elles ne sont guère pratiquées. Elles ne recueillent que 8 % des suffrages. Cette forme traditionnelle de transmission des connaissances est donc nettement minoritaire. Le mode privilégié paraît être au contraire l'étude personnelle, c'est-à-dire la lecture. Quant aux moyens audio-visuels, dont on connaît le développement actuel et la puissance d'évocation sur ce plan, leur influence est presque négligeable : 5 % des mentions citées.

Considérant les mentions indiquant la lecture d'une catégorie précise d'imprimés, on constate la prédominance du périodique (59 % de ces mentions contre 41 % pour les livres). On notera la place relativement importante occupée par le journal quotidien même sur ce plan de l'instruction : rubriques spéciales, pages spécialisées, documents (25 % des mentions sont consacrées aux périodiques).

Parmi les ouvrages des adultes, le manuel scolaire joue un rôle encore vivant. Il est utilisé ou réutilisé en particulier pour l'étude des langues et des mathématiques, et aussi celle de l'histoire et de la géographie. En ces domaines, il se présente comme l'ouvrage de référence indispensable. A l'avenir, les chercheurs devraient probablement prendre de plus en plus en considération cette fonction de certains manuels scolaires non seulement dans l'éducation des enfants, mais aussi dans l'éducation familiale permanente.

b) *Congés culturels.*

La formule des cours du soir connaît un vif succès, tant en U.R.S.S. qu'aux U.S.A. ou dans les pays scandinaves, mais en France, son extension est limitée. Par contre, celle des sessions et des stages semble en progression constante. La loi du 22 juillet 1957 sur les congés culturels de 12 jours non payés s'applique à l'éducation syndicale : une extension récente de la loi offre des possibilités nouvelles au perfectionnement dans les différents domaines de la culture populaire.

Il était intéressant de savoir dans quelle mesure les gens s'intéresseraient à cette formule et désireraient en bénéficier, dans le cas où elle serait accompagnée d'*une rémunération*. La question a donc été posée à Annecy : « Si un congé d'études rémunéré de douze jours ouvrables (distinct des congés payés) vous avait été ou vous était proposé pour vous préparer à des tâches d'administrateur d'un groupe syndical, politique, sportif ou culturel ou pour préparer un examen, ou pour approfondir une question de votre choix, l'accepteriez-vous ou l'auriez-vous accepté ou non ? »

Une partie des hommes qui travaillent répond favorablement : 34 %. Ceux qui la rejettent opposent des objections de nature diverse, que nous nous proposons d'analyser plus tard : manque d'intérêt ou de temps, âge considéré comme trop élevé, etc. L'intérêt varie selon les catégories socio-professionnelles. Cette variation est en rapport direct avec l'intensité des intérêts autodidactiques du milieu intéressé.

61 % des cadres moyens souhaitent pouvoir bénéficier d'un congé d'étude. Ce pourcentage est comparativement très élevé. Ainsi se confirme le fait que cette catégorie est la plus curieuse, la plus évoluée. De façon générale, ce sont les cadres de l'industrie et de l'administration qui apprécient le plus cette formule. 46 % des cadres supérieurs, 43 % des contremaîtres souhaitent en bénéficier. Le comportement des professions libérales (37 % de oui) et des employés (42 % de oui) se rapproche de celui des cadres.

Deux groupes apparaissent comme réticents : artisans et commerçants, ouvriers. L'indifférence des artisans (13 % de oui) contraste avec l'intérêt relatif des commerçants (31 % de oui). Les ouvriers professionnels (35 % de oui) marquent un intérêt plus vif que les ouvriers spécialisés et manœuvres (23 % de oui). Ces résultats corroborent notre analyse précédente qui montrait l'atonie culturelle propre à certains milieux sociaux.

On pouvait penser que l'intérêt pour le congé culturel était plus prononcé chez les hommes jeunes, soucieux d'élargir leur culture et doués d'un esprit encore souple et ouvert. Il en est bien ainsi, mais moins qu'on pouvait le supposer a priori. On notera que le pourcentage des partisans du congé culturel est maximum, non pas chez les moins de trente ans (46 % de oui), mais chez les hommes de trente à quarante ans (51 % de oui entre trente et un et trente-cinq ans, 53 % de oui entre trente-six et quarante ans). Il s'abaisse ensuite rapidement (25 % de oui, entre quarante et un ans et cinquante ans, 10 % chez les hommes âgés de plus de cinquante ans).

Quels sujets désire-t-on étudier durant ces congés culturels? La préoccupation dominante est le perfectionnement professionnel (40 % des mentions). On se rappelle que le métier s'est révélé précédemment un centre d'intérêt majeur. Le même nombre d'hommes s'intéresse aux questions techniques et scientifiques (18 % des mentions) et aux questions économiques, sociales et politiques (18 %). Enfin, 26 % des réponses positives se rattachent au désir d'accroître la culture générale.

La culture des masses ne se limite pas au divertissement. Dans toutes les couches de la société, il se trouve des gens qui n'ont pas perdu le goût de s'informer sérieusement, de s'instruire sur différents sujets qui exigent un perfectionnement des connaissances et des aptitudes; la réflexion sur les responsabilités professionnelles, familiales, sociales, semble être l'origine la plus fréquente du besoin de connaissance.

Malgré l'effort énorme déployé par les grands moyens d'information de masse : divertissement, diffusion des œuvres, enseignement audio-visuel... il est à souligner que le moyen le plus utilisé par le public pour le développement de ses connaissances reste la lecture et particulièrement le livre. En contraste avec la faible part attribuée aux conférences et aux cours, la formule des congés culturels semble correspondre à un besoin. Ce besoin est surtout ressenti entre vingt-cinq et quarante ans; n'y a-t-il pas là une formule importante pour le progrès de la connaissance dans la culture populaire?

Est-ce que cet appétit de savoir porte sur les mêmes sujets, selon une égale répartition dans toutes les couches de la société? Peut-on parler d'unification de la culture? Malgré la différence des milieux sociaux, la proportion des centres d'intérêts varie dans des limites assez étroites, rarement du simple au double : le métier, la géographie, la mécanique, la médecine occupent les premiers rangs dans les préférences de presque toutes les classes sociales. Sur les mêmes sujets, entre les cadres moyens et les manœuvres, la différence d'attitudes devant le dévelop-

QUELS MOYENS AVEZ-VOUS UTILISÉS DE PRÉFÉRENCE
POUR VOUS DOCUMENTER SÉRIEUSEMENT, RÉGULIÈREMENT?

	Pratique	Conversations	Conférence cercle d'étude	Cinéma	Radio	Quotidien	Revue technique	Autres périodiques	Livres de classe	Ouvrages	Dictionnaire	Littérature	Lecture en général livre inclus	TOT.
Questions pratiques, techniques	150	50	38	14	9	22	55	28	3	35	4	1	134	543
Histoire, géographie	19	6	14	14	9	13	11	25	23	14	3	5	115	271
Médecine	11	13	7	2	5	16	12	15	3	13	5	0	77	179
Éducation	31	12	18	0	0	6	15	11	2	16	2	0	50	163
Physique, chimie, sciences naturelles	12	8	10	4	2	7	12	21	6	13	3	1	67	166
Psychologie, morale, économie	9	16	27	1	18	23	15	25	0	22	2	2	82	242
Philosophie et religion	1	7	18	0	0	3	6	15	0	14	1	1	77	143
Art et littérature	5	7	12	14	4	4	6	13	0	12	1	4	74	156
Langues	6	11	13	0	2	1	3	8	19	9	5	2	61	140
Calcul, géom., algèbre	9	3	13	1	0	1	2	6	22	6	2	0	41	106
Divers	9	9	6	5	6	8	1	5	5	4	1	3	4	59
TOTAL	262	142	176	55	55	104	138	172	83	158	29	19	782	2 168
	18 %		8 %	5 %		19 %			49 %					100 %

pement culturel peut varier de un à trois (besoin de congés culturels). Enfin, certains thèmes varient selon les cultures particulières à chaque milieu. Rappelons encore que les préoccupations artistiques et littéraires sont proportionnellement cinq fois plus fortes dans le milieu des cadres que dans celui des ouvriers; les disparités culturelles entre les milieux sociaux sont donc loin d'être liquidées.

Enfin, nous avons la confirmation que dans notre contexte social actuel, l'indifférence à l'instruction est le trait dominant du public. Est-ce que l'école ne devrait pas remettre en cause ses programmes et son organisation? Suffit-il que la scolarité soit prolongée pour tous? Son organisation ne devrait-elle pas tenir compte du besoin culturel des différents âges de la vie.

Ensuite, ne faudrait-il pas provoquer un nouvel équilibre entre les fonctions de divertissement, d'information et de formation assurées par les grands moyens de diffusion? Ne serait-il pas nécessaire de renforcer les moyens d'action des associations culturelles et de susciter une législation nouvelle pour faire bénéficier de congés d'étude tous ceux qui ont besoin de mieux assumer une fonction dans la société?

Ainsi nous avons essayé de montrer que la culture vécue par les masses est profondément déterminée par les contenus d'un loisir aux fonctions multiples et ambiguës, dont la durée, le prestige, la valeur ont été en croissant. Sous peine d'incohérence et d'impuissance les sociétés actuelles, même les plus libérales ne seront-elles pas conduites à confronter davantage l'effet des contenus culturels imposés par l'école et proposés par les associations et les grands moyens de diffusion de masse publics et privés, pendant le temps libre? Les institutions sont diverses, mais l'Homme est un. Devant lui, chacun de ces trois types d'agents d'action culturelle a des responsabilités distinctes, certes, mais comparables. La démocratisation de la culture est un droit, inscrit dans notre Constitution, *c'est aussi un problème qui n'est pas résolu*. Dans une société de plus en plus complexe et de plus en plus évolutive, où le développement culturel ne peut pas s'arrêter à l'enfance, l'école même réformée ne pourra pas résoudre seule ce problème. Que faire? Une longue et difficile recherche s'impose pour trouver le rapport optimum entre l'action culturelle par l'école et après l'école, par les groupements ou par les télécommunications, publiques et privées. Il est possible que la croissance du loisir oblige l'Éducation nationale à prendre des formes nouvelles d'intervention continue ou périodique, imposée ou proposée, semi-libre ou libre, pour diffuser une culture générale à la fois permanente et renouvelée, mieux adaptée aux besoins changeants de la société et aux intérêts spontanés des individus de six à quarante ans. C'est peut-être la condition future de ce que Bachelard appelle une « culture continuée ». Elle ne sera continuée après l'école pour un nombre croissant d'individus appartenant à tous les milieux, que si elle s'identifie en partie aux fonctions complexes du loisir vécu. Mais ces idées sont des hypothèses que la sociologie du loisir a définies sans avoir pu encore les prouver.

6

Attitudes actives et style de vie

Attitudes actives.

Après avoir évoqué les différents types de comportements à l'égard du voyage touristique, de la télévision, du cinéma, des livres ou de l'autodidaxie, il nous faut préciser les notions d'activité et de passivité que nous avons souvent employées. Face au développement de la mécanisation des moyens de transport et de diffusion, dans ses relations avec les obligations professionnelles, familiales ou sociales, dans son contenu relié à la pratique du tourisme, du cinéma, de la télévision ou du livre, le loisir moderne nous a semblé redoutable par la passivité qu'il risque d'entretenir ou de développer.

Après beaucoup d'autres auteurs, nous avons souligné que le problème central d'une civilisation du loisir réside dans la possibilité de susciter des attitudes actives dans l'emploi du temps libre. Georges Friedmann parle de loisir actif; il y a quelques années, David Riesman terminait son étude critique de notre civilisation par une critique du conformisme des loisirs américains et un appel en faveur de l'autonomie (autonomous man). Tout récemment, Max Kaplan (2) insistait sur la nécessité de définir par la recherche les normes du loisir nécessaire à l'épanouissement de l'homme dans notre civilisation. Aux U.S.A., comme en Europe, l'unanimité des chercheurs dénonce ce danger de passivité, mais cette unanimité repose sur des équivoques lorsque la passivité ou l'activité est saisie au niveau de l'activité du loisir. Qu'est-ce qu'un loisir actif ou un loisir passif?... Pour certains, la participation à un spectacle cinématographique est une activité passive, alors que la participation au

spectacle dramatique serait un « loisir actif »? Beaucoup de
spécialistes du cinéma ont analysé l'attitude du spectateur comme
une hypnose. Mais pour P. Francastel : « l'esprit du spectateur
est aussi actif que celui du cinéaste. Pour d'autres, toute participation à un spectacle quel qu'il soit est passivité : spectacle de
sport, de théâtre ou de cinéma. Ce qui formerait un homme ce
serait seulement la pratique du sport ou la pratique du jeu dramatique et de la réalisation cinématographique. Certains théoriciens
des mouvements de jeunesse opposent l'activité au jeu de l'in-
tellect. Faire œuvre matérielle, belle ou laide, utile ou non,
c'est « penser avec ses mains », c'est le loisir actif par excellence.
Pour d'autres, le loisir actif passe par la réflexion, surtout grâce
à l'effort de la lecture. Le livre serait davantage qu'un instrument
de culture. Ce serait un mythe générateur d'esprit... et les moyens
audio-visuels ne seraient qu'une source de passivité généralisée.
Nous pourrions allonger la liste des différentes conceptions du
loisir actif. Elles renferment une part de vérité, mais cette part
est systématisée. Elle devient un absolu qui se passe de vérifi-
cations expérimentales et exclut a priori toutes les autres conceptions.

Tout d'abord, ce n'est pas l'activité de loisir en elle-même
qui est passive ou active, mais l'attitude à l'égard de ces activités.

D'autre part, l'attitude active et l'attitude passive ne s'opposent pas de manière absolue. Il s'agit plutôt de dominantes,
qui varient selon les individus et les situations suivant un continuum qui devrait pouvoir être mesuré par des échelles d'intensité.
Enfin, les critères d'appréciation devraient être assez généraux
pour être appliqués avec une souplesse qui tiendrait compte
des exigences *différentes* propres à chaque milieu, chaque groupe,
chaque individu; ainsi dans chaque situation une attitude active
optimale est à déterminer empiriquement, en fonction des besoins
à la fois sociaux et individuels. L'accord pourrait peut-être se
faire entre les agents de l'action culturelle et les observateurs
des effets de cette action sur le public autour de trois traits fondamentaux [1] :

1. Telle est notre hypothèse — nous nous proposons de la vérifier
selon les principes de Thurstone par un comité d'experts représentatifs
de toutes les tendances de l'action et de la recherche culturelles, dans
notre pays, et dans plusieurs nations européennes de tradition culturelle, de niveau économique et de régime politique différents.

1. L'attitude active implique, au moins périodiquement, une participation consciente et volontaire à la vie sociale. Elle s'oppose à l'isolement ou au retrait social, à ce que Dürkheim appelle « l'anomie ». Elle ne consiste pas en une adaptation conformiste aux normes culturelles du milieu social, mais en une volonté d'assumer, à tous les échelons, un degré variable de responsabilité dans la vie d'un groupe, d'une classe, d'une société, tout en étant déterminée par eux. Cette participation concerne la famille, l'entreprise, le syndicat, la cité, tous les groupes ou milieux de vie.

2. Elle implique, au moins périodiquement, une participation consciente et volontaire à la vie culturelle. Elle s'oppose à la soumission aux pratiques routinières, aux images stéréotypées et aux idées toutes faites d'un milieu. Elle suscite un effort pour ressentir, comprendre, expliquer ou utiliser les œuvres de la technique, des sciences, des arts, et, le cas échéant, pour contribuer à leur enrichissement par la création, l'invention.

3. Enfin elle implique toujours un libre épanouissement personnel par la recherche dans l'emploi du temps libre d'un équilibre plus ou moins original, entre le délassement, la distraction et le développement continu et harmonieux de la personnalité.

Ainsi l'attitude active se présente à nous comme un *ensemble de dispositions physiques et mentales susceptibles d'assurer l'épanouissement optimum de la personnalité, dans une participation optima à la vie culturelle et sociale.*

Comment observer pour un milieu donné et un genre d'activité donnée, les types d'attitude active? Ici, nous nous bornerons à illustrer notre pensée par une analyse de certaines attitudes actives devant un film.

Spectateurs actifs.

Qu'est-ce qu'un « spectateur actif »? Il y a *cent manières* de réagir à un film, selon les milieux, les situations, les individus. Il serait imprudent de vouloir déduire des analyses de la critique cinématographique des modèles culturels qui seraient proposés à l'imitation de tous sans tenir compte des habitudes culturelles spécifiques des différents milieux sociaux. Sans sous-estimer l'apport considérable des critiques à la compréhension esthétique des œuvres cinématographiques, il ne faut pas oublier que la critique en général est l'œuvre d'intellectuels peu familiers avec les conditions et les processus d'élévation du niveau culturel des différents publics. Par contre dans un milieu local il est important d'*observer* les réactions des spectateurs les plus critiques, celles des différents types d'autodidactes du cinéma, en particulier ceux qui jouent un rôle social de leaders d'opinion (3). Lorsqu'il y a des groupes novateurs comme les ciné-clubs, il est intéressant d'observer les réactions des animateurs et d'analyser les attitudes qu'ils se proposent de susciter dans leur public d'ouvriers, d'employés ou de cadres. Ils ont une connaissance intuitive des conditions et du processus du passage de leur public des attitudes passives aux attitudes actives. Enfin l'analyse des modèles culturels idéaux et réels explicites ou implicites qui se forment dans un ciné-club (lorsqu'il échappe à l'esthétisme de chapelle) et dans un groupe de cinéma éducateur (lorsqu'il échappe au dogmatisme moral) peut donner d'utiles cadres de références [1]. Le nombre d'entrées hebdomadaires dans les cinq salles de cinéma d'Annecy s'élève à environ dix mille (enfants, adultes). Le nombre des membres des ciné-clubs et des groupes de cinéma éducateur (enfants inclus), s'élève à environ deux mille. L'étude qualitative des modèles de ces clubs et des comportements culturels de leurs leaders nous a conduits à cette première analyse de l'attitude active au cinéma. L'ensemble de ces traits se trouve rarement rassemblé dans les attitudes d'un même individu. Mais ils se retrouvent pour la plupart dans les différentes manières d'être actif devant un film.

Selon ces modèles, il semble que l'attitude active soit d'abord *sélective*. Le spectateur ne va pas au cinéma seulement par désœuvrement. Il n'y va pas seulement parce que la salle de projection est proche de chez lui ou parce que c'est samedi soir. Il choisit tel film et rejette tel autre film. Il ne choisit pas seulement le nom de la vedette. En France, 62 % des spectateurs se déter-

1. Nous pensons que l'étude des réactions du public moyen est nécessaire mais insuffisante pour une étude dynamique de la culture populaire. Elle doit être complétée par celle des novateurs culturels du milieu populaire, ils sont des ferments d'évolution. L'étude des effets de leur action est nécessaire à la connaissance des modèles de croissance culturelle réels ou possibles, des masses.

minent sur le seul nom de la vedette (4). Notre spectateur est attentif à la qualité de l'œuvre, de son sujet, de sa forme. Il attache de l'importance non seulement à la vedette, mais à l'acteur, au réalisateur et à l'équipe de réalisation.

Il choisit ses sources d'information. Depuis vingt ans, l'usage de la presse et de la radio pour aider dans le choix d'un film a fait des progrès; 26 % du public s'y réfère. Pour 33 %, c'est la critique parlée qui est déterminante. Le spectateur actif semble choisir plus que les autres ses informateurs. Il ne se contente pas de rumeurs, il recherche les conseils des personnes compétentes du milieu local.

Devant le film lui-même, en quoi consiste l'attitude du spectateur actif? Tout d'abord, il est *sensible* aux images, au mouvement, aux paroles, aux sons, à l'ensemble du film. Il cherche à se débarrasser des idées toutes faites, des préjugés moraux ou sociaux qui peuvent atrophier sa sensibilité directe à l'œuvre. L'attitude active consiste d'abord à créer un état de totale disponibilité pour vivre pleinement la vie imaginaire qui est offerte, pour libérer totalement les mécanismes de projection ou d'identification, hors desquels il n'y a pas de participation effective. C'est le moment du « rêve éveillé ». Les intellectuels ne sont pas les seuls à risquer d'être dépourvus de cette capacité de réceptivité. Il arrive que des habitués des salles populaires, guidés par des normes morales étrangères à l'œuvre, rient ou sifflent à contresens et réagissent sur un détail sans être touchés par le sens général de la scène. Alors le spectateur a raté le rendez-vous avec l'œuvre par défaut de sensibilité ou par excès de conditionnement. Comme l'intelligence, la sensibilité peut être passive ou active. Elle aussi est susceptible de perfectionnement, de raffinement.

Ensuite, le spectateur actif est *compréhensif*. Le film a son langage spécifique, son vocabulaire, sa grammaire, sa syntaxe; notre spectateur cherche à déchiffrer pendant ou après le spectacle. Non seulement il goûte le beau langage, mais le mauvais langage l'empêche d'apprécier l'histoire, la scène, le sentiment ou l'idée. A travers la forme, sa compréhension s'étend au fond. Il distingue la vraisemblance et l'invraisemblance. Il ne pleurera pas à tous les mélodrames de Margot, tout en étant sensible à toutes les vérités humaines.

Après la projection il analyse plus ou moins le sens des actes et des caractères qui lui sont présentés, les conceptions artistiques ou philosophiques sous-jacentes, au moins lorsque le film se veut message. Bref il s'efforce de saisir la signification esthétique, psychologique, sociale ou philosophique d'une œuvre selon les intentions de l'auteur. Il refait en partant de ses sensations et de ses impressions, le mouvement de la création cinématographique, « de l'image au sentiment, du sentiment à l'idée ».

Mais la compréhension interne de l'œuvre n'est pas le terme de l'attitude active. Le spectateur actif s'éloigne de l'œuvre pour l'*apprécier*. Il compare cette œuvre avec d'autres œuvres. Enfin il la rapproche de la réalité qu'elle exprime. E. Morin souligne justement que même le réalisme « n'est pas le réel, mais l'image du réel ». Cette image est-elle conforme ou non à la réalité? Quels éléments a-t-elle retenus? Quels éléments a-t-elle éliminés? Quelle est la situation, la valeur, la signification du phénomène, d'une part sur l'écran, d'autre part dans la vie réelle? Une des fonctions du cinéma est de visualiser les rêves, mais le spectateur se garde de prendre ces rêves pour des réalités, le jeu des vedettes pour l'activité de la « femme éternelle », le monde « des esprits et des fantômes » pour le monde de tous les jours. Les phénomènes d'identification à des vedettes et de projection dans des situations filmiques appartiennent aux jeux de fiction provoqués par l'œil magique. Peu durables ils sont facteurs d'équilibre, par trop prolongés ils risquent d'entraîner des inadaptations sociales. L'influence du cinéma sur la délinquance est très controversée, mais elle semble possible si le jeune n'est pas préparé à opérer le partage entre fantasmes et réalités. De ce point de vue, le développement de la censure nous paraît moins important que celui des facultés d'appréciation critique des spectateurs devenus capables de sortir de l'œuvre pour la confronter aux situations de la vie réelle. Pour une attitude active, la réalité accomplie ou potentielle reste la mesure dernière de la fiction.

Enfin le spectateur actif recherche l'explication. Il ne se borne pas à apprécier les forces ou les faiblesses de l'œuvre. Il cherche à connaître quelles en sont les raisons. L'œuvre est le produit d'une conception artistique : quelle est sa relation avec l'art de l'auteur? Cette conception est souvent appuyée sur des idées psychologiques, sociales, philosophiques. Quelles sont celles de l'auteur? Enfin ces idées elles-mêmes peuvent s'expliquer par la personnalité, la famille, le milieu social du créateur et l'époque à laquelle il a fait son film. Pour le spectateur actif l'œuvre peut être le point de départ d'une passionnante recherche sur la culture, la société, l'homme, comme en témoigne l'œuvre d'un A. Bazin ou d'un E. Morin.

C'est ainsi que l'œuvre cinématographique peut être l'occasion d'affiner le goût, de stimuler la compréhension, l'esprit critique, la connaissance ou l'action culturelle et sociale. Tout en divertissant, l'activité cinématographique peut devenir un moyen d'élévation du niveau culturel comme en témoigne l'évolution d'une fraction du public de ces quinze dernières années. Dans certaines conditions le public peut aller à la rencontre du créateur comme le créateur va à la rencontre du public. Le spectateur actif est celui qui rassemble toutes les ressources de sa sensibilité et de son intelligence pour refaire le mieux possible, à sa manière, le chemin du créateur.

Enfin ces acquisitions culturelles, le spectateur actif ne les garde pas pour lui seul. Il peut les *communiquer* autour de lui. Il exerce un rôle d'informateur ou d'animateur parmi ses amis, dans sa famille, à l'atelier, dans son milieu local ou au-delà. C'est par les leaders d'opinion que les groupes évoluent. Les intermédiaires fixent le sens du film, leur action est peut-être plus importante que l'action directe du film. Ils contribuent ainsi à changer les attitudes du public et à préparer un climat qui peut avoir une action sur les créateurs eux-mêmes.

Style de vie.

Dans tous les domaines du loisir, les attitudes actives devraient sans dogmatisme être observées et analysées. Leur ensemble tendrait à constituer pour chaque groupe et pour chacun un style de vie. Le style de vie peut se définir par la manière person-nelle dont chacun aménage sa vie quotidienne. Comme nous l'avons vu, c'est de moins en moins dans le travail tel qu'il est subi présentement, mais dans les activités libres que l'individualité de nombreux travailleurs s'affirme le mieux. Par celles-ci l'individu

a le temps et le moyen de trouver et de développer le style de
sa vie, même en vue du travail. La recherche et la réalisation d'un
style de vie donne au loisir sa signification la plus importante.

Il faut préciser la notion d'originalité : l'ethnographe américain Linton, examinant les relations de l'individu avec la culture
de son milieu, distingue entre les universaux ou croyances et
attitudes communes à tout membre normal d'une société; les
spécialités : croyances et attitudes différentes selon les métiers,
les sexes, etc.; les alternatives : les manières propres à chacun
de penser et de faire les mêmes choses que les autres; enfin les
particularités individuelles.

L'originalité vraie n'est pas seulement dans les particularités
individuelles, elle est aussi dans les manières dont chacun vit
les normes de son groupe, de sa classe, de la société globale à
laquelle il appartient.

L'initiation à un style de vie commence par favoriser la prise
de conscience de ces normes et de leurs déterminants. Il s'agit
particulièrement de comprendre tout ce qui façonne la partie
apparemment la plus libre des activités quotidiennes : les loisirs.
C'est de cette conscience claire que peut découler le choix valable des alternatives et la réalisation la plus complète, à la fois
la plus adaptée et la plus autonome, des particularités de chacun. Il n'y a pas une technique sportive en soi, une façon de
voyager en soi, ou une explication du film en soi. Il y a d'abord
des conduites collectives dans la façon d'utiliser son corps,
de parcourir un espace ou de regarder un film. C'est par rapport
à des conduites et non en dehors d'elles que l'ouvrier ou le culti-
vateur pourront acquérir un art de vivre originalement les loisirs.

La recherche du style de vie est donc inséparable d'une prise
de conscience des problèmes de la vie sociale, c'est-à-dire du
conditionnement qu'il s'agit de dominer. Le comportement n'est
plus alors le résultat mécanique d'un conditionnement. Il utilise
les ressources de l'environnement en fonction des besoins et
des aspirations de la personnalité. Il ne s'agit pas d'un effort
fastidieux d'auto-éducation permanente mais chacun devient
attentif à son propre équilibre entre les activités de récupération,
de divertissement et de développement au fil des situations de
la vie quotidienne. Ce choix conduit chacun à établir une *hiérarchie* dans ses activités physiques, manuelles, intellectuelles
ou sociales, à fortifier chaque jour l'autonomie et la structure

de sa personnalité, tout en accroissant sa participation consciente et volontaire à la vie de la société.

Ainsi définie, la recherche d'un style de vie conduit à « porter au point le plus élevé quelques-unes de nos qualités natives en observant cependant l'équilibre de toutes... » (Valéry). C'est un essai d'organisation du temps libre et d'orientation de la réflexion sur la base d'un loisir privilégié : dada, « hobby », violon d'Ingres, travail social volontaire, *sans oublier le reste.* Un tel essai implique la révolte contre tout ce qui est subi et le choix de tout ce qui épanouit. Le style de vie est la riposte à un milieu conformiste ou déprimant. C'est pourquoi notre civilisation urbaine et industrielle est aussi une civilisation de grand air et de retour à la nature. C'est pourquoi notre civilisation du « tout prêt », du « tout fait », du travail à la chaîne, est aussi celle du bricolage, du mécano-amateur, de l'inventeur et du créateur. Les contre-déterminations du monde contemporain sont ainsi en partie créées par le loisir, que ce monde lui-même déterminé a rendu possible.

Dans cette perspective, le temps de loisir apparaît comme le cadre d'une attitude non pas marginale, mais médiatrice entre la culture d'une société ou d'un groupe et les réactions d'un individu aux situations de la vie quotidienne. Ce rôle médiateur s'exerce d'abord à l'égard des activités de loisir elles-mêmes. Il permet de leur donner les dimensions d'une culture physique ou manuelle, artistique ou intellectuelle, individuelle ou sociale, etc. Ce rôle s'exerce également à l'égard des autres activités professionnelles et extra-professionnelles. Le temps de loisir tout en étant un temps de jouissance devient aussi un temps d'apprentissage, d'acquisition et d'intégration différée des sentiments, des connaissances, des modèles, des valeurs de la culture dans l'ensemble des activités où l'individu est engagé. Le loisir peut devenir rupture en un sens double : il est cessation des activités imposées par les obligations professionnelles, familiales ou sociales et en même temps brusque remise en question des routines, des stéréotypes et des idées toutes faites que produisent la répétition et la spécialisation des obligations quotidiennes.

En rendant possible cette double rupture non plus pour quelques privilégiés, mais pour une masse d'individus, le loisir risque de provoquer un changement capital dans la culture elle-même. En se popularisant, cette dernière pourrait encore une fois se métamorphoser. La culture d'origine aristocratique suppose un homme, « un honnête homme » qui ne fait rien. Elle est désintéressée. Dans sa froide noblesse, elle peut se désintéresser du travail de l'humble vie quotidienne. Une réaction démocratique s'est affirmée au cours du XIXᵉ siècle; le travail s'est ennobli. De Marx à Mannheim, des esprits réformateurs ont affirmé qu'il pouvait et devait être aujourd'hui la base d'une nouvelle culture, non plus réservée à quelques oisifs, mais commune à tous ceux qui travaillent. D'autres esprits, de Condorcet à J. Ferry, ont cherché à réaliser la démocratisation de la culture par une autre voie. Ils ont imposé à tous les enfants du « peuple » un temps libre de travail productif, un temps scolaire de plus en plus long, sans remettre en cause les fondements mêmes de la culture qu'ils diffusaient, une culture héritée du passé. Aujourd'hui, les perspectives d'une extension et d'une valorisation du loisir dans les masses nous oblige à nous interroger en termes nouveaux. Ces termes ne contredisent pas les précédents, ils les placent dans une autre perspective. En effet, l'homme du loisir a et aura de plus en plus de temps libre, comme l'humaniste du XVIᵉ ou XVIIᵉ. Cependant, appartenant à la masse de la population active, il continue et continuera probablement à valoriser *l'activité*, qu'elle soit manuelle, physique ou intellectuelle comme base d'une culture vivante. Mais au lieu de mettre l'accent sur les seules activités de travail, il se pourrait qu'il voie dans les activités de loisir des médiatrices entre la culture générale et l'ensemble des activités. Car ce sont ces activités de loisir qui correspondent au temps nécessaire à la découverte, à l'acquisition, à la création libres. Il se pourrait dès lors que les rapports avec la culture du corps et celle de l'esprit, l'engagement et le désintéressement, le sérieux et le jeu changent profondément dans ce qui sera la culture vécue par les masses dans une civilisation de plus en plus marquée par le loisir. Suivre le cheminement de cette culture nouvelle, plus incarnée qu'une culture classique, plus désintéressée qu'une culture « polytechnqiue », plus complexe qu'une culture militante, culture étroitement liée aux attitudes actives de l'Homme du loisir à l'égard des problèmes du tourisme, du sport, du cinéma, de la télévision, des lectures de plaisance ou des groupements sociaux volontaires nous paraît un des objectifs les plus importants à la fois pour les humanistes et les sociologues de la culture contemporaine.

Conclusion provisoire

Ainsi depuis cent ans, le loisir est né, a grandi, s'est valorisé. Il est en pleine expansion. Quand la misère, la maladie, l'ignorance limitent sa pratique, il est présent comme un besoin impérieux, une valeur latente en tous milieux, surtout dans les jeunes générations. Dans les sociétés industrialisées, phénomène de classe au XIXe siècle, il tend à devenir un phénomène de masse au XXe siècle.

Il n'est pas un produit secondaire mais central de la civilisation actuelle. Avec l'accroissement du revenu individuel, l'augmentation du temps libre constitue peut-être la perspective fondamentale pour la majorité des hommes. Le travail n'est pas vécu comme une fin, mais comme un moyen.

Cependant, les nations modernes n'ont pas encore pris conscience du problème général du loisir. Les loisirs sont encore vécus par morceaux sous la forme d'activités diverses qui empêchent d'analyser leur interdépendance et d'aménager leur équilibre dans un style de vie. Tour à tour le loisir est vacances ou travaux volontaires, farniente ou sport, plaisirs gastronomiques ou divertissements musicaux, jeux d'amour ou de hasard, lecture du journal ou étude d'un chef-d'œuvre, bavardage ou cercle culturel, violon d'Ingres ou animation d'une société, etc. Pourtant, toutes ces activités de loisir sont circonscrites dans le même temps libre, elles n'ont aucun caractère de nécessité ni d'obligation. Elles ne visent pas à rapporter de l'argent, elles sont en marge des devoirs familiaux, sociaux, politiques ou religieux. Elles sont désintéressées. Elles peuvent se compléter, s'équilibrer, se substituer les unes aux autres selon les normes

personnelles et collectives. Elles sont entreprises librement
pour apporter une satisfaction à leurs auteurs. Elles ont le plus
souvent leurs propres fins en elles-mêmes. On a montré que
malgré la différence de leur contenu, ces activités peuvent avoir
pour les individus et les sociétés des significations beaucoup
plus proches qu'il n'y paraît, de prime abord (5). Le temps
libre est le temps privilégié de toutes les formes de déchéance
ou d'épanouissement humain.

Sous ces formes multiples, le loisir se dresse comme un défi
à toutes les morales utilitaires, à toutes les philosophies communautaires, tous les tabous, hérités d'une civilisation traditionnelle dominée par la misère, l'ignorance, la peur et les rites
contraignants du groupe (6). Elle les oblige à réajuster l'application de leurs principes. Il y a cent cinquante ans, on a dit
« le bonheur est une idée neuve en Europe ». Aujourd'hui,
on pourrait répéter cette affirmation. Cette recherche d'une
nouvelle joie de vivre, cette nouvelle « rage de vivre » n'est pas
seulement celle d'une nouvelle vague, mais d'une nouvelle civilisation. Elle est profondément enracinée dans les conquêtes
de l'ère du machinisme tout en s'opposant à toutes les contraintes physiques ou morales nées de cette dernière. Les activités
du loisir constituent son terrain privilégié de réalisation, et les
valeurs du loisir sont une de ses composantes les plus répandues
et les plus séduisantes.

La plupart des systèmes d'explication de notre temps nés du
siècle dernier sont désarmés devant l'ensemble des phénomènes
en expansion qu'il recouvre. Beaucoup de philosophes du travail
étudient encore le loisir comme un appendice complémentaire
ou compensateur du travail. La plupart des spécialistes de
la consommation le considèrent comme un élément du poste
« divers » qui complète les postes de l'alimentation, du vêtement,
du logement, de la santé. La quasi-totalité des spécialistes de
la famille prononce à peine son nom. L'organisation des loisirs
ne figure dans aucune des analyses actuelles des fonctions de
la famille. Lorsque les jeunes affirment leurs aspirations confuses
mais puissantes dans des activités de bandes ou dans des actes
destructeurs ou délinquants, dont 99 % se font pendant le temps
libre, ces phénomènes sont seulement analysés en terme de droit
violé, d'éducation imparfaite, d'aspiration à une nouvelle
communauté ou de mystique qui se cherche... presque jamais

à la lumière des nouveaux besoins d'une civilisation qui valorise l'âge privilégié du loisir : la jeunesse, et qui n'a pas encore trouvé ni sa morale, ni sa philosophie, ni son droit. Aucun auteur français n'a esquissé jusqu'à ce jour la moindre analyse comparable à celle que Daniel Bell a esquissée sur la « délinquance musculaire » dans la *Fin des idéologies* (7).

Lorsque l'absentéisme aux réunions syndicales ou politiques est constaté, il n'est pas mis en rapport avec les activités du soir ou du dimanche et des vacances qui les remplacent. Il est analysé seulement en fonction de la crise des idéologies politiques ou syndicales. Le contenu et la forme de la participation politique dans une civilisation du loisir restent en dehors du champ de l'étude. Lorsque les sociologues de la religion analysent la croissance des réjouissances et la décroissance du cérémonial des fêtes, c'est principalement en fonction d'une traditionnelle idéologie communautaire. Enfin la crise de la culture, le divorce de l'art et du public, les équivoques de la culture populaire sont critiqués le plus souvent du point de vue d'une philosophie intellectualiste ou sensualiste de la culture et d'une philosophie démocratique ou aristocratique de l'ère des masses, mais presque jamais en fonction du contenu possible des libres activités du repos, de divertissement ou de développement où peut *réellement* s'incarner pour la masse des travailleurs l'effort culturel.

Presque tous les réformateurs de l'éducation nationale traitent des besoins nouveaux de l'agriculture, du commerce et de l'industrie, cherchent à compenser les méfaits de la spécialisation par la culture générale, mais dans la plupart des cas, la préparation des enfants à l'équilibre des fonctions du loisir dans le monde de demain occupe une place mineure, pour ne pas dire inexistante. Tous ces réformateurs ne pensent que par addition ou soustraction par rapport à un système dont la structure générale en France n'a guère varié depuis Napoléon et Jules Ferry. Bref, nous avons tous tendance à mesurer les faits nouveaux avec un mètre anachronique.

Pourtant le loisir a déjà actuellement la force d'un fait autonome. Il doit être considéré d'abord en lui-même, avec sa propre dynamique, ensuite dans les rapports réciproques d'égal à égal avec le travail, la famille, la politique, la religion, la culture. Tous les systèmes qui se rattachent à ces grandes données de la civilisation doivent s'élargir pour comprendre l'ensemble des caractéristiques et des facteurs d'une civilisation du loisir. Le loisir traduit un faisceau d'aspirations de l'homme à la recherche d'un nouveau bonheur, en rapport avec un nouveau devoir, une nouvelle morale, une nouvelle politique, une nouvelle culture. Une mutation humaniste est amorcée. Elle sera peut-être encore plus fondamentale que celle de la Renaissance. Elle a progressé lentement, presque imperceptiblement « sur des pattes de colombes » depuis la seconde moitié du XIXᵉ siècle quand pour la première fois les syndicats ouvriers réclamèrent non seulement une augmentation du salaire, mais aussi la diminution des heures de travail. Elle est la suite logique de la révolution démocratique et industrielle du siècle dernier. Elle est une des composantes majeures du « test géant aux résultats incertains » qui constitue l'application à l'échelle de l'Humanité des inventions prométhéennes de l'Homme. Telle est l'hypothèse centrale qui s'est dégagée de nos enquêtes sociologiques et de l'étude critique des travaux de nos collègues européens ou américains sur le loisir, ou les loisirs.

Le monde serait-il entré dans la civilisation du loisir?

De profondes disparités existent entre les individus et les milieux sociaux. Un grand nombre de personnes sont encore accablées de labeur[1]. Beaucoup restent avant tout attachés à leur travail, même dans les emplois d'exécution. Pour eux la technique du travail est moins importante que l'ambiance de l'atelier et son réseau de relations amicales. Pour d'autres, le travail est l'occupation privilégiée qui impose une discipline dont ils ont besoin, il est ce facteur d'équilibre sur lequel insistait déjà Freud. Enfin, pour un certain nombre, le travail déborde sur le temps libre; travaux d'agrément, tâches supplémentaires, travail noir, nous en avons abondamment parlé aussi bien pour la France, pour la Yougoslavie que pour les États-Unis. On sait aussi que le taudis, le logement trop étroit posent des problèmes plus urgents à résoudre pour un grand nombre d'individus que celui de savoir comment occuper les temps libres. En

---

1. En France, les deux tiers de travailleurs ne gagnent pas 58 000 anciens francs par mois et la moitié d'entre eux ne gagnent que 39 000 anciens francs par mois (d'après déclaration au fisc, présenté par le bulletin statistique et études économiques en 1960).

France, la moitié des demeures seraient à reconstruire. Enfin, dans les pays sous-développés, les problèmes du loisir passent après ceux de la lutte contre la faim ou l'ignorance; deux tiers des habitants du monde ne mangent pas à leur faim, la moitié ne sachant ni lire ni écrire est incapable de prendre en main sa propre destinée. Tous ces faits créent des priorités.

Cependant nous pensons que d'ores et déjà, avec plus ou moins de force, le problème du loisir se pose dans *l'ensemble* de la civilisation industrielle, quel que soit le degré de développement technique et le type de structure sociale de la société envisagée. Non seulement il est déjà présent, mais il réagit sur les autres problèmes, économiques, sociaux et culturels, tout en étant déterminé par eux. Le négliger serait souvent compromettre la solution de ceux-ci.

C'est évidemment dans le pays qui a obtenu à la fois le plus haut niveau de vie et la plus courte semaine de travail (à peine quarante heures en moyenne avec certaines industries qui travaillent régulièrement trente-deux heures) que le problème est le plus angoissant. Hormis 5 % de chômeurs permanents et 20 % de gens relativement pauvres (dont le revenu ne dépasse pas celui d'un petit employé français) tous les Américains sont lancés dans une course à la consommation d'objets qui souvent satisfait moins un besoin personnel qu'un besoin de conformisme ou de prestige [1]. Quand on a gardé une auto deux ans, on gardera la prochaine un an, puis on en achètera simultanément deux, etc. La course semble sans fin. Selon le mot de Riesman, l'encombrement pléthorique du marché qui suscite cette pression permanente, anarchique de la publicité sur le consommateur ne peut mener à longue échéance qu'à « la folie la plus complète ». C'est dans le domaine du loisir que cette course risque d'avoir les effets les plus redoutables sur les aspirations sociales et culturelles des masses. Les nombreuses associations qui peuvent développer la participation démocratique ne sont pas encouragées. Les deux tiers des Américains s'en désintéressent (8). Les efforts d'éducation des adultes, quoique en augmentation depuis 1950 (les effectifs des cours et cercles sont passés de 25 millions à 50 millions d'inscriptions) sont à contre-courant, et seulement quatorze États sur quarante-huit les subventionnent. La majorité des Américains

1. Cf. Galbraith, Riesman, Fromm...

va à l'école jusqu'à dix-sept ans et 30 % vont à l'Université, mais le milieu ambiant leur impose brutalement d'autres valeurs. Les émissions de réelle qualité intellectuelle ou artistique de la télévision sont limitées, écrasées par une masse de comédies et de variétés médiocres, qui ne sont que les supports d'une publicité obsédante. La diffusion des biographies des savants ou d'écrivains, de bienfaiteurs est en déclin, elles sont écrasées par celles des vedettes d'Hollywood et d'ailleurs! Enfin, malgré des créateurs et des novateurs capables d'améliorer les goûts et les pensées des masses, mille canaux de diffusion imposent le conformisme du client moyen, de l'homme quelconque comme image de vie idéale [1]. « Nous manquons, dit Riesman, de formes institutionnellement organisées, permettant de canaliser notre abondance vers des prestations qui soient de nature à améliorer à la fois la qualité et la substance de la vie quotidienne [2]. » Souhaitant une urgente réforme du contenu et du style de la distribution, il conclut qu'il est facile de prévoir dans les prochaines décades « une grande expansion du nombre et des activités des conseillers du loisir *(avocational counsellors)* dont il montre l'impérieuse nécessité dans toutes les boutiques, dans tous les clubs qui distribuent des services ou des biens de loisirs aux masses : pêche, sport, cinéma, lecture, etc. Il est évident qu'un grand nombre de problèmes sociaux et culturels des U.S.A. dépendent d'un aménagement humain de la civilisation du confort et du loisir.

N'en est-il pas déjà de même dans les pays qui n'ont pas encore atteint le niveau de production des U.S.A.? Nous avons vu tout au long de ce livre qu'un pays européen comme la France, rencontre déjà certains de ces problèmes dans le travail, la vie familiale, la culture. Dans tous les pays européens, à structure capitaliste, où une enquête comparative sur le loisir a été conduite (de 1956 à 1959) nous avons fait les mêmes constatations. Le loisir a un tel prestige que dans chacune de ces contrées tous les milieux, même ouvriers, ont tendance à emprunter leurs modèles en grande partie aux classes moyennes. On sait l'importance de ces phénomènes d'« embourgeoisement », de « standardisation ». Enfin, les yeux se tournent toujours vers les nations les plus riches. L'influence du mode de vie américain, qui donne

1. Whyte (R.), Riesman (J.).
2. D. Riesman, in « Work and leisure » *in Mass leisure.*

une si grande place au loisir est incontestable. Goût de l'automobile, ou culte des vedettes, les modèles actuels d'origine ou de
style américain, plus ou moins transformés, sont transmis par de
puissants moyens de diffusion aux quatre coins du monde. Ils
arrivent dans les taudis de Belleville comme dans les hôtels du
XVIᵉ arrondissement, dans les gourbis du bled et dans les villes
d'Alger, dans les bidonvilles des villes sud-américaines ou afri-
caines comme partout. Dans le film *Moi un Noir* [1], les jeunes
d'Abidjan se surnomment Eddie Constantine ou Dorothy Lamour
Bien sûr, de grandes zones isolées subsistent encore. Des survivances traditionnelles les protègent. Parfois des résistances organisées contre cette invasion culturelle sont efficaces mais il est
un fait certain : autrefois, la culture était surtout la suprastructure
des institutions et des mœurs locales. Aujourd'hui la situation
a changé. Avec le développement prodigieux des communications, la planète est devenue toute petite. Les modèles culturels
se transmettent d'un bout à l'autre du monde. Plus particulièrement ceux qui concernent le loisir sont de moins en moins
déterminés par la seule expérience du milieu local et de plus
en plus par les messages venus de la civilisation qui paraît la
plus puissante, la plus riche, la plus prestigieuse. Là est le pôle
de propagation d'une civilisation à tendance universelle, une
télé-civilisation. Dès lors, un dangereux mimétisme social risque
de déterminer chaque pays, chacun répétant aujourd'hui ou
demain les bienfaits et aussi les méfaits, du loisir à l'américaine.
Il nous semble donc tout à fait nécessaire de donner une place
centrale aux problèmes sociaux et culturels du loisir dès maintenant dans l'ensemble des nations qui sont entrées dans le cycle
de la civilisation industrielle. Chacune doit prévoir son évolution
sur un double plan à la fois économique et culturel. Ce serait
une erreur de limiter l'action culturelle à l'ouverture d'écoles
contre l'analphabétisme ou à la prolongation de la scolarité.
Quel sera dans dix ans le rôle même de l'influence scolaire? Il
faut compléter les politiques scolaires par une large politique à
l'égard des institutions de loisir récréatif ou instructif pour l'ensemble de la population, jeune et adulte [2]. Demain, il serait

1. De Jean Rouch, à la fois ethnologue et cinéaste.
2. Nous avons constaté avec plaisir qu'à l'UNESCO l'ancienne
conception de l'éducation de base, pour les pays sous-développés avait

peut-être trop tard pour que le loisir de la civilisation industrielle soit à la taille de l'homme.

Et dans les pays de structure socialiste, est-ce que l'importance des problèmes du loisir serait moindre? Est-ce que le besoin impérieux de loisir viendrait d'une excitation artificielle développée par un système capitaliste, sans organisation, sans idéal collectif? Dans un article de ces dernières années, écrit sur « le progrès culturel de la société, l'une des conditions essentielles du passage au communisme », un académicien de Moscou, Glezermann, rappelait après Marx que « la richesse réelle de la société communiste est la force productive développée de tous les individus et qu'alors la mesure des richesses sera non plus le temps de travail, mais le temps des loisirs » (9). Marx n'a-t-il pas été jusqu'à évoquer un état idyllique de la société future où, le travail étant réduit au minimum, ce sont les loisirs eux-mêmes qui deviennent l'essentiel? Il s'agit d'une société « où personne n'est attaché à une spécialité de hasard, mais où chacun peut se perfectionner dans toute branche d'activité qui lui convient. La société assume la régulation générale de la production et permet ainsi à l'individu de faire un jour une chose et une autre le lendemain, ou encore de chasser le matin, de pêcher l'après-midi et de faire de la critique littéraire après dîner, tout comme il lui chante, sans jamais devenir chasseur, pêcheur, berger ou critique [1] ».

L'U.R.S.S. n'a pas attendu ce temps heureux pour créer un réseau important d'institutions pour le loisir des masses. Tous les observateurs s'accordent pour dire que c'est le pays qui a probablement fait les plus grandes réalisations pour la propagation du sport de masse. Depuis sa première apparition aux jeux Olympiques (1948), ses progrès ont été constants. Aux derniers Jeux de 1960, les équipes soviétiques ont remporté de loin le plus de médailles. Récemment, un autre académicien soviétique rappelait dans une revue française l'ampleur des réalisations culturelles en faveur du peuple (10). Cependant, des questions se posent.

_____

fait place à une conception beaucoup plus rare du divertissement de formation permanente de toute la population.

1. K. Marx in *la Sainte Famille*, cité par D. Riesman, *The Lonely Crowd*.

Pareil système d'éducation systématique pourra-t-il répondre à toutes les aspirations des nouvelles générations lorsque le niveau de vie soviétique se rapprochera du niveau de vie américain? L'occupation du temps libre ne posera-t-elle pas des problèmes encore plus complexes? Dès aujourd'hui, certains besoins latents ne restent-ils pas insatisfaits, malgré la censure du contenu des activités de loisir et du contenu de la culture? La première enquête sur le loisir dont les buts semblent limités a déjà révélé qu'un grand nombre de gens ne suivent pas cette politique dirigiste (11). Dans d'autres pays socialistes, tributaires ou indépendants de Moscou, comme la Pologne ou la Yougoslavie, où nous avons pu participer à des enquêtes dans différentes localités, il est apparu que, malgré la pression du milieu en faveur du développement culturel, de grandes parties de la population restaient en marge des institutions de loisir éducatif ou n'y prenaient qu'une part formelle, par snobisme ou par conformisme. En Yougoslavie, où l'éducation socialiste se fait dans des conditions plus souples qu'en U.R.S.S., le problème du loisir est apparu si important dans ses effets positifs ou négatifs sur la participation démocratique aux organismes professionnels syndicaux ou municipaux qu'en 1960 il a fait l'objet de discussions dans la plus haute instance de la vie politique et idéologique (12).

Bref, tous les pays capitalistes ou socialistes affrontent avec la croissance du loisir des problèmes majeurs. Les uns partant d'une politique de développement trop étroitement autoritaire des masses, les autres partant d'une absence de politique qui laisse prospérer un divertissement anarchique à base commerciale, tous à des niveaux variés de développement technique et dans des structures sociales différentes ou opposées, se trouvent déjà aux prises avec la question centrale de la civilisation du loisir. Cette question pourrait être formulée ainsi :

Comment une civilisation où le loisir est devenu un droit pour tous et tend à devenir peu à peu un fait de masse, peut-elle favoriser en chaque homme, quelles que soient sa naissance, sa fortune ou son instruction, la réalisation d'un *équilibre* optimum librement choisi entre le besoin de repos, de divertissement et de participation à la vie sociale et culturelle.

A nos yeux, il n'y a pas de problème plus important pour l'avenir de l'homme dans les sociétés industrielles et démocra-

tiques. L'enjeu est capital. Les objectifs du développement
économique et social sont relativement clairs. Mais quels sont
les objectifs du développement culturel à l'échelle d'une société
où les masses accèdent peu à peu au loisir? On parle des institutions nécessaires au progrès de la démocratie économique,
sociale, politique ou scolaire, mais un tel progrès suppose la
participation des citoyens. Cette participation elle-même implique
qu'ils ont de l'intérêt pour les connaissances et les valeurs correspondantes, qu'ils emploient une part de leur loisir à s'informer
sur les œuvres de la technique, de la science, des arts. La démocratisation du pouvoir, de l'organisation, de la décision est
évidemment inséparable de la démocratisation permanente du
savoir. Il est insuffisant de soutenir que l'orientation de la consommation et de la production par la société est nécessaire pour
éviter la « civilisation du gadget ». Les thèses post-keynesiennes,
à la manière de Garbraith sont nécessaires mais insuffisantes
pour créer une civilisation plus humaine. Il est également nécessaire mais insuffisant d'inclure dans les objectifs sociaux l'extension de l'éducation. En réalité, c'est le vaste problème de la
démocratie culturelle que la promotion du loisir dans les masses
nous oblige à poser dans cette seconde moitié du XXe siècle. Il est
aussi important que ceux de la démocratie économique sociale
et politique. Il est conditionné par eux et les conditionne pour
une grande part. Nous sommes plus démunis devant lui, car
il est plus neuf, au moins quand il est pris dans sa *totalité*.

Aujourd'hui, le problème du développement culturel de notre
société de masse est posé dans l'incohérence et l'impuissance.
Dans un pays comme la France, ce développement culturel
fait l'objet d'une certaine action en direction de tous les milieux.
L'action culturelle peut être définie par rapport à l'action économique ou sociale, comme le mode d'intervention que des agents
publics ou privés exercent sur les intérêts, les informations, les
connaissances, les normes et les valeurs de la population d'un
groupe ou de la société globale en fonction de leurs critères de
développement culturel. Ces critères existent, conscients ou
inconscients, mais ils sont en général partiels, mal définis tant
au niveau des fins que des moyens.

Il serait insuffisant de penser qu'une telle incertitude dépend
seulement des gouvernants et des administrateurs responsables.
Les conseils élus plus ou moins permanents constitués pour les

choisir, les améliorer ou les appliquer sont eux-mêmes dans le plus grand embarras. Ainsi le conseil supérieur de l'Éducation nationale n'a jamais été capable de situer et de caractériser l'éducation scolaire des dix millions d'élèves dans le cadre général d'une éducation permanente proposée à l'ensemble de la population. Sa représentation du pouvoir des grands moyens d'information de masse ou des institutions et associations culturelles est d'une simplicité excessive. L'interférence des effets de ces moyens d'action culturelle extra-scolaire avec ceux de l'école ou de l'université n'a jamais fait l'objet d'aucune recherche scientifique. Le conseil supérieur de l'Éducation nationale n'a même pas pu surmonter la petite querelle des anciens et des modernes, intérieure au monde des enseignants qui se disputent encore à longueur d'année, non pas sur la contribution de l'école au développement culturel approprié aux loisirs des masses, mais plutôt sur la question de savoir s'il faut retrancher ou ajouter une heure de latin, de mathématiques ou de français dans la formation scolaire. Toutes les réformes quelque peu hardies pour ouvrir l'enseignement sur les exigences d'une « culture continuée » ont été étouffées.

Le conseil supérieur de l'Éducation populaire est dans l'ensemble plus ouvert aux problèmes que nous avons évoqués. Mais aujourd'hui il est dans le plus grand embarras pour fixer les critères d'agrément et de subvention pour les associations dites d'éducation populaire[1]. Aujourd'hui des associations d'un type nouveau se créent pour relier les éducateurs populaires non seulement aux éducateurs scolaires, mais aux formateurs industriels ou syndicaux (activités culturelles des comités d'entreprises), aux travailleurs sociaux (animation socio-culturelle des nouveaux ensembles résidentiels), aux journalistes (diffusion de la science d'aujourd'hui à la télévision ou de la revue *Science et Vie* sous sa forme nouvelle), aux chercheurs intéressants et créateurs (associations des écrivains scientifiques, etc.) Des groupements nouveaux centrés sur les problèmes que pose

1. Le conseil supérieur qui a chargé une commission d'étudier les critères d'intervention (agrément, subvention) dans ce nouveau contexte, attend depuis deux ans les résultats. Et aujourd'hui les animateurs de cette commission, pourtant très compétents, reconnaissent que leurs conclusions sont déjà dépassées par la situation. Pouvaient-ils faire autrement dans l'état actuel de l'information et de la recherche?

aujourd'hui le développement culturel du grand public se créent, foisonnent dans l'isolement, sans grande publicité, sans aide importante des collectivités publiques dont les responsables eux-mêmes sont mal informés des besoins complexes et changeants.

Le secteur industriel, lui-même pressé par des problèmes nouveaux de formation du personnel, hésite sur ses orientations. Le besoin de développement d'une culture générale, parmi les cadres de l'industrie est de plus en plus ressenti [1]. Mais en quoi consiste le contenu d'une telle culture générale autant reliée aux problèmes du loisir qu'à ceux du travail? Un récent rapport du conseil économique (1962) sur la promotion sociale a introduit un long chapitre sur la nécessité d'une promotion culturelle. Mais comment l'une se relie-t-elle à l'autre? Quel serait le contenu de l'une et de l'autre, correspondant à la fois au développement économique, au progrès social et au libre épanouissement de l'homme dans son loisir? C'est une question actuelle et obscure qui est posée à la recherche.

Si nous nous tournons à présent vers les formes d'intervention par les grands moyens d'information de masse le désarroi n'est pas moindre. Le conseil supérieur et le comité des programmes de la Radio-Télévision française travaillent avec une bonne devise, « distraire, informer, instruire », mais comment cette dernière est-elle appliquée dans la réalité? Le service des relations avec le public n'a qu'une faible audience auprès des responsables des émissions. Il n'est pas équipé pour être un service d'étude des besoins culturels manifestes ou latents des différentes catégories sociales qui composent notre société. Pourquoi d'excellentes émissions dramatiques, documentaires, littéraires ou scientifiques qui divertissent sans abêtir ou instruisent sans ennuyer ne sont-elles pas mises en valeur, préparées, prolongées par des séances correspondantes dans les écoles, les universités, les innombrables groupements de loisir récréatif et culturel?

Pourquoi la liaison de l'action de la R.T.F. avec celle de l'école et de l'université est-elle partielle, aléatoire, obscurcie par les incompréhensions simplistes de nombreux responsables

1. L'institut de formation pratique des chefs (I.F.P.C.) qui rassemble la quasi-totalité des représentants des services de formation des entreprises industrielles a organisé sa dernière session (1960) sur ce thème : « La culture générale et la formation industrielle. »

de l'une ou de l'autre? Les échanges de la R.T.F. et de l'ensemble des institutions et associations récréatives et culturelles nationales, régionales ou locales ne pourraient-ils pas être moins sporadiques, moins chaotiques? Que de gaspillage de temps, d'argent, de talent, au détriment de l'efficacité du développement culturel de l'ensemble d'une population pendant son temps libre?

Deux exemples pour finir : un comité d'aide tend à favoriser les productions cinématographiques et les productions littéraires de qualité que le jeu de l'offre et de la demande d'un système commercial pourrait condamner; c'est une forme intéressante d'intervention : mais quels sont les critères qui président à ces choix dans l'un et l'autre domaine? Soutenir une édition de luxe de madame de Staël et un film d'art sur les matières plastiques peuvent l'un et l'autre se justifier. Mais pourquoi ces œuvres plutôt que d'autres? C'est dans une politique d'ensemble du développement de la culture vers les différentes catégories de la population que de telles décisions devraient être prises. Quant à la situation de la censure des productions artistiques elle témoigne d'une indigence intellectuelle encore beaucoup plus sérieuse. En effet dans le domaine du cinéma, la commission peut interdire une année un film et l'autoriser deux ou trois ans après au hasard de l'humeur d'une séance. Les censeurs prennent des décisions en déduisant de leurs réactions morales les réactions de millions d'individus, sans souhaiter la moindre recherche sérieuse sur les effets réels des films, sans prêter la moindre attention au problème resté obscur, depuis Aristote, celui des rapports entre la mimésis... et la catharsis. Il se pose au cinéma, en littérature, dans tous les arts. Est-ce que le coup de revolver de Werther pousse le lecteur au suicide ou l'empêche-t-il de se suicider réellement en lui offrant l'occasion d'un suicide par procuration imaginaire? Ou bien est-ce tout autre aspect de l'œuvre qui reste dans la mémoire ou pénètre les sentiments du lecteur?

Bref toutes ces formes d'intervention positive ou négative, pour interdire ou pour stimuler des productions intellectuelles et artistiques par l'action positive ou négative de la R.T.F. ou des comités de censure témoignent d'une crise profonde des critères du développement culturel dans notre démocratie. Certes il est souhaitable qu'il y ait des différences entre les contenus et les agents de l'action culturelle. La démocratie ne peut être que pluraliste, sous peine de se renier elle-même. Cependant que l'on ne parle pas de « liberté » là ou il n'y a qu'incohérence et impuissance. Cette situation aboutit dans la plupart des cas à la plus humiliante des dictatures, celle qui vient du conformisme, de la médiocrité des produits culturels qui se vendent facilement aux masses suffisamment instruites pour s'y intéresser et insuffisamment éduquées pour réclamer un mieuxêtre culturel dans le divertissement ou l'information.

Les sciences sociales ne peuvent pas encore formuler et éclairer les alternatives de la décision sociale devant les problèmes. Mais nous avons le droit et la possibilité de poser ceux-ci en termes nouveaux mieux adaptés à la situation d'aujourd'hui. Seule une alliance de l'imagination créatrice et de la rigueur scientifique peut nous aider à sortir de la crise actuelle qui frappe la démocratie culturelle. Il serait vain d'espérer que l'action, même planifiée, puisse la résoudre dans l'état actuel de la réflexion sur ce sujet. Un vigoureux programme des réalisations hardies d'action culturelle sur l'ensemble de la population dans tous les secteurs, allié à un rigoureux effort de recherche fondamentale s'impose. Nous savons que cette voie est difficile. Nous n'en voyons pas d'autres pour sortir du verbalisme actuel où l'on affirme que « chaque citoyen d'une démocratie a droit à la culture », tout en acceptant que les connaissances techniques restent le privilège des seuls techniciens, les connaissances administratives, celui des seuls administrateurs, les connaissances intellectuelles et artistiques, celui des seuls intellectuels et artistes isolés des masses. Pour nous, il ne s'agit pas seulement de décrire les traits les plus spectaculaires d'une « culture de masse », plus ou moins produite par certaines officines commerciales. Il faut étudier les situations culturelles réalisées, mais aussi les situations réalisables, non seulement les comportements, mais les besoins. Répétons une dernière fois que la sociologie culturelle devrait préparer une conversion d'attitude semblable à celle que l'économie politique a fait récemment en devenant de plus en plus tendancielle et prévisionnelle. Comme l'étude du développement économique, celle du développement culturel devrait susciter dans tous les grands pays modernes la création de nouveaux instituts de recherche, qui travailleraient en coopération étroite avec les organismes de la prévision et de la planification et l'ensemble des agents d'action culturelle, école, organisme de formation et d'information de masse, institutions et associations de loisir, etc.

Les résultats de cette recherche sur l'action culturelle devraient être diffusés largement dans le grand public par les différents agents. La diffusion est la relation démocratique entre les créateurs, les spécialistes et les masses. Elle est la condition fondamentale de la démocratie culturelle. Il est donc normal que la démocratie paie le prix nécessaire pour cette recherche active et la diffusion permanente de ses résultats. On a parlé du coût social d'une démocratie. Il faut également parler de son coût culturel. Accroître les crédits de l'école, avons-nous dit, est nécessaire, mais insuffisant. Ce qu'il faut envisager, c'est le coût de toutes les formes de diffusion, scolaires et extra-scolaires, nécessaires à un développement culturel d'une société de masse qui soit *à la mesure des valeurs de la démocratie et des pouvoirs de la civilisation technique.*

Nous disons bien « valeurs » de la démocratie ». Le progrès le plus miraculeux des sciences sociales ne remplacera jamais la nécessité du choix des valeurs. Les sciences sociales peuvent et doivent éclairer ces choix. Elles peuvent et doivent éviter à l'action l'esprit de système, l'esprit de dogme qui associe ces valeurs à des mystiques douteuses, à des mythes surannés ou à des techniques d'une efficacité contestable. Mais elles ne remplaceront jamais la philosophie des valeurs. On a raison de craindre qu'une action culturelle puisse être inspirée par des valeurs totalitaires incompatibles avec la liberté des consciences individuelles. Le pluralisme des grands courants d'idées, est consubstantiel à toute démocratie complète. Mais, d'autre part, on sait qu'une société doit partager un minimum de valeurs communes pour vivre et progresser au lieu de se détruire elle-même. On devine à travers l'analyse la plus sommaire des contenus de l'action culturelle publique ou privée qu'un minimum culturel commun existe entre des institutions et des groupements par ailleurs éloignés les uns des autres. Pour y voir plus clair, pour mieux dégager les critères du développement culturel lié à la réalisation d'une démocratie culturelle respectueuse des différences de chacun, il nous paraît indispensable de rassembler les responsables de l'action culturelle privée et publique dans un *conseil culturel* qui jouerait, par rapport aux différentes forces culturelles de notre pays, un rôle comparable à celui que jouent par rapport aux différentes forces économiques et sociales, le conseil économique ou la commission supérieure des conventions collectives. Cette vaste convention collective entre les forces idéologiques au sujet des conditions du développement culturel correspondant au loisir des masses ne serait-elle pas le meilleur rempart à la fois contre la propagande totalitaire et l'incohérence libérale, la meilleure base pour la construction d'une démocratie culturelle?

3
Annexes

1

Méthodologie

Sociologie du loisir et modèle de recherche active.

Prenant de plus en plus conscience de ce pouvoir ambigu du loisir dans l'évolution de la société, des organismes privés ou publics cherchent à exercer sur les conditions ou le contenu du loisir une action, qui, dans les sociétés démocratiques, tend à répondre à un triple besoin qui s'est dégagé tout au long de notre étude :

a) Le loisir doit favoriser au maximum la participation de toutes les classes, toutes les catégories ou tous les individus à la vie professionnelle, familiale, sociale, sinon, les organismes familiaux ou sociaux, même en démocratie, seraient conduits par des spécialistes, des technocrates isolés de leur groupe;

b) Ces sociétés ont besoin de développer la participation de tous à la vie culturelle, à la compréhension, voire à la production — des œuvres de la technique, de la science, de l'art — sinon la haute culture serait le privilège d'une minorité, tandis que la masse du public, malgré l'action de l'école, serait maintenue dans un état de sous-développement culturel et devrait se contenter d'une culture mineure;

c) Ces sociétés ont besoin d'une adhésion de tous à cette politique, elles doivent inciter l'individu au *choix* d'un équilibre original entre le délassement, le divertissement et le développement de la personnalité, dans cette participation socio-culturelle.

Pour satisfaire ce triple besoin, chaque collectivité exerce sur le loisir, ou par le loisir, de manière autoritaire (contrainte légale ou morale) ou libérale (pression et persuasion) sur un mode unitaire (pays de l'Est) ou pluraliste (pays de l'Ouest), une activité de défense, de stimulation, de régulation, d'orientation, d'organisation ou de planification. Cet aspect de l'évolution socio-culturelle nous paraît poser à la sociologie du loisir le problème le plus important pour aujourd'hui et pour demain.

Cette position devrait conduire à dissocier, dans la situation du loisir, les modes de conditionnement socio-culturels aveugles, anarchiques, inorganisés, et les modes d'action socio-culturelle intentionnels, conscients, organisés, voire planifiés [1], pour le groupe et par le groupe lui-même, en vue d'élever son propre niveau de culture. La sociologie telle que nous la concevons se propose, avant tout, de comparer les conditions, les processus et les résultats de ces deux sortes de modes différents ou antagonistes. Nous ne pensons pas à je ne sais quel manichéisme d'une sociologie volontariste, qui verrait tout le mal dans les premiers modes et tout le bien dans les seconds. Notre attitude est *expérimentale*. Si l'homme a des chances d'intervenir dans le jeu des déterminations socio-culturelles, c'est bien en valorisant une action volontaire, organisée ou planifiée par les groupes eux-mêmes, et en instituant le contrôle scientifique des résultats de cette action. Le contenu d'une telle action pose un premier problème : quel est son effet sur le loisir, quel que soit le mode de communication qui le diffuse? Pour en étudier l'effet, l'efficacité, il est bon de regrouper dans un concept plus complet et plus dynamique *d'action socio-culturelle*, tous les concepts parcellaires créés par les théories de la communication, de la propagande, de l'information, de l'apprentissage, des groupes restreints, des relations sociales. Nous savons l'intérêt pratique de cette sociologie analytique, mais l'expérience nous a montré aussi que ces concepts se chevauchent souvent dans la réalité et qu'il est impossible de faire l'étude expérimentale d'une situation réelle sans les regrouper d'une manière ou d'une autre. Si le contenu a réellement plus d'importance que le canal de transmission, le regroupement même des concepts parcellaires présente autant d'avantages pratiques et opératoires que d'avantages théoriques et conceptuels pour une sociologie expérimentale.

1. Lynd, « Sociologie et planification », *Cahiers internationaux de sociologie, 1946.* Riesman, *The Lonely Crowd* (déjà cité); Mannheim, *op. cit.*

Enfin, l'étude comparée des types de moyens de communication modernes ou traditionnels, de télécommunication ou de communication directe, nous paraît être moins importante que celle des différents types d'organisation et de structure où s'élaborent et se diffusent ces contenus du loisir aux niveaux micro et macro-sociologique. L'étude des variations incidentes ou provoquées des contenus, reliées à différentes structures et organisations, ainsi que de leurs effets sur les fonctions des loisirs dans la société industrielle et démocratique, nous paraît, en fin de compte, la perspective globale dans laquelle nous devons replacer notre étude expérimentale. La sociologie en miettes n'offre à la connaissance réelle que des commodités souvent illusoires.

1. *Remarques sur la recherche active.*

Mais nous sommes souvent désarmés devant une telle position. Nous vivons sur les distinctions trop formelles entre la théorie et la doctrine, la recherche et l'action : la recherche poserait le problème et l'action apporterait la solution. C'est une distinction trompeuse. En réalité, il n'y a pas de coupure. Déjà, dans la façon de poser le problème, une action est implicite, et, dans la façon d'apporter une solution, le problème est présent. A cause de cette fausse séparation, il arrive souvent que la connaissance scientifique n'aboutisse qu'à poser clairement des problèmes évidents, alors que les problèmes difficiles et cachés sont posés — ou traités — par les hommes d'action, à l'aveuglette, par la seule connaissance intuitive comme nous l'avons déjà dit. Suivant l'exemple récent de l'économie politique, qui devient de plus en plus une science de l'élévation des niveaux de vie, et celui de la psychologie sociale, qui a produit une science expérimentale de la dynamique des groupes, la sociologie du loisir devrait s'orienter de plus en plus vers l'étude expérimentale des conditions et des processus de l'élévation des niveaux socio-culturels du loisir. Elle n'en est pas encore là, mais grâce au développement croissant des dispositifs d'orientation, d'organisation, d'éducation à l'échelle des groupes restreints ou étendus et des unités plus vastes, elle tend à se constituer en une recherche active.

Il est possible, grâce à ces dispositifs, de provoquer et de contrôler des changements. Bien entendu, la recherche active

tend vers l'expérimentation provoquée par le chercheur lui-
même (action research). Mais c'est le stade ultime. La recherche
active tend bien à être une recherche *par* l'action (contrôlée),
mais elle est aussi une recherche sur l'action. Il ne s'agit pas
d'une recherche appliquée, limitée par des impératifs externes,
par opposition à la recherche fondamentale, librement développée
par ses impératifs internes, il s'agit d'une recherche sur une
situation, *dont les éléments favorables ou défavorables du point
de vue des besoins socio-culturels sont toujours étudiés par rapport
à l'action réelle ou possible destinée à mieux satisfaire ces derniers.*

Il s'agit donc d'une sociologie simultanément ou alternati-
vement *critique* et *constructive*, qui doit permettre une recherche,
permanente comme l'action elle-même, sur les besoins, sur les
processus de satisfaction qui, à leur tour, font apparaître de
nouveaux besoins. Pour nous le meilleur moyen de connaître
une société est d'explorer ses *projets d'intervention sur elle-même.*

La problématique de la recherche active appelle une méthodologie appropriée. Pour que les enquêtes puissent traiter les
plus importantes de ces questions communes à la recherche et
à l'action, il n'est pas possible que le sociologue se contente de
quelques hypothèses de son cru. Il est illusoire de penser qu'il
n'a qu'à recueillir « les données objectives » sur lesquelles l'homme
d'action pourra exercer cette imagination créatrice, sur laquelle
insistait tant Claude Bernard et que C.-W. Mills vient récemment
de réhabiliter en sociologie. Dès *la conception* d'une recherche
active, le chercheur doit assimiler la connaissance intuitive que
les hommes d'action ont des besoins, qu'ils se proposent de
satisfaire et des résultats qu'ils obtiennent ou croient obtenir.
C'est un point de départ indispensable pour tenter l'unité de la
connaissance intuitive et scientifique. Ensuite, le chercheur doit
marquer son indépendance absolue, en *critiquant* les critères
d'action par la réflexion et l'observation sociologiques. C'est sur
ces bases qu'il devra peu à peu élaborer, *construire des modèles
théoriques* pour l'observation, l'explication et la transformation
volontaire de la situation, à partir de *critères explicites.* Il ne
s'agit pas, pour lui, d'affirmations normatives, dogmatiques;
au contraire, la recherche active est une tentative de vérification
de ces modèles communs à l'action et à la recherche par des
techniques rigoureuses de contrôle (réfutation des hypothèses

nulles, échelles de mesures, dispositifs d'isolement des variables, etc.). Le point le plus important est peut-être de renoncer à la distinction absolue entre les couples causes-conséquences et fins-moyens. En effet, on peut traiter : *a*) la fin d'une action (élévation des niveaux culturels) comme un résultat anticipé, un niveau anticipé de la situation à comparer avec le niveau initial et le niveau final; *b*) les moyens d'action (un film ou un cercle d'étude) comme des forces plus ou moins déterminantes parmi les autres forces qui façonnent la situation. Ainsi, une action destinée à changer une situation repose sur une hypothèse de transformation (fin et moyen) que nous pouvons vérifier comme une hypothèse d'explication causes-conséquences. Si le niveau final s'est rapproché, a atteint, ou a dépassé le niveau anticipé et si notre dispositif de contrôle nous permet d'imputer ce changement aux forces mises en mouvement par l'action, l'hypothèse de transformation est vérifiée. Tout s'est passé comme si l'absence de cette action expliquait la différence entre le niveau initial et le niveau anticipé de la situation. Sinon il faut chercher d'autres hypothèses à vérifier. C'est ainsi que toute situation peut être abordée du point de vue d'une action réelle ou possible, tout en étant traitée avec l'indépendance et la rigueur de la science. Quels sont les modèles nécessaires à une telle recherche active dans la sociologie du loisir? Nous parlerons de modèles structuraux mathématiques ou non mathématiques, situés entre les grandes théories invérifiables et les petites hypothèses insignifiantes. Ils sont constitués par un ensemble d'éléments disjoints de leur complément et ordonnés par un système de relations hypothétiques tel qu'il soit possible de construire un champ dont les propriétés permettent d'étudier expérimentalement si le système de relations est vérifié ou à quelles conditions il est vérifiable.

2. *Modèles descriptifs.*

A. — Le phénomène du loisir est d'abord décrit comme une *situation* sociale et culturelle et non comme un comportement isolé.

Dans cette situation, l'individu vit, selon son statut social, familial, son âge ou son caractère, une culture dont les traits présentent une *structure*. L'étude des comportements de loisir est moins importante que celle des contenus révélés par ces comportements. Il importe donc de traiter ces comportements comme des signes dont nous analyserons les significations par rapport à un cadre de référence qui peut jouer le rôle d'un code. Les contenus des différents loisirs peuvent avoir des relations entre eux ou avec eux qui correspondent à d'autres activités : familiales, professionnelles, civiques, etc. Ces contenus variés, relatifs aux différentes activités peuvent s'ordonner en des *secteurs* culturels. A ces secteurs sont associés des intérêts, des représentations, des normes ou des valeurs qui déterminent des *paliers* culturels. Ceux-ci différencient selon les genres de la connaissance : pratique, technique, scientifique, artistique, philosophique, etc., d'où des *types* culturels. Enfin à chaque type correspondent des degrés variés de participation aux produits et aux œuvres mineurs, moyens ou majeurs de la civilisation du point de vue de critères explicitement choisis. D'où la détermination des *niveaux* culturels du loisir. Une telle analyse orientée par un tel cadre de référence permet de *relier* les problèmes du loisir à ceux de la culture. Elle est d'abord structurale et son procédé privilégié est une variété d'analyse sémantique (Ch. Morris dirait sémiotique).

B. — Ce contenu du loisir s'inscrit dans le temps. Il est étudié comme le segment d'un processus d'évolution permanente ou quasi permanente d'une *série* d'événements. La période présente a été produite par la période passée et la période présente est en train de produire la période future. Cette période future *(in statu nascendi)* nous paraît la plus importante à saisir. Histoire et sociologie doivent coopérer dans cette recherche prospective. La sociologie de la croissance du loisir et du développement de ses contenus socio-culturels sera *tendancielle pour être prévisionnelle.*

C. — Le grand problème est de savoir si ces tendances (réalisées ou potentielles) sont ou non dans le sens des *besoins* de la société et des individus (collectifs ou individuels).

a) Il est important d'étudier les besoins de la société, de ses classes et de ses groupes (famille, entreprise, cité, etc.) en matière de loisir. L'observation des phénomènes d'inadaptation et de non participation à la vie sociale et culturelle d'un groupe en relation avec le contenu du loisir, est fondamentale pour connaître par l'observation *objective* du fonctionnement négatif ou positif d'un groupe, les besoins sociaux en matière de loisir.

b) Le niveau culturel du groupe évolue souvent sous l'action consciente des leaders d'opinion formels ou informels, dominants ou opposants. Il évolue aussi par le truchement des attitudes actives de *novateurs* qui sont des agents de développement. La dynamique des besoins culturels ne peut se contenter de l'étude des moyennes de comportement (niveau conformiste), elle s'appuiera aussi sur l'analyse objective des critères d'influence des leaders (animateurs, organisateurs de loisir) et du pouvoir des *novateurs* (autodidactes, créateurs, etc.) dans leurs rapports avec les membres du groupe et le groupe lui-même.

c) Enfin il importe de détecter dans la population moyenne non seulement les besoins satisfaits, mais les besoins *latents* non satisfaits dans la présente situation, d'où l'intérêt de faire varier la situation de loisir réellement (méthode comparative), ou fictivement (projection de situations filmées, questions projectives, conditionnelles, etc.) pour révéler au maximum ces besoins latents. La comparaison pondérée des résultats de cette triple approche objective et subjective peut aboutir à une connaissance des besoins qui sera plus rigoureuse que les affirmations habituelles et vagues sur les « besoins humains » ou le « facteur humain » dans la sociologie du loisir.

Ce sont ces enquêtes objectives sur les besoins qui permettent en particulier de fixer dans chaque situation les niveaux culturels idéaux ou possibles du loisir et de mesurer la différence entre ces niveaux et les niveaux réels du point de vue d'une action qui se propose ou se proposerait de réduire cette différence.

3. *Modèles explicatifs.*

A. — Ainsi le loisir est intégré dans une situation sociale et culturelle qui présente un caractère global. La description des contenus du loisir tels qu'ils évoluent ou pourraient évoluer serait insuffisante. Ils doivent être étudiés comme un *résultat*. En effet ils sont le produit *d'un équilibre quasi stationnaire*, d'un jeu de forces sociales et culturelles dont il importe de connaître l'ensemble pour éclairer l'action dans le choix de ces moyens possibles et dans la découverte des points de résistance à sa réussite. Dans cette perspective, on comprendra aisément qu'un simple sondage d'opinion ou une simple étude d'attitudes est nécessaire mais insuffisant. La recherche active a besoin d'analyser l'environnement des forces qui pèsent sur l'individu. L'étude *morphologique* de l'équipement, des relations, des organisations, des structures, est indispensable.

B. — Dans cet ensemble, il convient de distinguer et de comparer la valeur (Lewin dirait « valence ») positive ou négative de ces différentes forces par rapport aux moyens de l'action exigée par la situation. Une attention particulière doit être accordée aux forces qui influent directement sur le loisir : *a)* les grands moyens de diffusion; *b)* les institutions et associations de loisir (cafés, société, etc.); *c)* les relations sociales du temps libre (relations spontanées, rayonnement des leaders, des éducateurs, etc.).

Pour éviter une sociographie formelle sans grande utilité pour l'action, il est fondamental d'étudier le contenu de ces différents systèmes, la stratification sociale et culturelle des milieux où ils s'exercent (ouvriers, paysans, cadres) et la structure sociale auxquelles ils se rattachent (régime commercial ou non-commercial, capitaliste ou coopératif)...

C. — Une attention particulière contrôlera dans cet ensemble les résultats des réalisations *novatrices* provoquées par la société et les groupes pour l'élévation des niveaux culturels du loisir de leurs membres (lois d'aide à l'action culturelle, diffusion des chefs-d'œuvre par le cinéma, la télévision ou les associations etc.). La recherche des effets des différents types d'organisation du loisir reliés à l'entreprise, à l'école, aux églises, etc., ou caractérisés par les activités sportives, touristiques, musicales, sociales, etc., est à peine commencée. Il s'agit pourtant déjà d'importants essais, d'intervention consciente et volontaire de la collectivité pour intervenir sur l'évolution socio-culturelle du loisir; or, leurs résultats n'ont pas encore été sérieusement évalués sur une grande échelle. Il y a là un retard de la recherche sur l'action qu'il importe de combler *en priorité*.

Certes, l'isolement d'un groupe de forces de cet ensemble n'est pas facile. Il peut être réalisé par une sorte d'expérimentation rétroactive *(ex post facto)* dont Chapin et d'autres ont donné maints exemples. C'est en ce sens que la recherche active devrait perfectionner ses modèles d'explication.

4. *Modèles expérimentaux.*

Mais, bien entendu, le mode privilégié de la connaissance dans une recherche active est l'expérimentation proprement dite, incidente ou provoquée.

A. — Chaque fois qu'un changement de situation survient dans un sens négatif ou positif du point de vue des critères choisis le sociologue doit tendre à mettre en place un dispositif de contrôle. C'est le moyen le plus approprié pour connaître la possibilité de changement du phénomène, les conditions et les processus de ce changement. Dans le domaine du loisir, la croissance des dispositifs d'orientation sociale et culturelle dans les *différents contextes* capitalistes ou socialistes devrait permettre un progrès privilégié de la sociologie expérimentale : organisateurs, éducateurs, informateurs, qui exercent leur action sur le loisir doivent apprendre non seulement à se mieux connaître, mais à élaborer ensemble une recherche commune d'un type nouveau. Ce n'est pas facile, mais certains dispositifs d'action contrôlée peuvent devenir les dispositifs de recherches permanentes (échantillons des terrains, observation, contrôle des techniques d'intervention, évaluation des résultats sur le terrain...).

B. — Alors pourront s'élaborer peu à peu les conditions et les processus d'une expérimentation provoquée par la dynamique de la recherche elle-même. Il ne s'agit pas seulement de faire des enquêtes et d'en communiquer les résultats aux intéressés, afin de susciter une action en retour (feed back). Les techniques d'intervention qui en découlent sont souvent trop simples. Elles prêtent à la juste critique des hommes d'action expérimentés, surtout quand elles émanent de jeunes sociologues ou psychologues de laboratoire qui sont ignorants des règles élémentaires de l'action réelle (politique, administration ou pédagogie). Il s'agit au contraire d'une recherche expérimentale dans les *normes mêmes* de l'action, en vue de trouver l'*optimum socioculturel* d'une organisation du loisir, relatif aux caractéristiques d'une situation, aux besoins de la collectivité et de l'individu.

De ce point de vue, la sociologie du loisir doit accorder le plus grand intérêt aux progrès des sciences de la planification et d'une façon plus générale de la recherche opérationnelle qui tend à mettre dans le champ de la science, non seulement l'information, mais *la décision*. Comme dit Guilbaud : « On a commencé d'entrevoir la possibilité d'une réflexion scientifique alimentant et coordonnant diverses techniques et dont l'objet propre soit l'action humaine, l'action et la décision vues du dedans, c'est-à-dire du point de vue même de l'agent responsable »; ajoutons : réel ou possible.

2

Annexe statistique *

A. ÉVOLUTION

1. *Évolution respective du secteur primaire, secondaire et tertiaire* (%) : net détachement du tertiaire à partir de 1968 :

	1946	1954	1962	1968
primaire	34,4	29,4	22,2	16,9
secondaire	30,9	35	38	39,2
tertiaire	34,7	35,6	39,8	43,9

SOURCE : Nisard, « La population active selon les recensements depuis 1946 », in *Population*, 1, 1971.

2. *Évolution comparée du taux de croissance des ouvriers et de celui des employés, cadres moyens et cadres supérieurs de 1962 à 1968* (voir tableau page suivante) :

Les catégories de salariés qui ont progressé le plus rapidement (professeurs, assistantes sociales, techniciens) sont celles qui demandent une formation relativement longue. Les « emplois tertiaires » : transports, commerce, services, ont augmenté de 25 %, les effectifs employés dans les banques et administrations ainsi que le personnel de service de presque 16 % tandis que le nombre de personnes employées dans l'industrie (sans le bâtiment et travaux publics) est demeuré presque stable.

* Réalisée avec l'aide de Claire Guinchat, documentaliste.

	1962	1968	Variations %	
Agriculteurs	3 044 670	2 459 840	— 19,2	
Salariés agricoles	826 090	588 200	— 28,8	
Total agricole	3 870 760	3 048 040	— 24,0	
Patrons de l'industrie et du commerce	2 044 667	1 961 980	— 4	
dont gros commerçants	172 833	213 500		+ 23,5
petits commerçants	1 133 965	1 028 160		— 9,3
Professions libérales et cadres supérieurs	765 938	922 800	+ 29,6	
dont professeurs, professions littéraires ou scientifiques	125 126	209 080		+ 67,1
ingénieurs	138 051	190 440		+ 37,9
Cadres moyens	1 501 287	2 014 100	+ 34,2	
dont instituteurs et professeurs	421 189	564 360		+ 34
intellectuels divers, services médicaux et sociaux	110 101	176 320		+ 60,1
techniciens	343 986	533 940		+ 55,2
Employés de bureau et du commerce	2 396 418	3 029 900	+ 26,4	
Ouvriers	7 060 790	7 698 600	+ 9	
dont contremaîtres	306 142	360 120		+ 17,6
ouvriers qualifiés et OS	4 680 561	5 312 440		+ 13,5
mineurs	191 588	143 840		— 24,9
Personnel de service	1 047 312	1 171 060	+ 11,8	
Autres	564 023	522 680	— 7,3	
dont artistes	42 184	52 300		+ 24
clergé	165 684	131 840		— 20,4
armée et police	356 205	338 540		— 5
Total non agricole	15 380 435	17 391 120	+ 11,4	
TOTAL POPULATION ACTIVE	19 251 195	20 439 160	+ 6,2	

SOURCE : I.N.S.E.E., « Évolution des catégories socio-professionnelles 1962-1968 », in *Économie et Statistiques*, 2, juin 1969.

3. Évolution comparée de la répartition des ouvriers et des autres catégories socio-professionnelles de 1954 à 1968.

Malgré une croissance moins rapide que celle des cols blancs, les ouvriers, augmentés des salariés agricoles et du personnel de service, constituent toujours une importante minorité de la population active (46,3 %). La faible participation de cette minorité aux activités artistiques et intellectuelles les plus élaborées du temps de loisir pose toujours le problème majeur d'une politique démocratique du développement culturel.

	1954	1962	1968	
Agriculteurs exploitants	20,7	15,8	12	
Salariés agricoles	6	4,3	2,9	
Patrons de l'industrie et du commerce	12	10,6	9,6	
Professions libérales et cadres supérieurs	2,9	4,0	4,8	
Cadres moyens	5,8	7,8	9,9	29,5
Employés	10,8	12,5	14,8	
Ouvriers	33,8	36,7	37,7	
Personnel de service	5,3	5,4	5,7	
Autres catégories	2,7	2,9	2,6	

SOURCE : I.N.S.E.E., *op. cit.*

4. *Durée hebdomadaire moyenne du travail de 1946 à 1969*[1] :

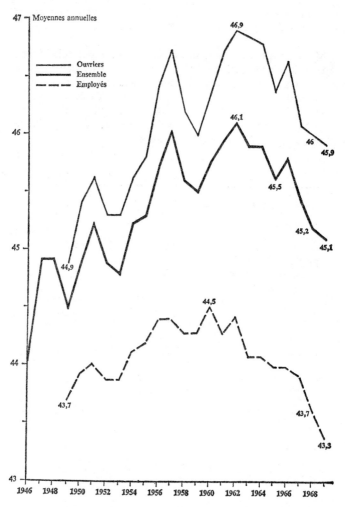

5. *Évolution de la composition du budget familial de 1959 à 1968*[1].

Pour mesurer l'étendue et la croissance réelle des dépenses de loisir, il serait nécessaire d'ajouter au poste « culture-loisirs » une grande partie des dépenses d'hôtel, restaurant, café (vacances, sorties...) et des dépenses de transport (vacances, week-end, autres déplacements de loisir). Cf. Enquête I.N.S.E.E. 1967 sur les loisirs. En 1968 au lieu de 9,6 % il faudrait lire au poste loisir : environ 16 %.

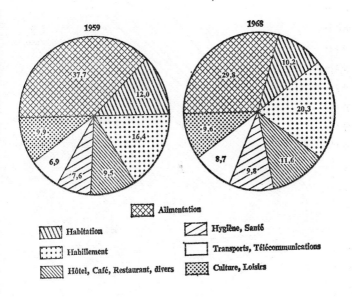

1959

1968

Légende	
Alimentation	
Habitation	Hygiène, Santé
Habillement	Transports, Télécommunications
Hôtel, Café, Restaurant, divers	Culture, Loisirs

1. C.R.E.D.O.C., « L'évolution de la consommation des ménages de 1959 à 1968 », in *Consommation*, 2 et 3, avril et septembre 1970.

6. *Évolution de la consommation de biens et services de loisirs dans la consommation non alimentaire individuelle de 1959 à 1968*[1].

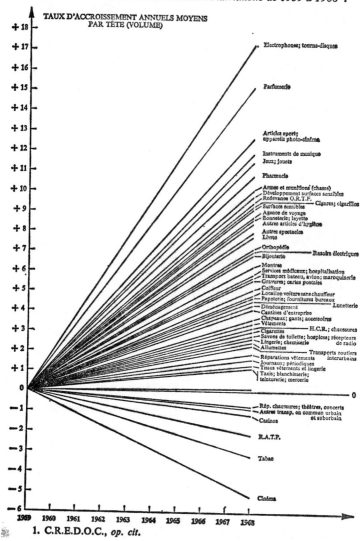

TAUX D'ACCROISSEMENT ANNUELS MOYENS PAR TÊTE (VOLUME)

Electrophones; tourne-disques

Parfumerie

Articles sport; appareils photo-cinéma

Instruments de musique
Jeux; jouets

Pharmacie

Armes et munitions (chasse)
Développement surfaces sensibles
Redevance O.R.T.F. — Cigares; cigarillos
Surfaces sensibles
Agence de voyages
Bonneterie; layette
Autres articles d'hygiène
Autres spectacles
Livres
Orthopédie — Rasoirs électriques
Bijouterie
Montres
Services médicaux; hospitalisation
Transport bateau, avion; maroquinerie
Gravures; cartes postales
Coiffeur
Location voiture sans chauffeur
Papeterie; fournitures bureaux — Lunetterie
Déménagement
Cantines d'entreprise
Chapeaux; gants; accessoires
Vêtements
Cigarettes — H.C.R.; chaussures
Savons de toilette; hospices; récepteurs
Lingerie; chemiserie de radio
Allumettes
Réparations vêtements — Transports routiers interurbains
Journaux; périodiques
Tissus vêtements et lingerie
Taxis; blanchisserie; teinturerie; mercerie

Rép. chaussures; théâtres, concerts
Autres transp. en commun urbain et suburbain
Casinos

R.A.T.P.

Tabac

Cinéma

1. C.R.E.D.O.C., *op. cit.*

7. *Évolution du taux de départ en vacances 1965-1969 selon les catégories socio-professionnelles.*

Le taux de départ en vacances avait augmenté de façon spectaculaire de 1936 à 1965. Depuis 1965 le taux s'est ralenti de façon à peu près identique dans *toutes* les catégories socio-professionnelles (I.N.S.E.E.)[1].

	été 1965	été 1966	été 1967	été 1968	été 1969
Population des ménages ordinaires situés dans le champ de l'enquête	45 680 000	46 220 000	47 020 000	47 930 000	47 880 000
Nombre de partants	18 710 000	19 260 000	20 010 000	19 940 000	20 460 000
Taux de départs	41,0 %	41,7 %	42,6 %	41,6 %	42,7 %
— exploitants et salariés agricoles	8,4	9,3	9,2	12,0	7,8
— patrons industrie et commerce	41,7	43,4	42,9	46,1	47,9
— professions libérales et cadres supérieurs	83,7	83,9	85,1	83,3	84,3
— cadres moyens	74,7	74,9	69,9	73,8	73,8
— employés	56,5	58,8	59,0	56,2	59,5
— ouvriers	41,4	41,2	42,7	40,1	41,6
— personnel de service	44,0	43,5	42,9	39,5	43,6

1. Si l'on retient pour les résidences secondaires la définition usuelle : « appartement ou maison autre que le domicile principal, dont le ménage peut disposer à tout moment sauf, éventuellement, durant de courtes périodes pendant lesquelles il est loué, prêté ou occupé par d'autres membres de la famille avec lesquels le ménage ne vit pas habituellement », on compte (I.N.S.E.E., 1967) 1 790 000 ménages disposant d'une résidence secondaire (1 170 000 propriétaires, 110 000 locataires à l'année, 510 000 occupants à titre gratuit). L'I.N.S.E.E. évalue à 4 300 000 le nombre d'adultes qui appartiennent à un ménage disposant d'une résidence secondaire.

8. *Évolution du nombre des licenciés dans les 22 fédérations olympiques de 1963 à 1970* [1].

	1963	1967	1968	1969	1970
F.F. Athlétisme	51 512	77 988	77 463	85 037	88 837
F.F. Basket-Ball	103 601	124 512	133 919	145 000	152 015
F.F. Boxe	8 253	3 464 (254 pros)	3 803 (259 pros)	3 825 (325 pros)	2 777 (200 pros, 75 étrangers)
F.F. Canoë-Kayak	5 332	3 400	4 150	4 996	5 598
F.F. Cyclisme	37 705	42 274 (97 pros)	44 199 (94 pros)	47 559 (94 pros)	47 404 (96 pros)
F.F. Escrime	9 235	13 701	14 874	17 149	18 252
F.F. Football	443 898	557 863	602 000	700 000	825 000
F.F. Gymnastique	53 004	70 752	74 008	81 232	83 060
F.F. Haltérophi-ie et culturisme	5 762	8 133	9 868	11 400	11 250
F.F. Hockey sur gazon	4 275	4 000	4 200	5 000	5 500
F.F. Judo et disciplines associées	66 923	103 000	118 400	143 250	167 541 (judo) 881 (boxe franç.) 4 456 (Aïkido) 11 384 (Karaté) Total 184 262
F.F. Lutte	4 054	4 919	5 352	6 873	7 347
F.F. Natation	39 084	45 927	56 136	62 474	68 408
F.F. Ski	259 107	434 353	476 290	546 532	592 385
F.F. Sports de glace	2 574	4 000	5 044	8 500	(Patin. artist. : 7 300 Danse : 1 200 Hockey : 2 900 Patin. de vi-tesse : 700 Curling : 700 Bob. : 120 Luge : 120) 13 000

(suite)	1963	1967	1968	1969	1970
F.F. Sports équestres	41 046	56 476	56 136	61 774	65 356
F.F. Sociétés Aviron	8 108	11 175	12 059	11 622	10 235
F.F. Tir cible et chasse	21 312	25 750	26 639	30 000	34 000
F.F. Yachting à voile	23 000	49 000	55 000	60 262	63 667
F.F. Volley-Ball	24 815	24 553	28 872	29 381	31 740
F.F. Handball[1]	24 462	38 276	45 040	52 000	60 000
F.F. Tir à l'arc[2]	2 100	4 800	5 500	5 800	6 200
Total du nombre des licenciés	1 208 370	1 666 097	1 809 406	2 041 041	2 360 719

Voici l'état des licenciés
dans les plus importantes fédérations non olympiques :

F.F. Lawn-Tennis	89 042	125 882	133 000	146 088	167 710
F.F. Rugby	46 824	63 374	69 031	70 000	70 500
F.F. Tennis-Table	23 012	34 565	36 856	30 272	42 375 7 % féminines (12 796 de moins de 18 ans)
Jeu à treize	4 893	5 740	6 800	7 023	7 750
F.F. Automobile		13 891	13 842	17 198	19 417

1. SOURCE : Bureau de documentation du secrétariat d'État à la Jeunesse, aux Sports et aux Loisirs, mars 1971.
2. Les fédérations de Handball et du Tir à l'Arc ne figurent dans ce tableau des sports dits olympiques que depuis l'année 1970.

9. *Évolution de quelques équipements collectifs de loisir de 1963 à 1968*[1].

	existant en 1963	de 1962 à 1965	1966	1967	1968	total existant au 1/1/1969
Stades et terrains de sports	15 767	+ 1 419	+ 642	+ 1 112	+ 921	19 861
Piscines couvertes	125	+ 33	+ 22	+ 49	+ 53	282
Piscines en plein air	664	+ 197	+ 87	+ 148	+ 132	1 228
Salles de sport et gymnases	1 954	+ 602	+ 322	+ 496	+ 440	3 814
Maisons et foyers de jeunes	1 784	+ 366	+ 159	+ 247	+ 255	2 811
Locaux d'accueil	541	+ 95	+ 32	+ 79	+ 40	787
Centres de vacances	6 250	+ 406	+ 90	+ 148	+ 73	6 967

10. *Pari mutuel urbain*[2].

D'après l'I.F.O.P. (1963), environ 1/4 des adultes de plus de 21 ans jouent au P.M.U. Entre 1955 et 1965, le volume des sommes engagées aux P.M.U. a été multiplié par 10.

	milliers d'anciens francs		milliers nouveaux francs
1955	42 151	1960	1 327,2
1956	53 931	1961	1 666,7
1957	70 120	1962	2 105,1
1958	85 994	1963	2 887,6
1959	107 943	1964	3 844,8
		1965	4 655,2

1. Bureau de documentation du secrétariat d'État à la Jeunesse, aux Sports et aux Loisirs, 1970.
2. I.N.S.E.E., *Annuaire rétrospectif*, 1966.

B. Situation en 1967

Le plus important sondage national jamais effectué en France sur le loisir date de 1967. Il a été réalisé par l'Institut National d'Étude et de Statistiques Économiques (I.N.S.E.E.) sur un échantillon national aléatoire de 6 637 individus « adultes » (14 ans et plus). Une telle enquête sur un tel thème était tout à fait inusuelle à l'I.N.S.E.E. Le problème général du loisir concernant un nombre très grand d'activités en apparence sans relation les unes aux autres a paru suffisamment important à l'I.N.S.E.E. pour qu'il fasse l'objet d'une enquête globale. La définition qui a servi d'hypothèse centrale à cette recherche est voisine de celle qui a inspiré la rédaction de notre livre. Notre groupe de recherche sociologique a été directement associé à l'élaboration du questionnaire par l'intermédiaire de M. Goguel.

Cette enquête date de 1967 : certaines statistiques retardent beaucoup sur la réalité de 1970-1971. C'est particulièrement vrai pour la télévision (octobre 70 : 70 % des ménages ont au moins un poste de TV). D'autre part l'enquête est encore en cours d'exploitation et nous ne pouvons pas publier les variations d'équipements ou de comportement de loisir selon les catégories socioprofessionnelles. Nous le regrettons. Néanmoins des informations sur les distributions moyennes font déjà apparaître des différences, des inégalités entre les types d'activité de loisir; elles posent des problèmes qui restent à résoudre pour une politique de développement culturel qui reste encore faible, malgré quelques efforts de réflexion planificatrice à partir de 1961.

Bien entendu la place nous manque pour fournir tous les chiffres disponibles en 1970. Nous renvoyons à l'étude de Pierre Le Roux parue dans la collection de l'I.N.S.E.E. — série M 2 — juillet 1970. Nous nous bornons à publier quelques points de repère dans ce champ de plus en plus étendu des activités de loisir.

1. *Proportion de ménages (en %) possédant ou disposant d'au moins :*

Un animal domestique	37,3
Un appareil photo	59,8
Un appareil de projection de photos	8
Un appareil de projection de films	4,8
Une automobile	54,9
Un bateau	2,9
Une caméra	5,4
Un électrophone (ou tourne-disques)	38,3
Un instrument de musique	18,4
Un jardin	57
Un matériel de chasse	14,4
Un matériel de pêche	27,8
Une paire de skis	4,5
Un récepteur radio	90,2
Un récepteur de télévision	57,3
Une résidence secondaire [1]	7,3

2. *Disposition d'animaux domestiques dont la majorité n'a pas de fonction utilitaire :*

4 390 000 ménages (27,3 %) possèdent au moins un chien

4 190 000 ménages (26,1 %) possèdent au moins un chat

2 660 000 ménages (16,6 %) possèdent au moins un autre animal domestique (poisson, oiseau, reptile, mammifère...)

AU TOTAL

5 980 000 ménages (37,3 %) possèdent au moins un animal domestique.

1. Possession uniquement.

3. *Répartition des ménages possédant un animal domestique selon le type d'habitat.*

% des ménages possédant	une maison individuelle	habitant un immeuble collectif	
		de — de 10 logements	de + de 10 logements
Au moins un animal domestique	60,1	36,4	27,2
Au moins un chien	40,1	11,3	6,3
Au moins un chat	37,1	11,7	7,3
Au moins un autre animal domestique	16,9	15,7	17

4. *Bricolage utilitaire et bricolage de plaisance.*

7 940 000 adultes (21 % de l'ensemble) déclarent bricoler au moins une fois par semaine : pour *2 525 000 d'entre eux* il s'agit d'une de leurs occupations favorites, et pour 850 000 essentiellement d'une obligation. Il apparaît une liaison entre la fréquence avec laquelle les adultes bricolent et l'intérêt qu'ils portent à cette activité.

S'il arrive à 17 230 000 adultes (soit 45,6 % de l'ensemble) de bricoler, 4 740 000 d'entre eux disposent, pour bricoler, d'un atelier ou d'une pièce particulière réservés à cet usage; 5 050 000 disposent seulement d'un établi ou d'un « coin réservé ».

Le bricolage apparaît enfin essentiellement comme une activité masculine, et plus précisément comme une activité d'homme actif.

5. *Répartition des adultes selon la fréquence avec laquelle ils bricolent et la nature de l'intérêt qu'ils portent au bricolage.*

Fréquence	Effectifs (en milliers)	Total	Considèrent le bricolage		
			Essentiel-lement comme une obligation	Comme un passe-temps à la fois utile et agréable	Comme une de leurs occu-pations favorites
Tous les jours ou presque	1 870	100,0	8,2	47,3	44,5
Une ou deux fois par semaine	6 070	100,0	11,5	60,6	27,9
Une ou deux fois par mois	5 810	100,0	18,1	68,0	13,9
Plus rarement	3 490	100,0	35,2	56,5	8,3
Jamais ou presque jamais	20 560				
Total	37 800				

6. *Les pratiques sportives.*

Sur 37 800 000 adultes :

14 880 000 (soit 39,4 %)	n'ont jamais pratiqué aucun sport;
12 820 000 (soit 32,6 %)	ont pratiqué autrefois un sport mais n'en pratiquent plus aucun;
5 740 000 (soit 15,1 %)	pratiquent un sport de manière irrégulière;
4 860 000 (soit 12,9 %)	pratiquent un sport de manière régulière toute l'année.

7. *Répartition des adultes selon la pratique sportive.*

	Étudiants et élèves (de + de 14 ans)	Adultes (sauf étudiants et élèves)	Ensemble des adultes
N'ont jamais pratiqué aucun sport	2,3	42,4	39,4
Ont pratiqué autrefois un sport, mais ne pratiquent plus	7,1	34,6	32,6
Pratiquent un sport, de manière irrégulière	19,2	14,9	15,1
Pratiquent un sport régulièrement toute l'année	71,4	8,1	12,9
Total	100	100	100
Effectif total (en milliers)	2 840	34 960	37 800

8. *La pratique des différents sports* [1].

Voir tableau de la page suivante.

---

1. Pratiquer « toute l'année » s'oppose ici à pratiquer « seulement pendant les vacances ». Il est évident que pour la plupart des sports « toute l'année » signifie « toute la saison ».

Sport	Nombre d'adultes ayant pratiqué autrefois mais ne pratiquant plus (en milliers)	Nombre d'adultes pratiquant actuellement de manière irrégulière (en milliers)	Nombre d'adultes pratiquant actuellement régulièrement toute l'année (en milliers)	Observations
Athlétisme	4 550	270	710	*dont 550 000 étud. ou élèves*
Basket-ball ·	4 650	365	440	*dont 330 000 étud. ou élèves*
Gymnastique ou Éduc. physique	12 850	645	2 490	*dont 1 620 000 étud. ou élèves*
Équitation	1 590	230	110	
Football	5 390	495	920	*dont 540 000 étud. ou élèves*
Rugby	1 320	230	160	*dont 110 000 étud. ou élèves*
Judo	820	56	150	*dont 110 000 étud. ou élèves*
Natation	5 210	6 600	1 500	*dont 550 000 étud. ou élèves*
Tennis	1 850	600	270	
Volley-ball	230	165	130	
Cyclisme	690	150	200	
Hand-ball	160	60	105	
Ping-pong	90	110	105	
Alpinisme	780	370	110	
Ski	1 810	975	440	
Voile	910	910	190	
Autres sports individuels	250	230	310	
Autres sports collectifs	100	40	40	

Les effectifs inférieurs à 200 000 doivent être considérés comme des estimations très fragiles des effectifs réels.

10. *La danse.*

1 250 000 adultes dansent pratiquement chaque semaine,
2 450 000 une ou deux fois par mois.

Comme on pouvait s'y attendre, l'influence de l'âge apparaît
très nette. La pratique de la danse passe par un maximum pour
les adultes âgés de 18 à 22 ans; elle décroît ensuite très rapidement
avec l'âge.

Répartition (en %) des adultes selon l'âge et la fréquence avec
laquelle ils dansent :

Dansent	de 14 à 18 ans	de 18 à 22 ans	de 22 à 25 ans	de 25 à 30 ans	de 30 à 40 ans	de 40 à 50 ans	plus de 50 ans
Chaque semaine ou presque	8,1	22,0	10,0				
Une ou deux fois par mois	16,2	34,4	18,1	8,2	3,7	2,7	—
Cinq ou six fois par an	10,6	16,4	13,5	21,5	16,7	9,1	2,2
Plus rarement ou jamais	65,1	27,2	40,4	70,3	79,6	88,2	97,8
Ensemble	100,0	100,0	100,0	100,0	100,0	100,0	100,0

11. *La télévision.*

A l'enquête, 57,3 % des ménages avaient la télévision (13,4 %
depuis moins de deux ans et 22,6 % depuis plus de 5 ans).
62,1 % des adultes appartenaient à un ménage équipé de la
télévision.
L'enquête apporte une certain nombre d'éléments permettant
de caractériser l'audience de la télévision.

C'est ainsi que :

51,1 %	des adultes la regardent tous les jours ou presque,
5,4 %	environ un jour sur deux,
11,9 %	une ou deux fois par semaine,
7,6 %	une ou deux fois par mois,
24,0 %	plus rarement.

Répartition en (%) des ménages équipés d'un récepteur selon...

L'écoute durant les repas

— régulièrement	44,4
— de temps en temps	12,7
— rarement	8,2
— jamais ou presque jamais	34,7
	100 %

L'écoute dans la soirée

— le poste est toujours allumé	26,4
— le choix est effectué d'avance d'après le programme	60,0
— le choix est effectué d'après les premières images	13,6
	100 %

12. *La radio.*

Répartition des adultes écoutant la radio au moins une ou deux fois par jour selon la nature de l'écoute :

Sur 10 000 adultes écoutant la radio au moins 1 ou 2 fois par semaine	En ne faisant généralement rien d'autre en même temps	En faisant souvent quelque chose d'autre en même temps	En faisant presque toujours quelque chose d'autre en même temps	Total
l'écoutent tous les jours ou presque				
- pour les informations	507	475	815	1 797
- pour la musique, les chansons ou les variétés	122	304	491	917
- un peu pour tout	769	1 334	3 375	5 478
	1 398	2 113	4 681	8 192
l'écoutent au moins 1 ou 2 fois par semaine, mais moins d'1 fois par jour :				
- pour les informations	143	78	127	348
- pour la musique, les chansons ou les variétés	106	147	201	454
- un peu pour tout	235	273	498	1 006
	484	498	826	1 803
Total	1 882	2 611	5 507	10 000

13. *L'écoute des disques.*

38,3 % des ménages possèdent un électrophone.
44,9 % des adultes appartiennent à un ménage équipé d'un
        électrophone et
25,9 % en possèdent un personnellement.

Répartition des ménages possédant un électrophone selon le nombre de disques possédés :

Nombre de disques possédés	Disques grand format	Disques petit format	Ensemble petit ou grand format
Aucun	6,0	2,5	—
De 1 à 10	42,8	19,4	5,0
De 11 à 25	28,2	36,7	20,4
De 26 à 50	14,1	27,2	39,0
De 51 à 80			20,6
De 81 à 125	8,3	13,6	9,2
Plus de 125			5,1
Sans réponse	0,6	0,6	0,7
	100,0	100,0	100,0

On peut estimer à 300 000 000 environ le nombre de disques possédés par les ménages équipés d'un électrophone (dont environ 180 millions de disques « petit format » et 120 millions de disques « grand format »). Ceci correspond à une moyenne d'environ 50 disques par ménage (possédant un électrophone).

14. *Les spectacles.*

Les résultats de l'enquête permettent de mettre en évidence la très grande inégalité de diffusion des différentes formes de spectacle.

C'est ainsi que la proportion des adultes allant *au moins une fois par an* au cinéma est de 49 %. Elle est de 29,3 % pour les spectacles sportifs, de 21 % pour les spectacles de variétés, de 16,2 % pour le théâtre, et de 8,6 % pour les concerts.

Répartition des adultes selon le type de spectacle et le degré de fréquentation :

	Au cinéma	Au théâtre joué par des professionnels	Au concert joué par des professionnels	Au théâtre ou au concert joué par des amateurs	Music-hall, variétés, chansonniers, cirque, etc.	A un spectacle sportif
Plusieurs fois par semaine	0,5	ε	ε	ε	ε	0,2
Chaque semaine ou presque	5,3	0,1	ε	0,1	ε	4,1
2 fois par mois	5,7	0,5	0,1	ε	ε	3,1
1 fois par mois	6,4	1,8	0,4	0,1	0,4	2,5
5 ou 6 fois par an	10,2	4,0	1,4	1,1	1,7	6,6
Plus rarement (de 1 à 4 fois/an)	20,9	14,4	6,5	14,9	18,7	12,8
Jamais ou presque jamais	48,7	39,7	23,5	36,0	47,5	28,7
N'y sont jamais allés	2,3	39,5	68,0	47,8	31,5	42,0
	100,0	100,0	100,0	100,0	100,0	100,0

15. *Visites de châteaux ou monuments, musées, expositions, visites de foires.*

La proportion d'adultes ayant visité depuis moins d'un an un château ou un monument est de 30,1 %. Elle est de 33,3 % pour les foire-expositions ou les salons, de 17,8 % pour les musées, de 13,8 % seulement pour les expositions artistiques.

Le tableau ci-dessous donne la répartition des adultes suivant la date de leur dernière visite :

Nature de la visite	Il y a - de 3 mois	Il y a - de 6 mois	6 mois a - d'1 an	1 an ou + ou ne se sou- viennent pas	N'ont jamais visité	Total
Un château ou un monument	13,3	9,8	7,0	50,3	19,6	100,0
Un musée	6,9	5,8	5,1	49,6	32,6	100,0
Une exposition ar- tistique	6,0	3,9	3,9	26,8	59,4	100,0
Une foire exposi- tion, un Salon (Salon de l'auto, Foire de Paris, Arts ménagers, etc.)	12,8	8,5	12,0	44,2	22,5	100,0

16. *Lecture des journaux.*

A l'enquête, 59,2 % des ménages recevaient régulièrement un quotidien soit par abonnement, soit par achat régulier d'un membre du ménage. Cette proportion était de 51 % pour les hebdomadaires et de 35,5 % pour les revues mensuelles ou trimestrielles.

36,8 % des ménages recevant régulièrement au moins un quotidien étaient abonnés. Cette proportion est de 47,6 % pour les hebdomadaires et de 73,8 % pour les mensuels ou trimestriels. L'importance relative[1] de l'abonnement croît très nettement lorsque l'on passe du quotidien à l'hebdomadaire et de l'hebdomadaire aux revues de périodicité plus faible.

Proportion des ménages où il y a achat régulier et, éventuellement, abonnement selon le type de journal :

Nature du journal	Proportion des ménages abonnés où il y a de plus achat régulier	Proportion des ménages non abonnés où il y a achat régulier
Quotidien	23,1	47,8
Hebdomadaire	29,6	35,3
Mensuel	22,9	12,6

1. Et dans une bien moindre mesure l'importance absolue.

Répartition, par type de journal, des ménages selon l'existence d'un abonnement ou la fréquence de l'achat :

| | | | Ménages non abonnés où il y a | | |
Nature du journal	Total	Ménages abonnés	Achat régulier	Achat irrégulier	Il n'y a aucun achat
Quotidien	100,0	21,8	37,4	22,2	18,6
Hebdomadaire	100,0	24,3	26,7	21,6	27,4
Mensuel et trimestriel	100,0	26,2	9,3	18,5	46,0

17. *Lecture des livres.*

La faible diffusion du livre en France est à rapprocher des fréquences de lecture :

36,7 %	des adultes déclarent ne pas lire de livre
23,3 %	ont pris un livre en main pour la dernière fois plus d'un mois avant l'enquête
14,2 %	entre une semaine et un mois
14,4 %	au cours de la semaine précédant l'enquête
11,4 %	le jour de l'enquête ou la veille.

En d'autres termes, 60 % des adultes n'avaient pas, à l'enquête, eu de livre en main depuis moins d'un mois. Notons que parallèlement 60,6 % des adultes avaient déclaré soit ne jamais lire soit ne pas pouvoir se souvenir d'un titre ou de l'auteur du dernier ouvrage qu'ils avaient lu.

Par ailleurs 67,5 % des adultes déclarent lire moins d'un livre par mois. On peut donc estimer que 60 % environ des adultes ne lisent pratiquement pas.

Répartition des ménages selon le nombre de livres possédés :

Proportion des ménages possédant
— moins de 5 livres [1]   31,1 %
— de 6 à 25 livres   26,8 %
— de 26 à 100 livres   24,9 %
— plus de 100 livres   17,2 %
                                                    ─────────
                                                     100   %

Répartition des adultes selon le nombre de livres lus en moyenne par mois :

Nombre de livres lus en moyenne par mois
— aucun   40,2 %
— moins d'un livre   27,3 %
— 1 ou 2 livres   19,3 %
— de 3 à 5 livres   9,4 %
— plus de 10 livres   3,8 %
                                                    ─────────
                                                     100   %

Répartition des adultes selon le nombre de livres lus chaque mois et la disposition éventuelle de la télévision :

Appartiennent a un ménage	Total	Nombre de livres lus en moyenne par mois					Nombre moyen de livres lus par mois [2]
		Ne lisent pas	Moins d'1 livre	1 ou 2 livres	3 à 5 livres	Plus de 5 livres	
Équipé de la TV	100,0	37,1	28,5	21,3	9,6	3,5	1,8
Non équipé de la TV	100,0	45,0	25,2	16,0	9,2	4,6	2,0

1. 9,2 % des ménages déclarent ne posséder aucun livre, « pas même un livre de cuisine, un livre de messe, un dictionnaire, un livre d'enfant » (non scolaire)...
2. Par ceux qui déclarent lire.

18. *Fréquentation des cafés.*

3 530 000 adultes déclarent aller au café au moins une fois par jour. Plus précisément, sur 100 adultes :

2,9	y vont au moins deux fois par jour
6,4	y vont une fois par jour
14,8	y vont de une à quatre fois par semaine
7,5	y vont une ou deux fois par mois
68,4	n'y vont jamais ou presque jamais

Répartition des adultes selon la fréquence et la nature de la fréquentation des cafés :

Sur 100 adultes allant au café [1]	Prennent seulement une consom- mation	Discutent	Jouent (billard, jeu de cartes, P.M.U.)	Regardent la TV
Au moins deux fois par jour	30,2	50,4	33,5	10,2
Une fois par jour	44,2	36,2	25,1	3,5
D'une à quatre fois par semaine	32,5	44,0	28,6	2,8
Une ou deux fois par mois	44,0	43,6	10,4	4,9

1. La somme des pourcentages de chaque ligne est supérieure à 100,0, plusieurs des activités retenues pouvant être pratiquées simultanément.

19. *Appartenance à des groupements ou associations.*

10 450 000 adultes (soit 27,7 %) de l'ensemble déclarent appartenir au moins à un groupement ou une association : syndicats, associations familiales, culturelles, ou religieuses, partis politiques

dont		
	16,4 %	assumant des responsabilités
	24,0 %	participant régulièrement aux activités
	17,8 %	participant irrégulièrement aux activités
	41,8 %	n'y participant pratiquement pas

20. *Assistance à des cours.*

Suivis en dehors des heures de travail ou, dans le cas des élèves ou des étudiants, en dehors des cours normaux (donc cours du temps de loisir).

1 945 000 adultes (soit 5,1 %) assistent à des cours et 434 000 en suivent par correspondance.

19,8 %	cours de formation professionnelle
17,6 %	cours de perfectionnement professionnel
15,4 %	cours de langues
9,9 %	cours artistiques
7,4 %	cours spécialisés
7,4 %	cours d'éducation physique
8,7 %	cours de conduite automobile

21. *Pratique des drogues de plaisance.*

(I.F.O.P., déc. 1969, échantillon national représentatif 15-25 ans).

— 3 jeunes sur 10 connaissent des camarades à qui il est arrivé de prendre de la drogue.

Cette proportion est la même chez les filles et les garçons.

Elle est plus forte chez les étudiants et les élèves (39 %) et dans l'agglomération parisienne (52 %).

— 19 % se montrent disposés à faire l'expérience de la drogue.

15 % l'ont déjà faite, dans la région parisienne.

5 % de l'ensemble des interviewés ont pris de la drogue.

C'est le pourcentage des jeunes Américains qui prenaient de la drogue en 1964 (Gallup); en 1969 ils étaient 42 % (Gallup).

3

Références bibliographiques selon les chapitres du livre

I. Loisir et Société

1. *Les jeux ne sont pas faits*

1. Rougemont Denis de, « L'Ère des loisirs commence », *Arts*, 10 avril 1957.

2. Caillois Roger, *Les Jeux et les Hommes*, Paris, Gallimard, 1958.

3. Villermé, *Tableau de l'état physique et moral des ouvriers et des employés dans les manufactures de coton, de laine et de soie*, Paris, Renouard et Cie, 1840, 2 vol.

4. Stoetzel Jean, « Les Changements des fonctions de la famille », in *Renouveau des idées sur la famille*, Cahier n° 18 des *Travaux et Documents*, Paris, P.U.F., 1954.

5. Monographies d'École normale d'instituteurs, sur Aumale et Saint-Jean-de-Neuville, sous la direction de Jean Ader, 1958.

6. Fourastié Jean, *Machinisme et Bien-être*, Paris, éd. de Minuit, 1951.

7. Chombart de Lauwe Paul, *La Vie quotidienne des familles ouvrières (Recherches sur les comportements sociaux de consommation)*, Paris, C.N.R.S., 1956.

8. Lafargue Paul, *Le Droit à la paresse*, Paris, 1883.

9. Wolfenstein Martha, « The Emergence of fun morality », in *Mass Leisure* (Larrabee et Meyersohn, éd.), Glencoe, Illinois, The Free Press, 1958.

10. L.E.G.E., « Dépenses et Distractions, vacances, éducation, etc. », in *Enquêtes sur les tendances de consommation des salariés urbains :*

Si vous aviez 20 % de plus, qu'en feriez-vous? Commissariat au Plan et I.F.O.P., 1955.

11. Moscovici Serge, « Reconversion industrielle et Changements sociaux », *Cahiers de la fondation nationale des Sciences politiques*, Paris, Armand Colin, 1961.

12. Giroud Françoise, *La Nouvelle Vague. Portraits de la jeunesse*, Paris, Gallimard, 1958.

13. *Informations sociales*, numéro sur les familles en vacances, mai 1960, n° 5.

14. Arzoumanian, « Paupérisation absolue », in *Économie et Politique*, octobre 1956.

15. George Pierre, *Études sur la banlieue de Paris*, essais méthodologiques, Paris, 1950.

16. Enquête I.N.E.D., « Cinq Conquêtes sociales », in *Cahiers de l'I.N.E.D.*, n° 9, *Travaux et Documents*, 1950.

17. Desplanques, *Consommation*, n° 1, 1958, *La Consommation*, 1952.

18. Gounod Philippe, « Les Vacances des Français en 1957 », in *Études et Conjonctures*, 1958, 13, 7, p. 607-622.

19. Friedmann Georges, *Problèmes humains du machinisme industriel*, Paris, Gallimard, 1955.
— Friedmann Georges, *Le Travail en miettes*, Paris, Gallimard, 1957.
— Friedmann Georges, *Où va le travail humain?* Paris, Gallimard, 1953.

20. Larrabee E., « What's happening to hobbies », in *Mass Leisure*, *op. cit.*

21. Ripert Aline, *Les Sciences sociales du loisir aux U.S.A.*, 1960, document dactylographié.

22. Riesman David, *The lonely crowd, a study of the Changing American Character*, Yale Univ. Press, New Haven, 1952, 1950 et *Individualism reconsidered, and other essays*, Glencoe, Illinois, The Free Press, 1954

23. Havigurst R.-J. et Frigenbaun K., « Leisure and life style », in *American Journal of Sociology*, LXIV, n° 4, janvier 1959, p. 396-404.

24. Bize (Dr) P.-R. et Goguelin P., *Le Surmenage des dirigeants, causes et remèdes*, Paris, éd. de l'Entreprise moderne.

25. Lefebvre Henri, *Critique de la vie quotidienne*, Paris, l'Arche, 1958.

26. Morin Edgar, *Le Cinéma ou l'homme imaginaire*, Paris, éd. de Minuit, 1958.

27. SWADOS Harvey, « Less work, less leisure », in *Mass Leisure, op. cit.*

28. I.F.O.P., *Sondages*, 1er nov. 1947, « Distractions et Culture en France », et 1er janv. 1949, « Les loisirs ».

29. HUINZINGA J., *Homo ludens, a study of the play-element in culture*, London, Paul Kegan, 1949.

30. NISARD Charles, *Histoire des livres populaires ou de la littérature du colportage depuis le XVe siècle jusqu'à l'établissement de la commission d'examen des livres du colportage*, Paris, Amyot, 1864, 2 vol.

31. I.F.O.P. *Sondages*, « La Presse, le Public et l'Opinion », in *Sondages*, no 3, 1955.

32. ESCARPIT Robert, *Sociologie de la littérature*, coll. « Que sais-je? », no 778, Paris, P.U.F., 1958.

33. BACHELARD Gaston, *La Formation de l'esprit scientifique, Contribution à une psychanalyse de la connaissance objective*, 3e éd., Paris, Vrin, 1957.

34. VARAGNAC A., *Civilisations traditionnelles et Genres de vie*, Paris, Albin Michel, 1948.

35. BENARD Jean, « La Répartition des dépenses de la Population française en fonction de ses besoins », in *Population*, 2, avril-juin 1953.

36. I.N.E.D., « Enquête sur l'opinion publique à l'égard de l'alcoolisme », in *Population*, no 1, 1954.

37. WRIGHT Charles et HYMAN H., « Voluntary Association memberships of American Adults », in *Mass Leisure, op. cit.*

38. LEWIN K., *Psychologie dynamique*, Paris, P.U.F., 1959.

2. *D'où vient et où va le loisir?*

1. VAUBAN Sebastien la Pretrede, *Projet d'une dîme royale*, Paris, Guillaumin, 1943.

2. FOURASTIÉ Jean, *Machinisme et Bien-être, op. cit.*

3. POLLOCK Friedrich, *L'Automation, ses conséquences économiques et sociales*, Paris, éd. de Minuit, 1957.

4. NAVILLE Pierre, « La Vie de travail et ses problèmes », *Cahiers de la Fondation nationale des Sciences politiques*, Paris, Armand Colin, 1954.

5. BARRAU P., *Conseils aux ouvriers sur les moyens d'améliorer leur condition*, 1864.

6. Duveau Georges, *La Vie ouvrière en France sous le II⁰ Empire*, Paris, Gallimard, 1946.

— et Chevalier L., « L'Opinion populaire », in *Classes laborieuses et Classes dangereuses*, Paris, Plon, 1958.

7. Macé Jean, cf. *Jean Macé, fondateur de la Ligue française de l'Enseignement*, par Prosper Alfaric, éd. Le Cercle parisien de la L.F.E., 3, rue Récamier, Paris.

8. Coubertin Pierre de, *Leçons de pédagogie sportive*, Lausanne, éd. La Concorde, 1921.

9. Fourastié Jean, *Machinisme et Bien-être, op. cit.*

10. *Revue de l'Institut Solvay*, Université de Bruxelles, oct.-déc. 1937.

11. Prouteau Gilbert et Raude Eugène, *Le Message de Léo Lagrange*, préface de Léon Blum, Paris, Compagnie du Livre, 1950.

12. Rottier Georges, « Loisirs et Vacances dans les budgets familiaux », in *Esprit*, juin 1959.

13. I.F.O.P., « Conditions, attitudes, aspirations des ouvriers », in *Sondages*, nᵒ 2, 1956.

14. Treanton J.-R., « Le Travailleur et son âge », in *Traité de sociologie du travail*, Paris, Armand Colin, 1961.

15. Naville Pierre, « La Journée de sept heures et la semaine de cinq jours », in *Tribune marxiste*, nᵒ 8, 1959, Paris.

16. *4ᵒ Plan de modernisation et d'équipement* (Rapport sur le).

3. *Déterminismes sociaux et loisir*

1. Lynd Robert and Helen, *Middletown*, trad. par F. Alter, Paris, éd. du Carrefour, 1931 et *Middletown in transition*, New York, Harcourt, Brace and Co, 1937.

2. I.F.O.P., « Activités sportives des Français », in *Sondages*, nᵒ 15, 1948.

3. Lazarsfeld Paul et Kendall Patricia, *Radio listening in America*, New York, Prentice hall, 1948.

4. I.N.S.E.E., « Une enquête par sondage sur l'auditoire radiophonique », in *Bulletin mensuel de statistique*, suppl. mars et juillet 1954.

5. Veille Roger, *La Radio et les Hommes*, Paris, éd. de Minuit, 1952, coll. « L'Homme et la Machine », nᵒ 4.

6. Durand J., *Le Cinéma et son public*, Paris, Sirey, 1958.

7. Cohen-Seat G., « Problèmes actuels du cinéma », in *Cahiers de filmologie*, i, ii, 1959, P.U.F.

8. Varagnac A., *Civilisations traditionnelles et Genres de vie, op. cit.*

9. Herskovits Melville J., *Les Bases de l'anthropologie culturelle*, Paris, Payot, 1952.

10. I.F.O.P., *Sondages*, numéro spécial sur les fêtes, 1er janv. 1949.

11. *Rapport annuel du Conseil supérieur de la chasse et de la pêche*, 1954.

12. Van Gennep Arnold, *Manuel du folklore français contemporain*, 4 tomes, Paris, éd. Picard (parus entre 1937 et 1953).

13. Lefebvre Henri, *Critique de la vie quotidienne, op. cit.*

14. Baquet-Dumazedier Joffre et Janine et Magnane G., *Regards neufs sur les jeux Olympiques*, Paris, éd. du Seuil, 1952.

15. Cassirer H., *La Télévision dans le monde*, UNESCO, 1957 (cité par).

16. Brams L., « Signification des contenus de la presse féminine actuelle », in *l'École des Parents* (6), avril 1956, p. 22-38.

17. Bogart, « Adult talk about newspaper comics », in *American journal of Sociology*, 61, 1, p. 26-30.

18. *Enquête sur la télévision et les actes de violence*, effectuée en Amérique, 1952-1953.

19. Morin Edgar, *Les Stars*, Paris, éd. du Seuil, 1957, coll. « Microcosme ».

4. *Relations du travail et du loisir*

1. Friedmann Georges, *Le Travail en miettes, op. cit.*
— Friedmann G. et Naville P., *Traité de sociologie du travail*, Paris, Colin, 1961.

2. Gauthier J., « L'Adaptation aux travaux spécialisés dans une entreprise », in *Bulletin du Centre d'études et recherches psychotechniques*, 1958, nos 2, 3.
— Gauthier J. et Louchet P., *La Colombophilie chez les mineurs du Nord*, préface de G. Friedmann, Paris, C.N.R.S., 1960.

3. Leplatre N. et Marenco C., *Approche sociologique des jeunes ouvriers*, *Résultats d'une enquête d'exploration*, Paris, Institut des Sciences sociales du travail, 1957.

4. Crozier Michel, « Les Activités de loisirs et les Attitudes culturelles », in *Petits Fonctionnaires au travail*, Paris, Éd. C.N.R.S., 1955.

5. Varagnac A., *Civilisations traditionnelles et Genres de vie, op. cit.*

6. LARRUE J., « Loisirs organisés et Réactions ouvrières », in *Journal de psychologie normale et pathologique*, 1958, 1.

7. *Estimations convergentes des dirigeants nationaux des syndicats C.F.T.C. et C.G.T.*

8. NAVILLE Pierre, « Cristallisation de l'illusion professionnelle », in *Journal de psychologie normale et pathologique*, juillet-sept., 1953, P.U.F.

9. PEUPLE ET CULTURE, « Journées d'étude de la Culture populaire sur les lieux du travail », in *Peuple et Culture*, no 35-36 et 37-38, 1956.

10. RIESMAN D., *Individualism reconsidered, and other essays*, *op. cit.*

11. FROMM Erich, *The Sane Society*, London, Routledge and Kegan Paul, 1956.

12. HEKSCHER P. et DE GRAZIA S., « *Executive leisure* », Enquête de *Harvard Business Review*, août 1959.

13. HAVIGHURST R., *Leisure and life-style*, *op. cit.*

14. LE GUILLANT, « La Névrose des téléphonistes », in *la Raison*, no 20-21, 1er trim. 1958.

15. VEIL Claude, *Fatigue intellectuelle et Organisation du travail. Pourcentage de repos*, Thèse de doctorat en médecine, 1952.

16. PIEPER Josef, *Leisure, the basis of culture*, New York, Pantheon books inc.; 1952.

17. SOULE G., « The Economics of leisure », in *The Annals*, no spécial, *Recreation in the age of automation*, sept. 1957.

18. NAVILLE Pierre, « De l'aliénation à la jouissance », in *Le Nouveau Léviathan*, Paris, lib. Marcel Rivière, 1957.

19. BENASSY-CHAUFFARD C., et PELNARD J., « Loisirs des jeunes travailleurs », in *Enfance*, oct. 1958.

20. RIESMAN, *The lonely crowd*, *op. cit.*

21. LIPSET S. Martin, TROW Martin et COLEMAN James-S., *Union democracy*, Glencoe, Illinois, The Free Press, 1956.

22. MAC DONALD, in *Mass Culture*, *op. cit.*

23. TOURAINE A., « Travail, Loisirs et Sociétés », in *Esprit*, numéro spécial sur les loisirs, juin 1959.

24. HERVÉ Solange, *Diplôme d'expert psychologue sur les autodidactes* (dactylographié).

25. WILENSKY H., « Travail, Carrière et Intégration sociale », in *Revue internationale des Sciences sociales*, no spécial 1, *Aspects sociologiques du loisir*, UNESCO, vol. XII, no 4, 1960.

26. MEYERSON I., « Le Travail, fonction psychologique », in *Journal de psychologie normale et psychologique*, 1952, 52, 1, p. 3-18.

27. TOURAINE A., *L'Évolution du travail ouvrier aux Usines Renault*, Paris, éd. du C.N.R.S., 1955, travaux du Centre d'études sociologiques.

28. PRUDENSKY, *op. cit.*

5. *Famille et loisir*

1. DUMAZEDIER J., HENNION R., in *Revue internationale des Sciences sociales*, numéro spécial, 1, *Aspects sociologiques du loisir*, UNESCO, vol. XII, n° 4, 1960.

2. STOETZEL J., « Une étude du budget-temps de la femme mariée dans les agglomérations urbaines », in *Population*, mars 1948, n° 1.
— GIRARD A., « Une étude du budget-temps de la femme mariée dans les agglomérations urbaines », in *Population*, oct.-déc. 1958, n° 4, p. 591-618.
— GIRARD A. et BASTIDE H., « Le Budget-temps de la femme mariée à la campagne », in *Population*, avril-juin 1959, n° 2, p. 253-284.

3. DARIC J., « La Valeur économique du travail de la femme à son foyer », in *Famille* (Belgique), juin 1952, n° 6.

4. GOODE W., « Horizons in family theory », in *Sociology to-day*, New York, 1949.

5. OGBURN W.-F. et NIMKOFF MEYER A., *A Handbook of Sociology*, London, Routledge and Kegan Paul, 2e éd., 1950.

6. STOETZEL J., « Changements dans les fonctions familiales », in *Renouveau des idées sur la famille*, p. 343-369, Paris, 1954.

7. *Consommation, Annales du Centre de recherches et de documentation*, janvier-mars 1958, n° 1, et oct.-déc. 1958, n° 4, Paris.

8. FOURASTIÉ J. et F., *Les Arts ménagers*, Paris, 1947.

9. NAVILLE P., « La Vie du travail et ses problèmes ». *Cahiers de la Fondation nationale des Sciences politiques*, Paris, 1951.

10. FOURASTIÉ J., *Machinisme et Bien-être, op. cit.*

11. CHOMBART DE LAUWE P., « Ménages et Catégories sociales dans les habitations nouvelles », extrait des *Informations sociales*, n° 5, Paris, éd. de l'U.N.C.A.F., 1958.

12. « Enquête sur l'équipement ménager des Français », in *Bulletin hebdomadaire de Statistiques*, Paris, I.N.S.E.E., 12 mai 1956, et I.N.S.E.E., oct. 1960.

13. GIRARD A., « Situation de la famille contemporaine », in *Économie et Humanisme*, 16, 103, supplément 1ᵉʳ tr. 1957.

14. LE CORBUSIER, *Les Trois Établissements humains*, Paris, éd. de Minuit, 1959.

15. RIESMAN D., *The lonely crowd, op. cit.*

16. DUMAZEDIER J. et RIPERT A., *Le Loisir et la Ville*, 1ᵉʳ tome, à paraître 1962, éd. C.N.R.S.

17. « Les Vacances des Français », in *Études et Conjonctures*, Paris, P.U.F., juillet 1958.

18. GIROUD F., *La Nouvelle Vague. Portraits de la jeunesse, op. cit.*

19. LAZARSFELD P. et KATZ E., *Personal Influence*, Glencoe, Ill., The Free Press, 1955.

20. CHAMBRE P., « Enquête sur le travail scolaire à la maison », in *Courrier de la recherche pédagogique*, Paris, juin 1955, et *École nouvelle*, n° 29.

21. RIESMAN D., *The lonely crowd, op. cit.*

22. BURGESS E.-W. et LOCKE J.-H., *The Family, from institution to communionship*, New York, American book company, 1945.

23. MEYERSOHN R., « Social Research in television », in *Mass culture, op. cit.*

24. SCHEUCH E.-L., « Family Cohesion in leisure time », in *The sociological review*, vol. 8, n° 1, july 1960.

25. FOUGEYROLLAS P., « Prédominance du mari ou de la femme dans le ménage », in *Population*, janv.-mars 1951, n° 1.

II. LOISIR ET CULTURE

1. SHILS E., « Mass society and its Culture », in *Daedalus*, 89, printemps 1960.

2. GORKI M., « A propos de la science, (1933) » in *Komsomolskaïa Pravda*, 1951.

3. LENGRAND P. et ROVAN J., in *La Calabre*, ouvrage collectif dirigé par Jean Meyriat, Paris, A. Colin, 1960.

4. RIESMAN D., « Work and leisure in post-industrial society », in *Mass leisure, op. cit.*

5. Département du commerce, U.S.A., rapport 1960.

6. GALBRAITH J., *The affluent society (la Société de l'abondance)*, trad., Paris, Calmann Levy, 1961.

7. Ministère de la Culture, U.R.S.S., *Annuaire statistique sur l'éducation et la culture*, 1960.

8. PRUDENSKY, « Les Loisirs dans la société socialiste », in *Kommunist*, oct. 1960, commentaire d'une enquête sur le loisir, dans la ville de Gorki, Novosibirsk, Krasnoiarsk.

9. LONDON J., *Enquête sur le loisir à Oakland*, 1960 (questionnaire).

10. WILENSKY H., « Travail, Carrières et Intégration sociale », in *Aspects sociologiques du loisir, op. cit.*

11. OSSIPOV C. et IGNATIEV N., « Communisme et Problème des loisirs », in *Esprit*, numéro spécial sur le loisir, juin 1959.

12. ROSENBERG B. et WHYTE, in *Mass culture, op. cit.*
— LARRABEE et MEYERSOHD, in *Mass leisure, op. cit.*

13. LOWENTHAL L., « Un concept à la fois humaniste et sociologique : la culture populaire », in *Aspects sociologiques du loisir, op. cit.*

14. Daedalus, « Mass Culture and Mass Media », in *Journal of the American Academy of arts and sciences*, 89, (2), printemps 1960.

15. SUCHODOLSKY B., « La Politique culturelle de la Pologne populaire », in *Le Régime et les institutions de la République populaire de Pologne*, Bruxelles, Institut Solvay, 1960.

1. *Loisir de fin d'année et culture touristique*

1. GOUNOD B.-Ph., « Les Vacances des Français en 1957 », in *Études et conjonctures*, juillet 1958.

2. *Études et Documents* du Centre de recherches économiques et sociales, 1959.

3. « Les Vacances des Français en 1951 », in *Études et Conjonctures*, juillet-août 1952.

4. SORBELLI Sandro, « Le Marché touristique : un inconnu », in *Répertoire des voyages*, mai 1958.

5. DUMAZEDIER J., « Vers une sociologie du tourisme », in *Répertoire des voyages*, mai 1958.

6. HUNZIKER W., *Le Tourisme social*, II, Berne, Imprimerie fédérative, S.A., 1951.

7. Association internationale d'experts scientifiques (A.I.E.S.T.) du Tourisme, « Compte rendu du congrès 1959 », in *Revue de Tourisme*, Berne.

8. Raymond H., « Hommes et Dieux à Palinuro », in *Esprit*, juin 1959.

9. Duchet R., *Le Tourisme à travers les âges*, Paris, éditions Vigot, 1949.

10. Boyer M., *L'Évolution du tourisme dans le Sud-Est de la France*, sujet de thèse.

11. Enquête orale auprès de la municipalité de Saint-Tropez, effectuée par C. Allo (non publiée), 1960.

12. *Études et Documents* du Centre de recherches économiques et sociales, fév.-mars 1959.

13. *Trafic au départ des six grandes gares de Paris*, S.N.C.F., direction du Mouvement, 1re div. 1959.

14. *The travel market. A national study*, october 1953-september 1954.

15. Rapport des services de la préfecture de la Seine, 1959.

16. Dainville Fr. de, « Tourisme social », in *Études*, juillet-août 1956, p. 72-93.

17. Service statistique de l'Union nationale des camps de montagne, 1959.

18. Service statistique du commissariat au Tourisme, 1959.

19. Estimation des services du haut-commissariat de la Jeunesse et des Sports.

20. Littunen Y., *Recherches en cours sur les vacances*, Helsinki, 1960.

21. Varagnac A., *Civilisations traditionnelles et Genres de vie*, op. cit.

22. Klineberg O., etc., « Technique d'évaluation », in *Revue int. Sciences sociales*, mars 1955.

2. Les fonctions du loisir et la participation au cinéma
3. Télévision et loisir

1. Durand J., *Le Cinéma et son public*, Paris, Sirey, 1958.

2. Centre national du Cinéma, enquête 1954.

3. Wall W.-D., « Considérations sur la recherche filmologique », in *Rapport aux Congrès internationaux de filmologie*, Sorbonne, Paris, 19-23 février 1955.

4. Morin E., *Le Cinéma ou l'homme imaginaire*, Paris, éd. de Minuit, 1958.

5. Bazin A., *Qu'est-ce que le cinéma?* Paris, Éd. du Cerf, 1958.

6. Hoggart R., *The Uses of Literacy*, London, Chatto and Windus, 1957.

7. Huizinga J., *Homo ludens, op. cit.*

8. Lowenthal L., *Un concept humaniste et sociologique : la culture populaire, op. cit.*

9. Dumazedier J. et Sylwan B., *Télévision et Éducation populaire*, Paris, UNESCO, 1955.

10. Bocart L., *The Age of Television*, New York, Frederik Ungar Publishing Co, 1956.

11. Oulif S.-M., « Réflexions et Expériences. L'Opinion des téléspectateurs et son approche », in *Cahiers d'études Radio-Télévision*, n° 3, 1954, P.U.F.

12. Meyersohn R., « Social Research in television », in *Mass Culture, op. cit.*

13. Belson, *Television and the family : an effect study*, Audience Research Department, B.B.C.

14. Barthes R., *Mythologies*, Paris, éd. du Seuil, 1957.

15. Adorno T.-W., « Television and the Patterns of Mass Culture », in *Mass Culture, op. cit.*

16. Anders G., « The Phantom World of T.V. », in *Mass Culture, op. cit.*

17. Friedmann G., « Introduction aux aspects sociologiques de radio-télévision », in *Sociologie des communications* (tiré à part, une conférence prononcée au C.E.R.T., février 1956).

18. Himmelweit H., Oppeinheim A.-N., Vince P., *Television and the child*, Londres, G.-B., 1958-1960.
— Schramm W., Lyle J., Parker B., *Television in the lives of our children*, Stanford, U.S.A., 1961.

4. *Le loisir et le livre*
5. *Le loisir, l'instruction et les masses*

1. Berelson B., *Who reads what books and why?* Glencoe Free Press, 1957.

2. Varagnac A., *Civilisations traditionnelles et Genres de vie, op. cit.*

3. Delarue P., *Le Conte populaire français*, Paris, éd. Érasme, 1957.

4. Nisard Ch., *Littérature de colportage, op. cit.*

5. Duveau G., *La Vie ouvrière sous le second Empire, op. cit.*

6. Perdiguier A., *Question vitale sur le compagnonnage et la classe ouvrière*, 2ᵉ éd., Paris, 1863.

7. Tolain A., in *Tribune ouvrière*, 18 juin 1956.

8. Barker E.-R., *Le livre dans le monde*, UNESCO.

9. Monnet P., *Monographie de l'édition*, Paris, Cercle de la Librairie, 1956.

10. Escarpit R., *Sociologie de la littérature*, Paris, P.U.F., 1958.

11. Desplanques J., « Consommation en 1957 », in *Consommation. Annales du C.R.E.D.O.C.*, nº 1, 1958.

12. Hassenforder J., « Réflexions sur l'évolution comparée des bibliothèques publiques en France et en Grande-Bretagne durant la seconde moitié du XIXᵉ siècle », in *Bulletin de l'Union française des organismes de documentation*, nº 4, juill.-août 1956.
Dumazedier J. et Hassenforder J., « Éléments pour une sociologie comparée de la production, de la diffusion et de l'utilisation du livre », in *Bibliographie de la France*, 1962.

13. Levaillant Mlle, « L'Organisation des bibliothèques d'entreprise, Rapport de la commission "Bibliothèques et clubs de lecture", au XIIᵉ congrès de "Peuple et Culture", 1956 » in *Informations sociales*, 2ᵉ année, nº 1, janv. 1957.

14. Riberette P., « Les Clubs du livre », in *Bulletin des bibliothèques de France*, 1ʳᵉ année, nº 6, juin 1956.

15. Enquête auprès des principaux clubs du livre (non publiée).

16. Breillat P., « La Lecture publique et l'école », in *Lecture publique rurale et urbaine*, 1954.

17. Durand J., *Le Cinéma et son public, op. cit.*

18. Hassenforder J., *Lecture en région rurale. Goût et comportement des usagers des bibliothèques circulantes départementales. Hte-Vienne.* Paris, Centre d'Études économiques, oct. 1957, 12 p.

19. Caceres B., « Comment conduire le livre au lecteur », in *Informations sociales*, 2ᵉ année, nº 1, janv. 1957.
— Caceres B., « Dans le secteur non commercial quels moyens sont à encourager pour mettre le livre au contact avec le lecteur? », in *Informations sociales*, 2ᵉ année, nº 1, janv. 1957.

20. I.F.O.P., « Ce que lisent les Français? », in *Réalités*, juillet 1955.

21. TALLANDIER (Éd. Tallandier) informations orales.

22. Enquête auprès des éditeurs de romans policiers.

23. FOURASTIÉ J., « De la vie traditionnelle à la vie " tertiaire " », in *Population*, n° 3, 1959.

24. CHARENSOL G., « Quels enseignements peut-on tirer des chiffres de tirage de la production littéraire actuelle », in *Informations sociales*, 11e année, n° 1, janvier 1957.

6. *Attitudes actives et style de vie*
Conclusion

1. RIESMAN D., *The lonely crowd, op. cit.*
— HAVIGURST R., *Leisure and life-style, op. cit.*

2. KAPLAN M., *Leisure in America, A social inquiry*, New York, J. Wiley, 1960.

3. LAZARSFELD P., *Personal influence, op. cit.*

4. Centre national du Cinéma, enquête 1954, *op. cit.*

5. HAVIGHURST R., *op. cit.*

6. VARAGNAC A., *Civilisations traditionnelles et Genres de vie, op. cit.*

7. BELL Daniel, *The End of ideology*, Glencoe, Free Press, 1960.

8. WRIGHT C., et HYMAN, « Voluntary Association memberships of American adult », in *Mass Leisure, op. cit.*

9. GLEZERMANN G.-E., « Le Progrès culturel de la société », in *Études soviétiques*, oct. 1953.
— MARX K., « Manuscrits inédits de Marx », in *le Bolchevik*, 1, 12, 1939.

10. OSSIPOV G. et IGNATIEV N., *Communisme et Problème des loisirs, op. cit.*

11. PRUDENSKY, *op. cit.*

12. GORICAR, *Rapport ronéotypé pour la rencontre de Portoroz* (Yougoslavie), Groupe International des Sciences sociales du loisir, juin 1960.

4

Bibliographie complémentaire (1962-1971)

Travaux en français sur le loisir et le développement culturel

BEN SAÏD Georges, *La Culture planifiée?*, Paris, éd. du Seuil, 1969, 332 p., coll. « Peuple et culture ».

BOUET Michel, *Signification du sport*, Paris, éd. universitaires, 1968, 72 p., bibl.
— *Les Motivations des sportifs*, Paris, éd. Universitaires, 1969, 240 p., bibl.

BOURDIEU P. et DARBEL Alain, *L'Amour de l'art. Les musées d'art européens et leur public*, 2e éd. rev., corr. et aug., Paris, éd. de Minuit, 1969, 247 p.

CAZENEUVE Jean, *Les Pouvoirs de la télévision*, Paris, Gallimard, 1970, 385 p., coll. « Idées ».

C.R.E.D.O.C., « L'Évolution de la consommation des ménages de 1959 à 1968 », par J. NIAUDET, *Consommation*, 1970, 2-3, avr.-sept. 1970, p. 7-156.

CRIBIER Françoise, *La Grande Migration d'été des citoyens en France*, Paris, éd. du C.N.R.S., 1969, 2 vol., 397 p.

DUMAZEDIER J. et IMBERT Maurice avec J. DUMINY et C. GUINCHAT, *Espace et Loisir dans la société française d'hier et de demain*, Paris, Centre de recherche d'Urbanisme, 1967, 2 vol., 260 et 210 p., bibl.

DUMAZEDIER J. et RIPERT Aline avec Y. BERNARD et N. SAMUEL, *Le Loisir et la Ville*, t. 1 : *Loisir et Culture*, Paris, Éd. du Seuil, 1966, 398 p., bibl.

DE BAECQUE André, *Les Maisons de la culture*, Paris, Seghers, 1967, 150 p., coll. « Clé pour l'avenir ».

FOURASTIÉ Jean, *Des loisirs pour quoi faire?*, Paris, Casterman, 1970, 144 p., coll. « Mutations-Orientations ».

GOVAERTS France, *Loisir des femmes et Temps libre*, Bruxelles, Éd. de l'Institut de Sociologie, 1969, 312 p.

HASSENFORDER Jean, *Développement comparé des bibliothèques publiques en France, Grande-Bretagne et aux États-Unis dans la seconde moitié du XIXᵉ siècle*, Paris, Cercle de la librairie, 1967, 211 p. bibl.

Institut national de la Statistique et des Études économiques, *Les Comportements de loisirs des Français*, par Pierre LE ROUX, Les collections de l'I.N.S.E.E., M, 2, juillet 1970, p. 3-61.

KAES René, *Images de la culture chez les ouvriers français*, Paris, Cujas, 1968, 348 p., bibl.

LANFANT Marie-Françoise, *Recherche sur le développement culturel et social*, Paris, 5 rapports, 1967 à 1969, avec M.-J. PARIZET.

LANG Jack, *L'État et le Théâtre*, Paris, Pichon et Durand-Auzias, 1968, 375 p.

LARRUE Janine, *Loisirs ouvriers chez les métallurgistes toulousains*, Paris, Mouton, 1963, 223 p.

MESNARD André-Hubert, *L'Action culturelle des pouvoirs publics*, Paris, Librairie générale de Droit et de Jurisprudence, 1969, 545 p.

PIEL J., *Relations sociales et Loisirs des adolescents*, Bruxelles, La renaissance du livre, 1968, 335 p.

TOURAINE Alain, *La Société post-industrielle*, Paris, Denoël, 1969, 319 p., collection « Médiation », 61.

TRICHAUD Lucien, *L'Éducation populaire en Europe*, Paris, Éd. ouvrières, 1968, t. 1.

TEMKINE Raymonde, *L'Entreprise théâtre*, Paris, Éd. Cujas, 1967, 497 p.

VILLADARY Agnès, *Fête et Vie quotidienne*, Paris, Éd. ouvrières, 1968, 242 p., coll. « Évolution de la vie sociale ».

Bibliographies spécialisées

DUMAZEDIER J. et C. GUINCHAT, *Les Sciences sociales et l'Organisation du loisir*, 2 t., Paris, Cujas, 1966.

DUMAZEDIER J. et C. GUINCHAT, « La Sociologie du Loisir. Tendances actuelles de la recherche et bibliographie (1945-1965) », *La Sociologie contemporaine*, vol. XVI, 1, 1968, 127 p., éd. Mouton.

5

Index des matières

Accidents, 135.

Activités, de loisir, 123, 237 s; fictives, 26; réelles, 26; domestiques, *99* s, 103 s, 110; *voir aussi* Semi-loisirs.

Action culturelle, 10 s, 224, 247 s, 249, 256.

Alcoolisme, 38 s.

Ambiguïté, du loisir, 16, 118, 123, 255; du goût, 175.

Apprentissage, 27.

Associations, *39 s*, 49, 91, 247, 262; *voir aussi* Participation sociale.

Attitudes, actives, 27, 95, 122, 209, *227 s*, 233 s; novatrices, 218, 261 s.

Autodidaxie, *210 s*, 219; *voir aussi* Développement et Formation.

Automobile, *55 s*, 133 s; *voir aussi* Motorisation.

Besoin, culturel, 73, 118, 186, 258, 260 s; de loisir, 20; *50 s*, 84, 89, 107 s.

Bibliothèque, 47, *189 s*, 196; *voir aussi* Livre.

Bricolage, 17 s, 25, *30 s*, 82, 88; *voir aussi* Semi-loisirs.

Budget, *71 s*, 86; familial, 19 s, 51, 180 s; des associations, 86.

Budget-temps, 99, *100 s*.

Cafés, *38 s*, 82.

Campagne, 132; *voir aussi* Promenade.

Camping, *69 s*, 139; *voir aussi* Tourisme.

Camps de vacances, 143.

Chasse, 69; *voir aussi* Pêche.

Cinéma, *59 s*, 77 s, 109, 126, *145 s*, 249; et attitudes actives, 229; et télévision, 167 s.

Clubs du livre, 193 s.

Collectivisation, 104 s.

Comités d'entreprise, 86 s; *voir aussi* Législation et Entreprise.

Compensation, 79 s.

Congés, 17, 54; culturels, 53, 91, *220 s*; *voir aussi* Vacances.

Culture, haute, 155; masculine, féminine, 217; de masse, *121 s*; et milieux sociaux, 209 s, 222; nouvelle, 117, 141; ouvrière, 34, 92, 95; populaire, *121 s*, 125 s; *155*, 209; traditionnelle, 37; vécue, 15, *28*, 124, 224.

Danse, 110.

Décentralisation, 84.

Définition du loisir, 26 s.

Délassement, 26; *voir aussi* Repos, Détente, Fonctions du loisir.

Démocratie, 245 s, 250 s, démocratisation, 96, *236 s*.

Détente, 108, 141; *voir aussi* Repos.

Développement, 27 s, 123 s, *246 s*, 255; *voir aussi* Autodidaxie.

Distraction, 19, 79, 108 s, 255; *voir aussi* Fonctions du loisir.

Divertissement, *26 s*, 74, 90, 108, 161, 255.

Durée du loisir, *voir* Temps de loisir.

Durée du travail, 8, 43 s, 46, 52.

Dynamique sociale et culturelle, 98, 261.

École, 46 s, 118, 218, 224, 239, 247.

Économie et loisir, 51, *70 s*, 135, 237.

Éducation, des adultes, 47 s, 124, 217; nationale, 239, 247; permanente, 23; populaire, 47 s, 219, 247.

Entreprises, et loisir, 86; *voir aussi* Travail et loisir; et Comité d'entreprise.

Équipement de loisirs, 8, 20.

Évasion, 18, 27, 109, 142.

Famille et loisir, *112 s*, 140.

Fatigue, *26*, 88 s; *voir aussi* Surmenage.

Femme, loisir de la, 99 s; *voir aussi* Budget-temps.

Fêtes, *64 s*, 108; *voir aussi* Tradition.

Fiction, œuvres de, 34, 76, 142.

Fonctions du loisir, *26 s*, 74.

Formation, 36, 91, 110, 148, 224; méthodes de, 85.

Habitat et loisir, 103, 112, 240; *voir aussi* Urbanisation.

Histoire du loisir, 17, 23, *43 s*, 92 s, 181 s.

Hobby, 23, 142 s.

Hôtellerie, 137 s.

Imaginaire, 149.

Industrialisation et loisir, 43 s, 55, 86, 103, 241 s.

Inégalité du loisir, 9, 16, *21 s*, 93 s, 115 s, 213 s, 240.

Information, 36 s, 110, 147 s, 164 s, 220, 224; désintéressée, 35; moyens d', 58 s; *voir aussi* Développement.

Instruction, 47, 165 s, 224.

Intérêts culturels, 209 s, 218.

Jardinage, 30 s, 69.

Jeux, 16, *31 s*, 110 s; des enfants, 111.

Jeux de hasard, *31*, 76.

Jeunes, loisirs des, 20, 90, 109, 137 s, 238; mouvement de jeunesse, 47; *voir aussi* Associations.

Lecture, 33, 35 s, 58, 126, 181, *199 s*; et télévision, 171; *voir aussi* Livre.

Législation, 22, 44, *46 s*, 53, 86.

Libération, 142.

Librairies, 187 s.

Livres, 33, 123, *179 s*, 199 s; *voir aussi* Lecture.

Loisir, et milieux sociaux, 7, 21 s, 54, 71, 93, 95, 113, 131 s, 240; en pays socialistes, 30, 90, 125, 239, 245; en U.R.S.S., 86, 123, 244; aux U.S.A., 8, 11, 23 s, 29, 40, 58 s, 75 s, 87 s, 93, 112, 134, 157, 177, 239 s, 241.

Mass Média, 56, *58 s*, 75 s, 110, 256.
Mécanisation, et loisir, 44, 56 s.
Méthode, *255 s.*
Métier, 85, 92, 210.
Mer, 132.
Migrations de loisir, 128, *129 s*, 134; *voir aussi* Vacances, Voyages.
Modèles, 83, 113 116 s, 242 s, 259 s; idéaux, 147, 230, 242.
Montagne, 132.
Motorisation, *55 s; voir aussi* Automobile.
Musée, 125.
Musique, 165 s.

Niveau culturel, 72, 173 s, 260 s; de qualité, 125; niveau de vie, 19, *51 s*, 116, 135 s, 180 s.
Novateurs, 242, 261; *voir aussi* Attitudes novatrices.

Obligations, 24 s, 28, 99; familiales, *99 s*, 114.

Participation sociale et culturelle, 28, 41, 91, 239, 255 s; *voir aussi* Association.
Pêche, 69, 81.
Perfectionnement professionnel, 210 s, 220; *voir aussi* Autodidaxie.
Périodique, 35s, 58, 75, 110, 219 s.
Plan, 53, 208.
Presse, *voir* Périodique.
Prévision, 11, *51 s*, 251, 260.
Publicité, *74 s*, 142.

Radio, 58 s; et télévision, 168; *voir aussi* Mass Média.

Recherche active, 11, *257 s.*
Récréation, 24, 115.
Récupération, 88, 108.
Repos, 89, 108; besoin de, 108.
Retraite, 8, 52.
Rural (loisir), 21 s, 66, 135, 192·

Semi-loisirs, 17, 30 s, 88, 103, 170.
Ski, 137.
Sports, 47, *57 s*, 74 s, 85 s; et télévision, 169 s.
Style de vie, 233 s.
Surmenage, 18, 22; *voir aussi* Fatigue; des cadres, 26.
Syndicat, 8, 45 s, 82 s, 91.

Télé-clubs, 157.
Télévision, 34, 56, *60 s*, 77 s, 110, *155 s.*
Temps, de loisir, 17, *43 s*, 52, 159; *voir aussi* Budget-temps.
Théâtre, 65 s; et télévision, 163 170.
Tourisme, *129 s; voir aussi* Vacances.
Tradition, *62 s.*
Transports, 20 s, *133 s.*
Travail et loisir, 17, 25, 43 s, *79*, 236.
Travaux manuels, 111; *voir aussi* Bricolage, Jardinage.

Université populaire, 48.
Urbanisation, 103, 112 s, *130*, 133

Vacances, 20, 32, 53, 129 s, *134 s.*
Valeur du loisir, 19, 113.
Voyages, 130 s; *voir aussi* Transports.

Week-end, 8, 49, 52.

Table

Note liminaire 7

1
Loisir et société

1. *Les jeux ne sont pas faits* 15

Qu'est-ce que le loisir? 22. — Les trois fonctions du loisir, 26. — Culture vécue, 28. — Un nouvel homo faber, 29. —
Un nouvel homo ludens, 31. — Un nouvel homme imaginaire, 33. — Un nouvel homo sapiens, 35. — Un nouvel
homo socius, 38.

2. *D'où vient et où va le loisir?* 43

Progrès technique, 43. — Progrès social, 45. — L'avenir, 51.

3. *Déterminismes sociaux et loisir* 55

La mécanisation des moyens de transport et les loisirs, 56. —
La mécanisation des moyens d'information et les loisirs, 58.
— Résistances et persistances traditionnelles, 62. — Influences
économico-sociales, 70.

4. *Relations du travail et du loisir* 79

Action du travail sur le loisir, 79. — Action du loisir sur le
travail, 83. — Problèmes de l'amélioration des relations du
travail et du loisir, 92.

5. *Famille et loisir* (avec M. F. Lanfant) 99

Quelques influences du loisir sur le contenu de la vie familiale, 99. — Travail, loisir et semi-loisir dans le budget-temps
d'une mère de famille, 100. — Modernisation du mode de
vie et réduction du travail ménager, 103. — Intégration des
fonctions du loisir dans la vie familiale, 106. — Pour une étude
des influences du loisir sur les fonctions et les structures de
la famille moderne, 112.

2

Loisir et culture

1. *Loisir de fin d'année et culture touristique*
(avec N. Faivre-Haumond) 129

Naissance du tourisme de masse, 129. — Saison de travail,
saison de vacances, 136. — Culture nouvelle? 141.

2. *Les fonctions du loisir et la participation au cinéma* .. 145

Ambiguïté des choix du public, 145. — Libération? Évasion?
Information? 147. — Qu'attendez-vous d'un bon film? 150.

3. *Télévision et loisir* (avec Aline Ripert) 155

Durée de l'assistance, 159. — Réactions au contenu des émissions, 161. — Divertissement, 161. — Réactions à la présentation des œuvres, 162. — Information, 164. — Instruction,
165. — Effets de la télévision sur les autres loisirs, 166. —
Cinéma, 167. — Radio, 168. — Sport, 169. — Théâtre, 170. —
Plein air, 170. — Activités « à l'intérieur », 170. — Lecture,
171. — Quelques problèmes, 173.

4. *Le loisir et le livre* (avec J. Hassenforder) 179

La lecture et les moyens de diffusion de masse, 179. — Production des livres, 182. — Diffusion des livres, 187. — Les
librairies, 187. — Les bibliothèques, 189. — Les clubs, 193. —
Résistances à la diffusion du livre, 195. — Les lecteurs, 199.

5. *Le loisir, l'instruction et les masses*
   (avec J. Hassenforder) 209

   Les thèmes d'autodidaxie, 210. — Différenciation des
   thèmes selon les milieux, 213. — Comment acquiert-on des
   connaissances nouvelles? 219. — Les moyens de l'autodidaxie, 219. — Congés culturels, 220.

6. *Attitudes actives et style de vie* 227

   Attitudes actives, 226, — Spectateurs actifs, 229 — Style
   de vie, 233.

Conclusion provisoire 237

3

Annexes

1. *Méthodologie* 255

   Sociologie du loisir et modèle de recherche active, 255.

2. *Annexe statistique* 265

3. *Références bibliographiques selon les chapitres du livre*. 291

4. *Bibliographie complémentaire (1962-1971)* 305

5. *Index des matières* 307

FIRMIN-DIDOT S.A. MESNIL,
D.L. 1er trimestre 1972, No 2922-3 (9276).

Collection Points

1. Histoire du surréalisme, *par Maurice Nadeau*
2. Une théorie scientifique de la culture, *par Bronislaw Malinowski*
3. Malraux, Camus, Sartre, Bernanos, *par Emmanuel Mounier*
4. L'Homme unidimensionnel, *par Herbert Marcuse*
5. Écrits I, *par Jacques Lacan*
6. Le Phénomène humain, *par Pierre Teilhard de Chardin*
7. Les Cols blancs, *par C. Wright Mills*
8. Stendhal, Flaubert, *par Jean-Pierre Richard*
9. La Nature dé-naturée, *par Jean Dorst*
10. Mythologies, *par Roland Barthes*
11. Le Nouveau Théâtre américain, *par Franck Jotterand*
12. Morphologie du conte, *par Vladimir Propp*
13. L'Action sociale, *par Guy Rocher*
14. L'Organisation sociale, *par Guy Rocher*
15. Le Changement social, *par Guy Rocher*
16. Les Étapes de la croissance économique, *par W. W. Rostow*
17. Essais de linguistique générale, *par Roman Jakobson*
18. La Philosophie critique de l'histoire, *par Raymond Aron*
19. Essais de sociologie, *par Marcel Mauss*
20. La Part maudite, *par Georges Bataille*
21. Écrits II, *par Jacques Lacan*
22. Eros et Civilisation, *par Herbert Marcuse*
23. Histoire du roman français depuis 1918,
    par Claude-Edmonde Magny
24. L'Écriture et l'Expérience des limites, *par Philippe Sollers*
25. La Charte d'Athènes, *par Le Corbusier*
26. Peau noire, Masques blancs, *par Frantz Fanon*
27. Anthropologie, *par Edward Sapir*
28. Le Phénomène bureaucratique, *par Michel Crozier*
29. Vers une civilisation du loisir?, *par Joffre Dumazedier*
30. Pour une bibliothèque scientifique, *par François Russo*
31. Lecture de Brecht, *par Bernard Dort*
32. Ville et Révolution, *par Anatole Kopp*
33. Mise en scène de Phèdre, *par Jean-Louis Barrault*
34. Les Stars, *par Edgar Morin*
35. Le Degré zéro de l'écriture *suivi de* Nouveaux Essais critiques,
    par Roland Barthes
36. Libérer l'avenir, *par Ivan Illich*
37. Structure et Fonction dans la société primitive,
    par A. R. Radcliffe-Brown
38. Les Droits de l'écrivain, *par Alexandre Soljénitsyne*
39. Le Retour du tragique, *par Jean-Marie Domenach*
40. Keynes, *par Michael Stewart*
41. La Concurrence capitaliste, *par Jean Cartell et P.-Y. Cossé*
42. Mise en scène d'Othello, *par Constantin Stanislavski*
43. Le Hasard et la Nécessité, *par Jacques Monod*

44. Le Structuralisme en linguistique, *par Oswald Ducrot*
45. Le Structuralisme : Poétique, *par Tzvetan Todorov*
46. Le Structuralisme en anthropologie, *par Dan Sperber*
47. Le Structuralisme en psychanalyse, *par Moustafa Safouan*
48. Le Structuralisme : Philosophie, *par François Wahl*
49. Le Cas Dominique, *par Françoise Dolto*
50. Comprendre l'économie, *par Éliane Mossé*
51. Trois Essais sur le comportement animal et humain, *par Konrad Lorenz*
52. Le Droit à la ville, *suivi de* Espace et Politique, *par Henri Lefebvre*
53. Poèmes, *par Léopold Sedar Senghor*
54. Les Élégies de Duino, *suivi de* les Sonnets à Orphée, *par Rainer Maria Rilke*
55. Pour la sociologie, *par Alain Touraine*
56. Traité du caractère, *par Emmanuel Mounier*
57. L'Enfant, sa « maladie » et les autres, *par Maud Mannoni*
58. Langage et Connaissance, *par Adam Schaff*
59. Une saison au Congo, *par Aimé Césaire*
60. Une tempête, *par Aimé Césaire*
61. Psychanalyser, *par Serge Leclaire*
62. Le Budget de l'État, *par Jean Rivoli*
63. Mort de la famille, *par David Cooper*
64. A quoi sert la Bourse, *par Jean-Claude Leconte*
65. La Convivialité, *par Ivan Illich*
66. L'Idéologie structuraliste, *par Henri Lefebvre*
67. La Vérité des prix, *par Hubert Lévy-Lambert*
68. Pour Gramsci, *par Maria-Antonietta Macciocchi*
69. Psychanalyse et Pédiatrie, *par Françoise Dolto*
70. S/Z, *par Roland Barthes*
71. Poésie et Profondeur, *par Jean-Pierre Richard*
72. Le Sauvage et l'Ordinateur, *par Jean-Marie Domenach*
73. Introduction à la littérature fantastique, *par Tzvetan Todorov*
74. Figures I, *par Gérard Genette*
75. Dix Grandes Notions de la sociologie, *par Jean Cazeneuve*
76. Mary Barnes, un voyage à travers la folie, *par Mary Barnes et Joseph Berke*
77. L'Homme et la Mort, *par Edgar Morin*

Collection Points

SÉRIE HISTOIRE

dirigée par Michel Winock

H1. Histoire d'une démocratie : Athènes
des origines à la conquête macédonienne, *par Claude Mossé*
H2. Histoire de la pensée européenne
1. L'éveil intellectuel de l'Europe du IXe au XIIe siècle,
par Philippe Wolff
H3. Histoire des populations françaises et de leurs attitudes devant
la vie depuis le XVIIIe siècle, *par Philippe Ariès*
H4. Venise, portrait historique d'une cité,
par Philippe Braunstein et Robert Delort
H5. Les Troubadours, *par Henri-Irénée Marrou*
H6. La Révolution industrielle (1780-1880), *par Jean-Pierre Rioux*
H7. Histoire de la pensée européenne
4. Le Siècle des Lumières, *par Norman Hampson*
H8. Histoire de la pensée européenne
3. Des humanistes aux hommes de science,
par R. Mandrou
H9. Histoire du Japon et des Japonais
1. Des origines à 1945, *par Edwin O. Reischauer*
H10. Histoire du Japon et des Japonais
2. De 1945 à 1970, *par Edwin O. Reischauer*
H11. Les Causes de la Première Guerre mondiale, *par Jacques Droz*
H12. Introduction à l'histoire de notre temps. L'Ancien Régime et
la Révolution, *par René Rémond*
H13. Introduction à l'histoire de notre temps. Le XIXe siècle,
par René Rémond
H14. Introduction à l'histoire de notre temps. Le XXe siècle,
par René Rémond
H15. Photographie et Société, *par Gisèle Freund*
H16. La France de Vichy (1940-1944), *par Robert O. Paxton*
H17. Société et Civilisation russes au XIXe siècle,
par Constantin de Grunwald
H18. La Tragédie de Cronstadt (1921), *par Paul Avrich*
H19. La Révolution industrielle du Moyen Age,
par Jean Gimpel
H20. L'Enfant et la Vie familiale sous l'Ancien Régime,
par Philippe Ariès
H21. De la connaissance historique, *par Henri-Irénée Marrou*
H22. Malraux, une vie dans le siècle, *par Jean Lacouture*
H23. Le Rapport Khrouchtchev et son histoire, *par Branko Lazitch*
H24. Le Mouvement paysan chinois (1840-1949), *par Jean Chesneaux*

Nouvelle histoire de la France contemporaine

H101. La Chute de la monarchie (1787-1792), *par Michel Vovelle*
H102. La République jacobine (1792-1794), *par Marc Bouloiseau*
H103. La République bourgeoise de Thermidor à Brumaire (1794-1799), *par Denis Woronoff*
H104. L'Épisode napoléonien (1799-1815). Aspects intérieurs, *par Louis Bergeron*
H105. L'Épisode napoléonien (1799-1815). Aspects extérieurs, *par J. Lovie et A. Palluel-Guillard*
H106. La France des notables (1815-1848). L'évolution générale, *par André Jardin et André-Jean Tudesq*
H107. La France des notables (1815-1848). La vie de la nation, *par André Jardin et André-Jean Tudesq*
H108. 1848 ou l'Apprentissage de la République (1848-1852), *par Maurice Agulhon*
H109. De la fête impériale au mur des fédérés (1852-1871), *par Alain Plessis*
H110. Les Débuts de la Troisième République (1871-1898), *par Jean-Marie Mayeur*
H111. La République radicale? (1898-1914), *par Madeleine Rebérioux*
H112. La Fin d'un monde (1914-1929), *par Philippe Bernard*
H113. Le Déclin de la Troisième République (1929-1938), *par Henri Dubief*